A EDUCAÇÃO DO CAMPO E O MST

Dados Internacionais de Catalogação na Publicação (CIP)
(Câmara Brasileira do Livro, SP, Brasil)

Stival, David
 A educação do campo e o MST : trabalho e práticas sociais com assentados da reforma agrária / David Stival. – Petrópolis : Vozes, 2022.
 Bibliografia.
 ISBN 978-65-5713-542-6
 1. Educação 2. Educação básica – Brasil 3. Educação no campo 4. Movimento dos Trabalhadores Rurais Sem Terra (Brasil) 5. Movimentos sociais – Brasil 6. Reforma agrária – Brasil I. Título.

22-107110 CDD-370.1110981

Índices para catálogo sistemático:
1. Brasil : Educação básica do campo   370.1110981

Eliete Marques da Silva – Bibliotecária – CRB-8/9380

David Stival

A EDUCAÇÃO DO CAMPO E O MST

TRABALHO E PRÁTICAS SOCIAIS
COM ASSENTADOS DA
REFORMA AGRÁRIA

EDITORA VOZES

Petrópolis

© 2022, Editora Vozes Ltda.
Rua Frei Luís, 100
25689-900 Petrópolis, RJ
www.vozes.com.br
Brasil

Todos os direitos reservados. Nenhuma parte desta obra poderá ser reproduzida ou transmitida por qualquer forma e/ou quaisquer meios (eletrônico ou mecânico, incluindo fotocópia e gravação) ou arquivada em qualquer sistema ou banco de dados sem permissão escrita da editora.

CONSELHO EDITORIAL
Diretor
Gilberto Gonçalves Garcia

Editores
Aline dos Santos Carneiro
Edrian Josué Pasini
Marilac Loraine Oleniki
Welder Lancieri Marchini

Conselheiros
Francisco Morás
Ludovico Garmus
Teobaldo Heidemann
Volney J. Berkenbrock

Secretário executivo
Leonardo A.R.T. dos Santos

Editoração: Fernando Sergio Olivetti da Rocha
Diagramação: Sheilandre Desenv. Gráfico
Revisão gráfica: Anna Carolina Guimarães
Capa: Éribo Lebedenco

ISBN 978-65-5713-542-6

Este livro foi composto e impresso pela Editora Vozes Ltda.

Prefácio

Ao concluir a leitura da obra do Prof. David Stival – *A educação do campo e o MST* – fiquei com a forte impressão de não estar concluindo a leitura de mais um entre tantos livros, nem sequer de mais uma brilhante pesquisa de campo acadêmica. A impressão decisiva a turbinar minha mente foi de ser tomado de assalto por um registro imprescindível para o futuro do campo brasileiro, para a organização social e econômica camponesa, para a educação do campo; mas, além disso, uma inspiração, um registro de práticas e uma base teórica para embasar uma revolução necessária para o conjunto da educação no Brasil, numa perspectiva soberana e transformadora, de modo especial, uma educação do campo e no campo.

Neste livro David vai nos envolvendo numa narrativa contagiante, clara e envolvente, mostrando e demonstrando como o inédito viável proposto por Paulo Freire vai acontecendo passo a passo desde quando camponeses, com pouca escolarização, vão tomando consciência, organizando-se, rompendo barreiras e cercas de arames e mentes, aprendendo e ensinando coletivamente na escola da luta até a façanha de mais de 8 mil pessoas, numa mesma noite, vindo de vários cantões do norte do Estado do Rio Grande do Sul. Ao romperem a cerca de arame do latifúndio da Fazenda Anonni, adentrando em sua terra, formando uma cidade de lonas pretas – auto-organizada e administrada magistralmente por camponeses pobres, sem prefeito, sem juiz, sem polícia e sem vereadores – e ali fundando na prática da luta o Movimento dos Trabalhadores Rurais Sem Terra.

E o Prof. Stival não descreve este fenômeno social como observador absenteísta, distante, nem como pesquisador paraquedista que cai no terreno, enche o entrevistado de perguntas, some e nunca mais retorna: ele estava lá. Participou do processo formativo dos camponeses e camponesas, de sua organização, da preparação da ocupação e lá estava quando as cercas foram rompidas e o povo, para além da terra, rompeu horizontes inéditos, nunca dantes imaginados.

Parte daquelas famílias que romperam anos de opressão e miséria cortando a cerca de arame da Anonni, hoje numa terra conquistada em Nova Santa Rita, romperam outro horizonte proibido construindo uma escola do campo com um processo educativo realmente transformador e diferenciado, e apaixonante.

Existem muitos aspectos lindos e capazes de encantar neste trabalho do Prof. David e no mundo real que o livro relata e faz emergir, trazendo ao debate coletivo. Vou ressaltar dois e deixar aos leitores e leitoras desbravar outros.

Um deles é que a subjetividade e a objetividade não são inimigas. Nas epistemologias do sul e na pesquisa participante, razão e afeto se misturam de forma integrada e dialética e não ofuscam o rigor. Pelo contrário, chega a recônditos não imaginados, inacessíveis à razão pura. Aliás, a razão instrumental, que se proclama pura e objetiva, fez mais danos à humanidade e ao planeta do que produziu alegrias, felicidades e realizações. Além do "penso, logo existo", paradigma em superação no mundo das ciências, é necessário dizer "amamos, logo somos e existimos para sermos felizes". Transparece continuamente na leitura o rigor do pesquisador misturado com o afeto do ser humano que se insere e vibra com o inédito viável que transborda na pesquisa de campo junto à prática social e pedagógica altamente significativa da Escola Rui Barbosa no assentamento da reforma agrária, conquistado pelo MST, em Nova Santa Rita, no Rio Grande do Sul. Este mundo do afeto associado à razão não está presente apenas na arte de fazer ciência do Prof. David, mas emerge, também, na prática pedagógica das educadoras da Escola. É o coração vivo e cérebro lúcido de Paulo Freire pulsando e pensando no Brasil profundo de uma escola de assentamento.

O outro aspecto que ressalto é o papel do trabalho na prática educativa e no quefazer pedagógico da Escola Rui Barbosa. Além de constar nas Diretrizes e Bases da Educação Brasileira, é um dos pontos nevrálgicos de uma verdadeira educação do campo e um dos nós malresolvidos da educação brasileira. Nada se faz sem trabalho. Não há educação completa sem mover o corpo e as mãos. No afã de combater a desgraça da exploração do trabalho infantil se chegou ao exagero de negar a importância e a necessidade de integrar o trabalho no processo educativo. A Escola Rui Barbosa supera este falso dilema. Leia e verás.

De resto, cabe agradecer ao amigo-irmão David mais esta contribuição à luta do povo e recomendar a leitura e o estudo deste importante referencial à educação e à construção da utopia possível de um Brasil soberano, justo e com um povo feliz.

Frei Sérgio Görgen

Agradecimentos

Agradeço à direção, às educadoras e aos educandos da Escola de Ensino Fundamental Rui Barbosa de Nova Santa Rita/RS. Às famílias do Assentamento Capela de Nova Santa Rita/RS.

A todos os sem-terra que compõem hoje a grande *Família Sem Terra* nos 24 estados do Brasil. Ao Prof. Evaldo Luis Pauly, incentivador e colaborador deste trabalho.

Um agradecimento especial à família, pelo apoio permanente nas condições materiais e afetivas da esposa Nelci, e dos filhos Vinicius e Vanessa.

Lista de ilustrações

Figura 1 Mística no aniversário do assentamento, 139

Figura 2 Escola Municipal de Ensino Fundamental Rui Barbosa – EMEFRB, 154

Figura 3 *Banner* do clube de ciências, 194

Figura 4 Logomarca da Cooperativa Escolar – COOPERB, 199

Figura 5 Maquete do banheiro ecológico, 206

Figura 6 Galinheiro pedagógico na Escola Rui Barbosa, 210

Lista de tabelas

Tabela 1 Escolas públicas de educação básica, 101

Tabela 2 Escolas públicas de educação básica localizadas em áreas rurais, 102

Tabela 3 Censo Escolar Brasil, 2017, 103

Tabela 4 Escolaridade da população, 217

Sumário

Introdução, 15

1 A história da luta pela terra, uma tradição dos movimentos sociais, 23
    1.1 Estrutura agrária e surgimento do MST, 24
    1.2 O MST e o seu protagonismo na luta pela terra: origem e desenvolvimento, 28
    1.3 Os "sem-terra", a vida como experiência e o engajamento político, 50

2 A pedagogia do MST e sua relação com o campo teórico da educação popular, 59
    2.1 Educação popular e pesquisa participante, 69
    2.2 Emancipação e saberes populares, 75
    2.3 Educação popular e as epistemologias do Sul, 76
    2.4 O pesquisador engajado a partir de uma epistemologia sulista, 80
    2.5 Características básicas dos movimentos sociais e as condutas coletivas: ideais e valores, 86
    2.6 Movimentos sociais: educação popular e informal, 88

3 Vínculos entre educação e luta pela terra, 95
    3.1 Educação no campo na perspectiva do MST, 95
    3.2 Da educação rural à educação do campo: modelos e contradições, 101

3.3 Educação do campo: mudanças, práticas pedagógicas e currículo, 108
3.4 A formação de professores como uma política educacional para o campo brasileiro, 117
3.5 Da conquista da terra ao modelo de produção do assentamento, 124

4 Uma escola de Ensino Fundamental, 153
    4.1 História e a nova proposta pedagógica da escola, 153
    4.2 As práticas pedagógicas vinculadas à realidade dos educandos, 165
    4.3 Os projetos da escola como resultado da proposta pedagógica, 191
        4.3.1 O clube de ciências, 194
        4.3.2 Cooperativa escolar: alunos no poder, 198
        4.3.3 Banheiro ecológico, 205
        4.3.4 O galinheiro pedagógico, 207
        4.3.5 Síntese dos projetos, 210

5 A educação escolar da EMEF Rui Barbosa, o trabalho agroecológico da COOPAN e as práticas sociais do Assentamento da Reforma Agrária Capela: o inédito viável, 215
    5.1 Educação e produção agrícola sustentável: a relação da escola com o assentamento e a COOPAN, 217
    5.2 Vínculos e incongruências das práticas pedagógicas da Escola Rui Barbosa com o modo de vida e de produção das famílias dos educandos, 235

Considerações finais, 249

Referências, 261

Introdução

Este livro é resultado de uma pesquisa de campo que analisou a definição de educação proposta pela LDB e anunciada em seu artigo 1º, § 2º: "A educação escolar deverá vincular-se ao mundo do trabalho e à prática social". Na explicitação desse projeto pedagógico da educação nacional analisamos especificamente um dos princípios que norteiam a educação brasileira, qual seja: a "vinculação entre a educação escolar, no caso educação do campo, o trabalho e as práticas sociais" (art. 3º, inciso XI). Essa oportunidade de análise se apresenta concretamente na relação entre a Escola Municipal de Ensino Fundamental Rui Barbosa de Nova Santa Rita/RS e as crianças de famílias assentadas da reforma agrária nela matriculadas. Essa experiência é, ao mesmo tempo, inédita e viável, na conhecida expressão de Paulo Freire. Inédita porque são poucas as escolas situadas em assentamentos da reforma agrária na região metropolitana de Porto Alegre capazes de articular a formação escolar das séries iniciais do Ensino Fundamental com a viabilidade econômica da produção agroecológica. Viável porque o foco da pesquisa relaciona os vínculos da educação escolar com o trabalho e a prática social da vida familiar, da luta social e do trabalho produtivo agroecológico de agricultores familiares assentados da reforma agrária.

O objetivo foi identificar e descrever as contribuições das práticas pedagógicas da EMEF Rui Barbosa para vincular-se "ao mundo do trabalho e à prática social" decorrentes do projeto de sustentabilidade produtiva e de formação cidadã de seus educandos oriundos de famílias assentadas da reforma agrária organizadas pelo MST através da Cooperativa de Produção Agropecuária Nova Santa Rita – COOPAN. Procuramos descrever pormenorizadamente quanto possível este vínculo inédito e, ao mesmo tempo, viável entre a educação escolar e um modo de produção agrícola economicamente relevante e ecologicamente responsável. A decisão epistemológica foi em apresentar um texto descritivo a partir da filiação prática e ideológica do autor aos movimentos sociais campesinos.

Assim, após sua apresentação descritiva, o livro analisa como foram constituídas as práticas pedagógicas (educativas) de docentes da escola, e como estas práticas contribuíram e contribuem para uma educação libertadora visando à promoção de um modelo de sustentabilidade produtiva e emancipatória na produção responsável de alimentos saudáveis.

A experiência escolar relacionada com um modo de produção agrícola socialmente includente, ecologicamente sustentável, economicamente viável e emancipatório valeu um estudo de caso, através de uma pesquisa de campo qualitativa de caráter exploratório descritivo, sobre as práticas pedagógicas de docentes da EMEF Rui Barbosa, avaliando de que forma e por quais meios, a educação escolar nela ofertada se vincula – e de que modo – à perspectiva de um projeto de sustentabilidade produtiva e da cidadania de estudantes assentados da reforma agrária.

Para organizar este processo, o livro foi estruturado em cinco temáticas:

O primeiro capítulo contextualiza a história da luta pela terra. Isso é importante para situar os sujeitos da investigação, mostrando sua origem social como trabalhadores rurais sem terra, fruto de uma política fundiária e agrícola excludente e concentradora da propriedade e do capital. Perpassando pelo seu surgimento, desenvolvimento, conquistas, vitórias e fracassos nas últimas três décadas de luta pela reforma agrária no Brasil. Na continuidade, o leitor encontrará o contexto atual deste movimento a partir da concepção teórica de vários autores, dando-nos a entender que desde o início, até a atualidade, a organização MST é questionada e contrariada pelo capital, enquanto relação social, mas também elogiada por quem defende os interesses da classe trabalhadora e, além disso, empenha seu conhecimento científico na construção de um modo de vida coletivo e sustentável.

A partir do final dos anos de 1980 até este momento (2021), no Brasil é importante apresentar como foi e está sendo sistematizada a pedagogia do MST. Nesse esforço teórico serão centrais as teorias produzidas por Paulo Freire, Miguel Arroyo, José de Souza Martins, Roseii Salete Caldart, entre outros. Um aporte teórico incipiente no campo da educação popular é a relação entre decolonialidade e a educação que aparenta ser conveniente para desenvolver a pesquisa participativa com a observação dos agricultores da COOPAN.

A proposta do livro afirma que a contribuição da educação popular para a constituição do projeto político-pedagógico escolar visando à emancipação da agricultura familiar sustentável pode construir seu referencial teórico a partir da releitura dos livros *Educação como prática da liberdade* (FREIRE, 1976) e *Extensão ou comunicação?* (FREIRE, 1983). O livro *Extensão ou comunicação?* analisa o "trabalho do agrônomo-educador" que enfrenta o problema que, na época, Freire identificava como as "culturas mágicas ou preponderantemente mágicas, que nos interessam de perto, por constituírem ainda o estágio em que estão as grandes maiorias camponesas da América Latina" (FREIRE, 1983, p. 17). Essa concepção mágica ainda permanece? As místicas do MST possuem relações com essa temática que Freire discute? O capitalismo agrário não dissemina o pensamento mágico quando, por exemplo, ensinou ao agricultor que é bom "passar remédio" na lavoura? Ou quando os extensionistas do agronegócio utilizam o conceito "tratos culturais" para diferentes usos de agrotóxicos? O consumidor urbano expressa um pensamento mágico quando compra hortifrutigranjeiros pela aparência? Também não seria uma mistificação a propaganda divulgada pela Rede Globo de que o agro é *pop*?

A contradição entre o pensamento mágico camponês com a forma científica da agronomia gerava as práticas que Freire denominava "invasão cultural" que revelavam o "equívoco gnosiológico que se encontra contido no termo 'extensão'" (FREIRE, 1983, p. 20). A solução proposta por Freire é complexa e se orienta pela "dialogicidade, na problematização, educador--educando e educando-educador", de modo que "vão ambos desenvolvendo uma postura crítica da qual resulta a percepção de que este conjunto de saber se encontra em interação" (FREIRE, 1983, p. 36). Esta interação seria a comunicação que supera a extensão tecnicista. Freire, então, assume sua tese humanista marxista: a "tomada de consciência que se opera nos homens enquanto agem, enquanto trabalham" (FREIRE, 1983, p. 52). O trabalho agrícola propicia essa "conscientização" sobre a relação da pessoa humana transformando a natureza e, ao transformá-la, transformar-se a si mesma? O trabalho agrícola no assentamento permite perceber essa contradição dialética? O trabalho agrícola potencializa o trabalho docente na experiência da Escola Rui Barbosa e vice-versa?

O segundo capítulo, "A pedagogia do MST e sua relação com o campo teórico da educação popular", indica evidências qualitativas que apontam para vínculos e para incongruências entre a educação escolar, o modo de produção e o trabalho agrícola desenvolvido no assentamento e, em especial, na COOPAN. A seguir faz uma breve incursão pela decolonialidade como uma metodologia emergente para pensar as relações entre a cultura popular campesina, a política educacional e as concepções da educação popular sobre o movimento social. Como também o tema da educação popular e as epistemologias do sul, e o pesquisador engajado a partir destas epistemologias do sul.

O terceiro capítulo busca compreender o MST no contexto da luta pela terra e pela educação. Aborda a educação no campo na perspectiva do MST. As contradições de um modelo de educação popular/libertador vinculado a uma proposta e a uma forma de vida coletiva e sustentável frente ao modelo tradicional do ruralismo capitalista brasileiro voltado à monocultura agroexportadora. As práticas educativas na trajetória do MST são analisadas a partir das seguintes questões: Como o MST aplica seus princípios pedagógicos na rede de escolas em que atua? Conforme o site do MST[1], são mais de duas mil escolas públicas construídas em acampamentos e assentamentos, 200 mil crianças, adolescentes, jovens e adultos com acesso à educação garantida, 50 mil adultos alfabetizados, 2 mil estudantes em cursos técnicos e superiores, mais de 100 cursos de graduação em parceria com universidades públicas por todo o país. Concluindo com a abordagem da conquista da terra ao modelo de produção do assentamento.

---

1. http://www.mst.org.br/

O quarto capítulo registra a trajetória da Escola Rui Barbosa, sua proposta pedagógica, analisando suas práticas e confrontando-as com a proposta de educação no campo evidenciada na pesquisa. Este capítulo visa à apresentação da Escola Rui Barbosa e da COOPAN e das pessoas envolvidas nestas duas instituições, as opções tecnológicas no campo da agroecologia, a organização do trabalho cooperativado, da relação dessas pessoas e seu trabalho na agricultura familiar em relação à sustentabilidade tanto econômica quanto do meio ambiente. A história desde as origens do assentamento, a descrição da vida cotidiana, os modos de gerar e partilhar a renda e a economia, as dificuldades da sustentabilidade, os limites e as potencialidades político-pedagógicas do MST. São temáticas abordadas de forma mais descritiva, quase no sentido da observação participante.

O quinto capítulo, "A educação escolar da EMEF Rui Barbosa, o trabalho agroecológico da COOPAN e as práticas sociais do Assentamento da Reforma Agrária Capela: o inédito viável" analisa os dados coletados, as possíveis realizações e eventuais potencialidades da educação escolar, bem como suas limitações, contradições e insuficiências em relação à proposta investigativa. Para visualizar este modelo de escola, tanto em sua estrutura física como também na organização do trabalho escolar e pedagógico, é preciso ter presente esta escola como um caminho de muitas marcas, oriundas de acampamentos do MST, isto é, de áreas de conflitos, mas que tem se destacado por suas práticas pedagógicas e por ser uma escola que tem forte vínculo com a prática social, principalmente quando acompanha as mobilizações e outras lutas do MST e do assentamento.

Uma abordagem qualitativa tendo como base os dados estatísticos disponíveis no governo subsidia este capítulo teórico que discute a clássica relação entre educação e movimentos sociais.

Finalmente, em termos gerais, o livro retoma uma polêmica enfrentada, desde os anos de 1960, pela pedagogia de Paulo Freire: o esforço da educação libertadora para superar a opressão econômica e cultural imposta pelos opressores às famílias camponesas no Brasil e na América Latina. Afirmava Freire (1983) que não são as técnicas, mas sim a conjugação de homens e instrumentos o que transforma uma sociedade.

> Somente o homem, como um ser que trabalha que tem um pensamento linguagem, que atua e que é capaz de refletir sobre si mesmo e sobre sua própria atividade, que dele se separa, somente ele, ao alcançar tais níveis, se fez um ser de práxis. Somente ele vem sendo um ser de relações num mundo de relações. Sua presença num tal mundo, presença que é um estar com, compreende um permanente defrontar-se com ele (FREIRE, 1983, p. 25).

Os camponeses organizados no MST demonstram um rompimento com as condicionantes históricas, sociológicas e culturais que os mantinha na apatia e no silêncio dialógico que Freire, lá nos anos de 1960, identificava como vimos na sua obra *Extensão e comunicação?* (1983, p. 31):

> Há razões de ordem histórico-sociológica, cultural e estrutural que explicam sua recusa ao diálogo. Sua experiência existencial se constitui dentro das fronteiras do antidiálogo. O latifúndio, como estrutura vertical e fechada, é, em si mesmo, antidialógico. Sendo uma estrutura fechada que obstaculiza a mobilidade social vertical ascendente, o latifúndio implica uma hierarquia de camadas sociais em que os estratos mais "baixos" são considerados, em regra geral, como naturalmente inferiores. Para que estes sejam assim considerados é preciso que haja outros que desta forma os considerem, ao mesmo tempo em que se consideram a si mesmos como superiores.

O livro, através da pesquisa e da fala dos camponeses assentados, aponta um novo caminho, de contra-hegemonia, que nos dá esperança de uma educação libertadora que modifica este agricultor num novo sujeito social com autonomia e cidadania, em um processo de decolonialidade que supera a condição estrutural que Freire chamou de "caráter colonial".

1
A história da luta pela terra, uma tradição dos movimentos sociais

Este capítulo contextualiza a história da luta pela terra, com ênfase no Rio Grande do Sul, onde surgiu e foi fundado o MST. Isso é importante para situar os sujeitos de nossa investigação, mostrando sua origem social como trabalhadores rurais sem terra, fruto de uma política fundiária e agrícola excludente e concentradora da propriedade e do capital. Perpassando pelo seu surgimento, desenvolvimento, conquistas, vitórias e fracassos nas últimas quatro décadas de luta pela reforma agrária[2] no Brasil. É importante a contextualização atual deste movimento a partir da concepção teórica de vários autores, dando-nos a entender que desde o início, até a atualidade, a organização MST é questionada e contrariada pelo capital, enquanto relação social, mas também elogiada por quem defende os interesses da classe trabalhadora e, além

---

2. "A reforma agrária pode ser caracterizada como um programa de governo que busca democratizar a propriedade da terra na sociedade e garantir o seu acesso, distribuindo-a a todos que a quiserem fazer produzir e dela usufruir. Para alcançar esse objetivo, o principal instrumento jurídico utilizado em praticamente todas as experiências existentes é a desapropriação, pelo Estado, das grandes fazendas, os latifúndios, e sua redistribuição entre camponeses sem terra, pequenos agricultores com pouca terra e assalariados rurais em geral" (STÉDILE, 2019, p. 12).

disso, empenha seu conhecimento científico na construção de um modo de vida coletivo e sustentável.

1.1 Estrutura agrária e surgimento do MST

O surgimento do MST é consequência de uma estrutura agrária concentradora de terra que perpassa cinco séculos desde a chegada dos portugueses, desde quando perceberam que estavam em uma terra sem cercas e imaginaram que tudo estivesse a seu dispor. A concentração da terra no Brasil e a manutenção do latifúndio começam aí, e a terra vai ficar na mão da grande burguesia agrária.

Esta concentração se dá inicialmente através das capitanias hereditárias, em seguida pelo roubo das terras indígenas pelos brancos e se consolidando através das sesmarias com o ciclo da cana e do café, que mesmo de épocas diferentes tinham as mesmas características: latifúndio e escravatura, formando uma classe latifundiária que explora a outra, a classe escrava, e que em nenhum momento da história do país foi alterada como argumenta um dos fundadores e da coordenação do MST, João Pedro Stédile:

> Na formação teórica do MST nós usamos dois exemplos de oportunidades históricas que a sociedade brasileira perdeu de corrigir a questão agrária. A primeira na saída da escravidão. Todos os países que saíram da escravidão fizeram reforma agrária. Ou seja, garantiu acesso à terra aos seus ex-escravos, como o Haiti e o próprio Estados Unidos. A segunda oportunidade perdida foi em 1964, quando veio à primeira crise do capitalismo industrial e o Celso Furtado disse para o João Goulart: a saída para a crise do capitalismo industrial é a reforma agrária. Porque geraria um enorme mercado interno para desenvolver a indústria, mas a resposta que a burguesia industrial de São Paulo deu

com a marcha: Deus, propriedade e família, geraram o golpe militar e com isso perdemos a segunda oportunidade de fazermos a reforma agrária (STÉDILE, 2020, s. p.).

Em relação à produção, conforme MST (1986, p. 8), "já naquele tempo era em vista do mercado externo. Tanto o açúcar como o café sempre dependeram do mercado europeu, principalmente a Inglaterra, muito forte economicamente pelo seu desenvolvimento industrial e do próprio capitalismo". E, além disso, a economia brasileira se dava pelo controle escravo. A preocupação não estava em dominar a terra, mas em dominar o escravo, já que não havia possibilidades de explorar a terra fora da estrutura da grande fazenda e do cativeiro dos povos negros.

Esta realidade começa a mudar quando os negros passam a fugir para os "quilombos" e a Inglaterra passou a pressionar o Brasil pela soltura dos escravos, já que precisavam de mercados consumidores para seus produtos industrializados. Sem o trabalho escravo os fazendeiros encontram uma solução na busca de imigrantes europeus, tendo em vista que lá havia uma superpopulação, muita fome, crise de desemprego e muita gente sem terra, resolvendo-se assim a falta da mão de obra escrava.

Para manter esta estrutura de escravidão, obrigando o migrante a trabalhar para o fazendeiro e garantindo o controle do poder econômico, os latifundiários pressionaram o Império para aprovar a Lei de Terras em 1850, como descreve Araujo (1985, p. 68):

> Com o declínio do escravagismo e com o surgimento de um novo ciclo exportador, o do café, há uma redefinição da política de terras. Surge a Lei de Terras em 1850, lei esta de enorme significação para o desenvolvimento do capital no Brasil. E com ela é instituída uma nova forma de apropriação da terra: a mediação

pelo mercado. As terras só podem ser apropriadas mediante compra e venda.

Já para Guimarães (1981, p. 134):

> A Lei de Terras baseia-se nos postulados da "colonização sistemática" de Wakefield, descritos por Marx no capítulo XXV do livro I de O *capital*. Esta lei tinha fundamentalmente, três objetivos: 1) proibir as aquisições de terras por outro meio que não a compra (art. 1º) e, por conseguinte, extinguir o regime de posses; 2) elevar o preço das terras e dificultar sua aquisição (art. 14) determinavam que os lotes devessem ser vendidos em hasta pública, com pagamento à vista, fixando preços mínimos que eram considerados superiores aos vigentes do país; 3) destinar o produto das vendas de terras à importação de colonos.

Constata-se que a Lei de Terras foi um marco essencial para a questão política fundiária brasileira. Para Martins (1994), esta assegurava interesses de fazendeiros e comerciantes na iminência de transformações nas condições do regime escravista. Como elucida o autor (1994, p. 55), a contradição entre capital e escravismo não tinha a radicalidade da contradição que opunha o capital às relações feudais (como em outros países). Dessa forma, "os próprios fazendeiros estariam em condições de personificar as necessidades de reprodução capitalista do capital, não dependendo de uma nova classe, distinta dos proprietários de terra, para viabilizar-se historicamente".

Martins (1994) afirma que a Lei de Terras de 1850 foi um retrocesso em relação à Lei de Sesmarias e à abolição do regime de morgadio após a Independência que poderiam levar à base de uma aristocracia fundiária. Ao contrário do extinto regime de sesmarias, o novo regime retirava do direito de propriedade a copropriedade do Estado. "No regime sesmarial, o fazendeiro tinha apenas a posse formal, que podia ser objeto de venda, mas o rei, isto é o Estado, mantinha sobre a terra a propriedade eminente, podendo arrecadar terras devolutas ou abandonadas e redistribuí-las para outras pessoas, como fora comum até o século XVIII" (MARTINS, 1994, p. 76).

Por isso mesmo, com a abolição da escravatura, a estrutura agrária não se modificou, como afirma Furtado: "abolido o trabalho escravo, praticamente em nenhuma parte houve modificação de real significação na forma de organização da produção e mesmo na distribuição da renda" (1987, p. 149). Assim, a tríade institucional à base das sesmarias, da monocultura e do braço escravo originou o regime latifundiário ainda imperante em vastas áreas do país, que constitui, de *per si*, o maior empecilho ao seu mais rápido desenvolvimento econômico e social. As contradições daí advindas muito facilitaram a legitimação das posses, a invasão das terras pelos ocupantes sem títulos e a subsequente legalização da pequena propriedade, que abriram e ampliaram uma brecha nos flancos do latifundismo.

Isto não impediu que novos latifúndios se formassem com a dilatação das fronteiras agrícolas em direção à Amazônia, Rondônia, Mato Grosso e Paraná. Porém certos aspectos obsoletos do sistema se modificaram ante o impacto das forças produtivas em ascensão. Com isso, o regime latifundiário, como um todo, está em conflito com o nível atingido pelas forças produtivas, assumiu caráter parasitário e é o maior responsável pelos bolsões de pobreza absoluta no meio rural.

"A crise do latifúndio tradicional fez emergir ou fortalecer no campo classes antes inexistentes ou de pouca expressão: a burguesia e o proletariado rurais. Ambas abrem caminho à penetração do capitalismo em nossa agricultura, embora a um custo social elevado" (INCRA, 1987, p. 9). O Brasil chegou assim ao século

XX e aos dias de hoje com uma estrutura fundiária concentrada, caracterizada pela coexistência de latifúndios e minifúndios, como aponta o Censo Agropecuário do IBGE de 2017:

> O Censo Agropecuário de 2017 indica que a estrutura agrária no Brasil se concentrou ainda mais nos últimos 11 anos, período desde o último levantamento. De acordo com a pesquisa, propriedades rurais com até 50 hectares (equivalentes a 500 mil m², ou 70 campos de futebol cada) representam 81,3% do total de estabelecimentos agropecuários, ou seja, mais de 4,1 milhões de propriedades rurais. Juntas, elas somam 44,8 milhões de hectares, ou 448 mil km², o que equivale a 12,8% do total da área rural produtiva do país. Por outro lado, 2,4 mil fazendas com mais de 10 mil hectares (100km², ou 14 mil campos de futebol cada), que correspondem a apenas 0,04% das propriedades rurais do país, ocupam 51,8 milhões de hectares (518 mil km²), ou 14,8% da área produtiva do campo brasileiro (IBGE, 2017).

A edição anterior da pesquisa foi realizada em 2006. Na época, os produtores com até 50 hectares representavam 78,4% e estavam em uma área correspondente a 13,3% da área rural produtiva. Naquele ano, o instituto não identificou as propriedades acima de 10 mil hectares, que estavam agrupadas na faixa que contabilizava as áreas com mais de 2,5 mil hectares. As propriedades que têm até 10 hectares de terra representam metade dos estabelecimentos no país, mas utilizam uma área de apenas 2,2% do território produtivo. Em 2006, elas ocupavam 2,7% do total.

1.2 O MST e o seu protagonismo na luta pela terra: origem e desenvolvimento

É importante, antes de analisar o MST, descrever os diversos movimentos anteriores a ele nas diferentes épocas da história brasileira. A luta pela terra no Brasil vem desde a colonização branca, quando os índios resistiram com armas à invasão dos colonizadores, onde um dos símbolos é o legendário Sepé Tiaraju, das Missões dos Sete Povos em Santo Ângelo/RS. Os negros também mantiveram heroicas batalhas para conquistar terra e liberdade durante a escravatura. Nelas destaca-se o negro Zumbi do Quilombo dos Palmares, que apesar da sua bravura e resistência foi destruído a força e a bala pelo poder dos latifundiários.

Na virada do século XIX para o século XX surgiram inúmeras situações de luta pela terra, como descreve a dissertação de Stival (1987, p. 35):

> Algumas com líderes messiânicos e forte conteúdo religioso, como a Revolta de Canudos, liderada por Antonio Conselheiro (1896-1897); e a Guerra do Contestado, na região de Santa Catarina e Paraná (1912-1916), que tinha à frente o líder religioso João Maria. E outros com caráter de bandoleirismo político, como o caso dos bandos de cangaceiros, destacando-se o LAMPIÃO, morto em 1938.

Esta fase de luta não organizada termina em torno de 1940. Até 1964, os movimentos que surgem vão ter uma organização de classe mais definida, com caráter de lutas políticas, já procurando vislumbrar no horizonte, embora ainda não tão clara, a possibilidade de uma reforma agrária estrutural. Embora o caráter político, estas lutas não deixavam de ter um caráter de bastante conflito, nas quais os trabalhadores rurais lutam armados pela conquista das terras, como relata José de Souza Martins (1981, p. 74): "Em Porecatu/PR (1946-1950); Teófilo Otoni/MG; Trombas do Formoso/GO (1953-1958); e em Francisco Beltrão no sudeste do Paraná (1954-1962). Nestas últimas duas, os camponeses chegaram até tomar cidades, expulsar autoridades e organizar governos próprios nos momentos agudos e violentos".

Todavia, os movimentos de massa dos sem-terra na luta pela reforma agrária vão ganhar força no início da década de 1960 com as Ligas Camponesas no Nordeste (BASTOS, 1984), criada pelo Partido Comunista Brasileiro – PCB, cujo líder maior foi o Deputado Francisco Julião, do Partido Socialista Brasileiro – PSB). Por estarem atreladas a um partido, as ligas ficavam muito dependentes deste, e com isso vão desaparecer em 1967, quando o PCB sofreu por parte do governo a ilegalidade.

Por outro lado, no Rio Grande do Sul, conforme Eckert (1984), surge o Movimento dos Agricultores Sem Terra – MASTER, uma espécie de Federação dos Agricultores Sem Terra, que também foi organizado pelo Partido Trabalhista Brasileiro – PTB, e conduzido pela liderança do então Governador Leonel de Moura Brizola com viés populista, como narra Stival (1987, p. 37):

> O MASTER organizou em todo o Estado do Rio Grande do Sul 26 acampamentos, sendo que dois foram vitoriosos, pois o Governador Brizola, a partir da organização e da pressão dos agricultores, desapropriou a Fazenda Sarandi, de 40 mil hectares, em Sarandi/RS, e o "Banhado do Colégio" em Camaquã. Mas com a dificuldade de organização e a centralização com interesses políticos do PTB, que não fazia trabalho de base e formação, o MASTER também desapareceu com o golpe militar de 1964.

O golpe militar não encontrou resistência, embora houvesse grandes massas de trabalhadores, porque o poder do MASTER estava em suas lideranças, muito delas de políticos, e que foram presas pelo regime militar, deixando o povo sem referências e sem capacidade organizativa de reação. Lição que o MST traz para sua organização, o que se verá a seguir. "A ditadura militar, após 1964, esmagou esses movimentos e assassinou, prendeu ou exilou seus líderes. O grande latifúndio conseguiu derrotar os movimentos de reforma agrária por um espaço de tempo" (CAMINI, 2009, p. 52).

No período do golpe militar, a partir na década de 1970, a questão agrária nas regiões de minifúndio, especialmente na Região Sul, se agrava. Esta situação resulta, conforme Scherer-Warren:

> da conjugação de fatores dos quais se destaca a própria expansão do capitalismo no campo, com incentivos especiais à monocultura exportadora e à agroindústria, ficando a agricultura familiar, sem capacidade de competição no mercado, relegada a um segundo plano dentro da lógica estatal de incentivo ao desenvolvimento (1985, p. 14).

Também de acordo com Stédile e Görgen (1993, p. 20), "a crise econômica, a abertura política, as greves dos trabalhadores metalúrgicos da região do ABC paulista e o trabalho das diversas pastorais sociais foram impulsos favoráveis para ressurgirem as lutas pela terra, especialmente nas regiões Sul, Sudeste e Centro-Oeste do país". Uma fase diferente das anteriores, com um vigor novo na história, pois junto nasciam novas lideranças, antes sufocadas pelo regime militar, dispostas a manifestar-se contra todos os efeitos visíveis cometidos pelo capitalismo brasileiro, que levou os trabalhadores, tanto urbanos quanto rurais, à extrema pobreza.

No campo, a realidade ficou gritante. As pequenas propriedades rurais (com menos de 10 hectares), cuja média correspondia a 4,4 hectares em 1950, em 1980 era de apenas 3,45 hectares. Extensão reduzida demais para, "nas condições atuais do país, produzir o necessário para o sustento de uma família"

(CONTAG, 1983, p. 13). Portanto, segundo Camini (2009, p. 52), "as terras concentradas nas mãos de poucos latifundiários e a modernização da agricultura brasileira excluía os pequenos agricultores, provocando o que, numa leitura burguesa, tem sido chamado de êxodo rural"[3] para ocultar as condições que provocam a expulsão da terra de um grande contingente de famílias de agricultores. Conforme estudos efetuados por uma equipe de pesquisadores sobre as condições atuais do campesinato, "o Brasil possui uma área territorial de 850,2 milhões de hectares. Destes, 132 milhões de hectares de terras estão concentradas em mãos de pouco mais de 32 mil latifundiários" (CARVALHO, 2005, p. 47).

Esta situação se agrava porque famílias de pequenos agricultores geralmente numerosas, por um lado não têm mais como dividir o lote familiar que possuíam com os filhos e, por outro, o pacote agrícola da Revolução Verde[4] provoca a mecanização no campo, expulsando a mão de obra braçal e também a família camponesa da pequena propriedade inviável para a produção mecanizada. Restando a estas famílias, ou aos filhos destes pequenos agricultores, a alternativa do êxodo para as periferias dos grandes centros urbanos ou se organizar e lutar pela terra.

---

3. Êxodo rural é uma expressão inadequada porque mascara a situação forçada que obriga milhares de famílias a abandonar o campo para se instalar nas cidades em busca de sobrevivência. Não está à espera das famílias de agricultores que são empurrados para as cidades, uma "terra prometida", como no relato do Antigo Testamento, que motivou o êxodo do povo hebreu (CAMINI, 2009, p. 52).

4. A Revolução Verde "no Brasil, assumiu – marcadamente nos anos de 1960 e 1970 – a prioridade do subsídio de créditos agrícolas para estimular a grande produção agrícola, as esferas agroindustriais, as empresas de maquinários e de insumos industriais para uso agrícola – como tratores, herbicidas e fertilizantes químicos –, a agricultura de exportação, a produção de processados para a exportação e a diferenciação do consumo – como de queijos e iogurtes" (MOREIRA, 2000, p. 44).

A maioria destas pessoas não tinha preparo ou especialização de qualquer profissão para a vida e o trabalho urbano, sem escola e conhecimento do funcionamento da cidade grande. Com isso, essas famílias são obrigadas a morar nas periferias e favelas das cidades, a conviver com o desemprego, com a falta de moradia e, do mesmo modo que nas áreas rurais, com a falta de saúde (o SUS ainda não existia) e de educação. Longe dos parentes que deixaram para trás e obrigadas a abdicar de hábitos culturais de convívio, essas famílias são levadas a "viver a indignação pelo desajuste entre os hábitos formados no trabalho rural e os encontrados no industrial, que ignora as necessidades de cada um" (SADER, 1991, p. 62).

Com o agravamento desta situação, onde o êxodo rural para os centros urbanos não era a melhor solução, "os sem-terra" da Região Sul, confrontando as soluções governamentais (ou mais precisamente a falta de soluções), "iniciam a ocupação coletiva de terras ociosas (privadas e públicas), a fim de exigir através de uma ação mais ofensiva a aplicação do Estatuto da Terra com a realização da reforma agrária em seus próprios estados" (STIVAL, 1987, p. 38). Movimentos mais organizados vão surgir inaugurando uma nova fase da luta pela terra, destacando-se o acampamento de Encruzilhada Natalino (MARTINS, 1984), Ronda Alta/RS em 1979, que foi o embrião para o surgimento e fortalecimento do MST no âmbito regional e, depois, nacional. Este movimento começou com algumas dezenas de famílias chegando em torno de 600 famílias acampadas. "Tornando-se um símbolo de resistência camponesa, pois durante um ano de acampamento consolidou-se enquanto organização de base e nova forma de fazer política. Esta maneira de se organizar e de lutar reflete-se em acampamentos posteriores" (STIVAL, 1987, p. 39).

No Rio Grande do Sul, nesse período, também surgiram de forma generalizada, através de conflitos, muitos protestos e manifestações sociais contra os fazendeiros e os grandes proprietários de terra. Participei de vários deles, em alguns ajudando na organização. Eles ocorriam através de duas frentes: uma dos movimentos pela terra e a outra dos movimentos sindicalizados contra a política agrícola. Esta última mais concentrada na região norte do Estado, através do sindicalismo rural combativo com uma pauta centrada na política agrícola, por melhores preços dos produtos, contra os confiscos cambiais, principalmente da soja, e por rebaixamento dos juros dos financiamentos. São inúmeras manifestações que ocorrem na região norte do Estado, que, conforme Heidrich (1984, p. 111), "do processo de regionalização, tal qual as manifestações deste tipo que ocorrem no Centro-Oeste e Norte do Brasil, decorrentes da expansão da fronteira agrícola, na verdade em outro tipo de regionalização".

Por isso, o Rio Grande do Sul é considerado o berço do MST, gerado por duas ocupações e um grande acampamento à beira da estrada, assim descrita por Camini (2009, p. 54):

> Em 1978, cem famílias ocuparam a Fazenda Macali, em Ronda Alta, e logo em seguida mais 240 famílias ocuparam a Fazenda Brilhante, no mesmo município. Famílias estas que foram expulsas das áreas indígenas da reserva de Nonoai e decidiram, teimosamente, ficar e lutar por um pedaço de terra no Estado de origem, enquanto outras centenas de famílias foram para o Estado do Mato Grosso ou para outros municípios, no Estado do Rio Grande do Sul. Em 1980, enquanto o povo olhava curiosamente para os dois acampamentos anteriores, surge, inesperadamente, mais um – o acampamento da Encruzilhada Natalino, em Ronda Alta, considerado como o "nascimento" do MST, que teve grande repercussão nos meios de comunicação e sensibilizou muito a opinião pública. Isto representava, na época, a luta contra a ditadura militar, que

mostrava pequenos sinais de enfraquecimento sob a pressão dos movimentos sociais populares.

A formação do acampamento de Ronda Alta foi um acontecimento histórico em que trabalhadores rurais aparecem como o centro da manifestação pública dos conflitos agrários. "As manifestações recomeçavam nos anos de 1980 após um período de repressão, e no oeste catarinense organizam-se algumas comissões de visita a esse acampamento. Assim, incentivou-se o início da organização dos sem-terra no Estado" (RUSCHEINSKI, 1989, p. 154).

Destas lutas concretas que os trabalhadores rurais sem terra foram desenvolvendo em determinadas regiões do país surgirá e se organizará o Movimento dos Trabalhadores Rurais Sem Terra – MST, assim como descreve Camini (2009, p. 51):

> Este movimento nasceu em meados da década de 1980, em pleno regime militar, como um processo de luta e resistência contra a política de exclusão sofrida pelos trabalhadores rurais e urbanos, em decorrência do desenvolvimento capitalista. Mesmo assim, não deve ser visto como um movimento novo na história do Brasil. Ele é uma continuidade de outros movimentos e lutas similares empreendidas pelo campesinato[5] (índios e negros) no país, quando viram seus territórios sendo invadidos e eles escravizados.

Referindo-se ao movimento, Carlos Bonamigo (2002, p. 103) afirma que o "MST é um dos herdeiros do processo histórico de luta por emancipação e pela posse da terra do campesinato brasileiro desde a sociedade escravista, passando

---

5. Sobre campesinato, cf. Fernandes (2000) para debate do item 2.1.1. Esta é uma discussão que precisa ser ampliada com as considerações a serem feitas e complementadas pela contribuição de outros colaboradores como, p. ex., Carvalho (2005).

por Canudos, Contestado, as Ligas Camponesas etc." O Movimento dos Trabalhadores Rurais Sem Terra em pouco tempo de organização passou a desenvolver várias formas de luta envolvendo números significativos de trabalhadores do campo, tornando-se o motor da luta pela reforma agrária no Brasil. Favorecidos por uma conjuntura de abertura política do regime ditatorial militar, dos agricultores estarem descapitalizados e empobrecidos pelo avanço do capitalismo no campo, que provocava uma concentração de terra cada vez maior, expulsando para os centros urbanos estes trabalhadores rurais, como descreve STIVAL (1987, p. 43):

> Desta situação de acirramento das contradições entre o capital e o trabalho no campo, surge a opção política de lutar pela terra. Inúmeras lutas concretas vão aparecer e aos poucos vão se articulando entre si. É desta articulação que se delineia e se estrutura o MST, tendo como matriz principal o acampamento da "Encruzilhada Natalino", em Ronda Alta/RS.

Importante salientar que, apesar de o MST ser acusado de radical e até de revolucionário pelos ruralistas e setores populares conservadores, é preciso reconhecer que, com relação aos movimentos sociais do campo que o antecederam, o MST é marcadamente não violento, pois não promove confrontos armados, não organiza milícias populares e orienta seus militantes para a participação e a negociação política. Sou testemunha disso, pois em inúmeras vezes que participei de organizações de ações concretas nas quais sempre se refutava a ação com armas. Mesmo nas ocupações, sempre o movimento tinha como objetivo chamar a atenção da sociedade e abrir negociação com as autoridades competentes. Todas as lutas e negociações nunca se davam à margem da lei. Aliás, o MST é ferrenho defensor do Estado democrático de direito e da democracia.

A forma de se organizar do MST se dá através de pequenos núcleos de base, grupos de reflexão de trabalho, que se articulam através das comissões municipais e a estadual, composta por 12 membros. As decisões são tomadas em assembleias gerais frequentes, após as discussões dos materiais de formação distribuídos nas instâncias acima referidas. Com o lema "Terra para quem nela trabalha", estes agricultores organizados passam à ação. Os acampamentos, as ocupações, as resistências na terra e as pressões sobre os governantes e autoridades foram as formas que os sem-terra encontraram para consolidar sua luta e conquistar algumas vitórias parciais. "Na contrapartida o governo pressiona com seu projeto de colonização, com promessas não cumpridas e com outras formas de pressão, repressão, ameaças e cooptação de alguns líderes, tentando levar o movimento ao desgaste e fragmentação" (MST, 1986, p. 10).

Os agricultores entenderam que, se muitos perderam a terra, isolados, sem articulação e organização entre si, por serem muitos, poderiam se unir para conquistá-la novamente. É neste contexto que nasce o MST como um movimento social popular do campo. Conforme uma estudiosa do MST, pesquisadora da Universidade Federal de Santa Catarina – UFSC, é um movimento que "organiza os trabalhadores do campo que, na sua visão, são todos eles sem terra, inclusive os assalariados rurais, tendo como aliados os trabalhadores urbanos" (VENDRAMINI, 1992, p. 19). Na mesma linha de pensamento, o geógrafo Fernandes, também estudioso das lutas do MST, assim define o movimento:

> O MST é fruto do processo histórico de resistência do campesinato brasileiro. É, portanto, parte e continuação da história da luta pela terra [...]. Nesse processo, os fatores econômicos e políticos são fundamentais para a compreensão da natureza do MST. Na década

de 1970, os governos militares implantaram um modelo econômico de desenvolvimento agropecuário que visava acelerar a modernização da agricultura com base na grande propriedade, principalmente pela criação de um sistema de créditos e subsídios. Essa política que ficou conhecida como modernização conservadora promoveu o crescimento econômico da agricultura, ao mesmo tempo em que concentrou ainda mais a propriedade da terra, expropriando e expulsando mais de 30 milhões de pessoas que migraram para as cidades e para outras regiões brasileiras (2000, p. 49).

No movimento, com forte apoio da Comissão Pastoral da Terra – CPT, crescia e se desenvolvia a articulação entre as lutas nos vários estados, o que levou os grupos que trabalhavam na organização camponesa a dar mais um passo na história da luta pela terra. Assim, em janeiro de 1984, organizaram o 1º Encontro Nacional de Fundação do Movimento, em Cascavel/PR. "O evento reuniu participantes de várias ocupações que estavam acontecendo no país e ali decidiram o nome do MST, a estrutura organizativa, a primeira coordenação nacional e quais seus objetivos gerais"[6] (CAMINI, 2009, p. 55). Neste encontro são consideradas, entre outras prioridades, "a ampliação da luta pela reforma agrária, a continuidade da luta através de acampamentos e ocupações, isto é, colocar a reforma agrária na prática, a organização da classe pela base e a renovação dos sindicatos,

---

6. Estes são os objetivos gerais do MST: 1) Que a terra só esteja nas mãos de quem nela trabalha; 2) Lutar pela reforma agrária; 3) Lutar por uma sociedade sem explorados e exploradores; 4) Ser um movimento de massa autônomo dentro do movimento sindical para conquistar a reforma agrária; 5) Organizar os trabalhadores rurais na base; 6) Estimular a participação dos trabalhadores rurais no sindicato e no partido político; 7) Dedicar-se à formação de lideranças e construir uma direção política de trabalhadores; 8) Articular-se com os trabalhadores da cidade e da América Latina (Agenda Movimento dos Trabalhadores Rurais Sem Terra. São Paulo, 1994. In: CAMINI, 2009, p. 55).

elegendo representantes autênticos" (MST, 1986, p. 18). Esse encontro marca oficialmente o surgimento do MST, reinventando a luta pela reforma agrária a partir de uma vontade política própria dos trabalhadores rurais.

Em janeiro de 1985 realizou-se o I Congresso Nacional dos Sem Terra, em Curitiba/PR, do qual participei como um dos organizadores do evento. Houve a participação de 1.500 delegados de 23 estados do Brasil, entre eles todos os grupos que estavam lutando por terra no país. Neste Congresso, como descreve Camini (2009, p. 55), "o MST tomou como lema: 'Ocupar é a única solução'. O II Congresso realizou-se em Brasília, em 1990, com a participação de 5 mil delegados dos 19 estados, onde o MST estava organizado. A nova palavra de ordem foi: Ocupar, resistir, produzir".

Conforme Fernandes (2000), o período entre o I e o II congressos foi marcado pela territorialização e consolidação do MST em uma organização nacional, no momento já com uma estrutura básica e algumas instâncias de representação. "Um dos principais desafios após o I Encontro Nacional foi formar uma organização autônoma, porque as lutas precisam estar sob controle político dos trabalhadores, os verdadeiros sujeitos do processo de territorialização da luta pela terra" (BONAMIGO, 2002, p. 109-110). Fortalecidos por estes encontros, os sem-terra passam a se articular nacionalmente e promovem vários novos acampamentos, já com uma organização de base bastante consolidada e envolvendo milhares de famílias.

No Rio Grande do Sul acontece a primeira ocupação organizada no dia 27/08/1984, no município de Santo Augusto numa área ociosa do Estado do Rio Grande do Sul. No ano seguinte, frustrados pelo tímido Plano Nacional de Reforma Agrária – PNRA assinado pelo Presidente José Sarney, ocorre a histórica ocupação da Fazenda Annoni, um latifúndio de 9.300 hectares, no município de Sarandi, hoje Pontão/RS, ocupada por 1.500 famílias oriundas de quarenta municípios do nordeste e noroeste do Rio Grande do Sul, em uma das maiores ações já realizadas no país[7], como nos relata o agricultor e assentado na Fazenda Annoni, Mário Lill, que junto com o Isaías Vedovatto, também lá assentado, levaram os alicates para cortar os arames da cerca da Fazenda Annoni:

> Em 29 de outubro de 1985, era uma noite de lua cheia, nós juntamos gente de 32 municípios, mais de 1.500 famílias que dava em torno de 7.500 pessoas. Já vínhamos com uma organização lá do município, onde cada núcleo já se planejou e se organizou junto à coordenação municipal que se articulava com uma coordenação regional e esta com a estadual. Então cada núcleo ou município era responsável de ver o que precisava para poder ir, como garantir caminhão, uma lona, comida e colchão para dormir. Você sabe bem, porque também estava lá e entrou com a gente; chegamos com vários caminhões em comboio, já tinha uma viatura da polícia rondando por lá, mas ao perceberem a quantidade de gente eles se afastaram. O colega Isaías Vedovatto que mora com a gente e faz parte da cooperativa hoje, levou um alicate e cortou os arames, e o povo foi entrando pra dentro do mato e começando a montar suas barracas. Enquanto muita gente que era mais de longe ia chegando, já ia encontrando a polícia montando barreiras para poder evitar o acesso. Mas aí eles descem do caminhão com as mochilas nas costas e seguiam pelas lavouras até chegar lá a pé. Aí não teve como, pois eram em torno de 8 mil pessoas, todas bem-organizadas e dispostas a fazerem o enfrentamento (LILL, 2019, s. p.).

---

7. Em 1996 houve a ocupação da Fazenda Giacometti no Estado do Paraná, com 86 mil hectares, maior do que a Annoni. 3 mil famílias ocuparam a área. Mais tarde foram desapropriados 16.800 hectares (STÉDILE; FERNANDES, 1999, p. 117).

Fui testemunha ocular desta ação, como consta na entrevista do agricultor Mário Lill, pois como assessor político e de formação do MST participei da organização e da ocupação naquela noite de outubro de 1985, passando a morar por 30 dias no acampamento e depois indo e vindo constantemente, pois o número de famílias e pessoas nos surpreendeu e foram inúmeras as dificuldades para organizar e atender a todos. O tamanho do acampamento, o número de barracos, os milhares de acampados junto com outras pessoas a eles solidárias, que andavam em meio à cidade das lonas pretas. A organização interna dos colonos, a escola improvisada para as crianças, a recepção na entrada do acampamento, a segurança, eram algumas das questões que enfrentávamos todo o dia e tínhamos que dar encaminhamento adequado. Na verdade, era como administrar um novo município de 8 mil pessoas sem nenhuma infraestrutura.

Tudo isso despertava curiosidade daquelas pessoas que passavam na estrada, que ouviam falar do acampamento através da imprensa. A brigada militar se fez presente desde os primeiros momentos, amedrontando os agricultores ali acampados. Vários confrontos se deram no local, mas não foram suficientes para fazer recuar o sonho da reforma agrária[8] como descreve Camini na sua tese (2009, p. 56):

> A ocupação da Fazenda Annoni ficou conhecida por todo o Brasil e no exterior. Surgiu como uma resposta

---

8. Um bom exemplo da reforma agrária é o assentamento na antiga Fazenda Annoni, onde vivem 392 famílias, produzindo, por ano, cerca de 46.750 mil sacas de trigo, 9.015.500 litros de leite, 403 mil sacas de soja, 150 mil sacos de milho, 50 toneladas de frutas, 2.630 cabeças de gado, 8 mil cabeças de suínos e 82 toneladas de hortaliças. Essa produção movimenta o comércio local e leva alimento sadio para a mesa dos trabalhadores da região. Há no assentamento seis escolas para as crianças e adolescentes assentados. Dados obtidos na COOPTAR (Cooperativa de Produção Agropecuária Cascata, dos Assentados da Fazenda Annoni – Pontão/RS) em 20/05/2020.

concreta a um governo civil que, depois da ditadura militar, ao lançar o Plano Nacional de Reforma Agrária – PNRA, prometia realizá-la, mas na prática não cumpria a promessa. A partir desta data multiplicaram-se rapidamente as ocupações, sempre de forma mais organizada, em outros estados do país.

Portanto, nos primeiros passos do início dos anos de 1980, que acompanhei diretamente na organização e nas lutas concretas das primeiras conquistas de terra, até hoje, onde mantenho vínculos e relação com estas famílias assentadas em diversos assentamentos do Rio Grande do Sul, muitos fatos ocorreram em termos de avanços e de dificuldades. Importante saber dos acampados o porquê de acampar e como foi a organização para ocupar a Fazenda Anonni, como nos relata o hoje assentado, ex-sem terra, Mário Lill:

> Eu era filho de agricultor daquela região aí de Sarandi, noroeste do Estado, mas como meu pai não tinha condições de me comprar um pedaço de terra, eram nove filhos sobrevivendo em 12 hectares de terra, imagina o que sobra, alguém tinha que sair, aí eu fui acampar na Fazenda Annoni com mais 1.500 famílias. O pai era líder sindical e participava das oposições sindicais que na época eram consideradas pelegas (conservadoras), a mãe era prima do Pe. Arnildo Fritz que liderou as ocupações anteriores ao MST da Macali e da Brilhante, e depois o grande acampamento da Encruzilhada Natalino, tudo lá em Ronda Alta. E nós tínhamos este conhecimento e esta afinidade com a Igreja, da luta social e por parte do pai a luta sindical. Disso tudo começou uma organização de núcleos como embriões do MST, eu comecei a participar do núcleo da minha comunidade e daí fomos para a ocupação da Annoni (2019, s. p.).

No relato acima se menciona a influência da Igreja Católica nas ocupações de terra e na defesa da reforma agrária como descrito pelo Mário Lill:

> A participação da Igreja progressista foi fundamental, não só a católica, na minha região sim, mas em outras foi predominante a Igreja Luterana. Então, este setor da Igreja que tinha uma visão mais aberta, progressista, foi fundamental. Não foram os únicos, outras forças como falei, as oposições sindicais e o ambiente de redemocratização pós-ditadura, todo esse cenário ajudou, e o papel da Igreja como apoio moral e de logística foi extraordinário, já que faziam arrecadação de roupas, mantimentos, estrutura de hospedagens, carros, telefones para a gente se comunicar, já que não tinha celular. Foi tudo muito importante e decisivo na nossa organização e êxito na conquista da terra (2019, s. p.).

Outro fato marcante deste início vertiginoso do MST e que ocorreu quando os acampados da Fazenda Annoni decidiram fazer uma histórica marcha a pé até Porto Alegre, em abril de 1986. As marchas por longas distâncias tornaram-se um dos símbolos da luta do MST. Para poder enfrentar 500km de caminhada foi feito antes uma preparação física. Coube a mim esta tarefa, já que à época era reconhecido no meio como bom jogador de futebol, e dominava práticas de preparação física. Montei quatro pelotões, cada um com um líder, um nome do pelotão e um grito de guerra escolhido por eles. E por 15 dias fazíamos todas as manhãs alongamentos e caminhadas de 10km na estrada que ligava o acampamento a Ronda Alta para criar resistência física e não sofrermos muitas baixas na marcha que seguiu depois. Participaram dela homens, mulheres, uns mais de idade outros mais jovens e também crianças. A participação foi voluntária.

A marcha saiu do acampamento, município de Sarandi no noroeste do Estado. Passou por várias cidades, como Passo Fundo, Marau, Casca, Guaporé, indo até Caxias do Sul e de lá a

Porto Alegre. Duas equipes foram montadas, uma para levar a infraestrutura para as refeições e colchões para dormir, e outra que ia à frente para organizar nas cidades onde a marcha chegaria, algumas ações de divulgação do MST e do objetivo da marcha, bem como providenciar espaços para se fazer as refeições e dormir. Em todas as cidades foram muito bem recebidos, e a acolhida das comunidades, de sindicatos e de Igrejas sempre muito fraternas e de apoio.

Chegando a Porto Alegre, em torno de 30 mil pessoas os esperavam na Praça da Matriz, onde um grande ato político foi realizado para, na sequência, os manifestantes ocuparem a Assembleia Legislativa, onde iniciaram uma greve de fome. Ao mesmo tempo, os demais trabalhadores e trabalhadoras sem terra, acamparam na frente do Instituto Nacional de Colonização e Reforma Agrária –INCRA. "Esta caminhada, apesar do sofrimento, veio também a suscitar a esperança no povo caminhante, quando encontrava a solidariedade de grupos de pessoas que caminhavam trechos da estrada junto com eles, as manifestações de apoio, as doações" (CAMINI, 2009, p. 57).

A história tem mostrado que, quanto mais o movimento se organiza e se expande em nível nacional, mais surgem forças contrárias a este movimento. É nesse período que nasce a entidade (União Democrática Ruralista –UDR)[9] – formada por latifundiários, apoiada por governos conservadores e forças repressivas com o objetivo de reprimir, assustar e conter a ação organizada dos Trabalhadores Rurais Sem Terra. Desde então, os despejos mais violentos fizeram parte da vida de cada acampamento, começando pelo episódio da Fazenda Santa Elmira

---

9. Cf. o verbete "União Democrática Ruralista". In: http://www.fgv.br/cpdoc/acervo/dicionarios/verbete-tematico/uniao-democratica-ruralista-udr

(1989)[10] em Cruz Alta/RS e do conflito da Praça da Matriz (1990)[11], em Porto Alegre. "Estes fatos trágicos, tão próximos um do outro, prenunciavam que o MST iria sofrer muito em todo o país, perder companheiros, ganhar militantes e chorar a injustiça cometida nos massacres de Curumbiara[12], Eldorado dos Carajás (MASCHIO et al., 1995), e tantos outros que vão se sucedendo em todo o país" (CAMINI, 2009, p. 57).

Nessa cronologia histórica do MST em 1995, na capital Brasília, ocorre o III Congresso Nacional, com a participação de 5.226 delegados dos 22 estados do Brasil onde o MST estava, então, se organizando. A palavra de ordem eleita como a síntese da luta pela terra naquele momento foi: "Reforma agrária: uma luta de todos!" Com o intuito e a compreensão de ampliar a discussão da questão agrária para toda a sociedade. Cinco anos depois, no ano de 2000, realiza-se o IV Congresso Nacional do MST, estrategicamente em Brasília, com a presença de 11 mil militantes, vindos dos 23 estados onde o movimento estava organizado. A palavra de ordem foi "Por um Brasil sem latifúndio".

Nesses congressos sempre participavam centenas de outras pessoas, representantes de entidades e organizações nacionais e internacionais que apoiam a luta pela terra. "Na avaliação de Roseli Salete Caldart (2000), a partir da metade da década de

---

10. Confronto entre Trabalhadores Rurais Sem Terra e policiais da brigada militar, em 1989, por ocasião da ocupação da Fazenda Santa Elmira, em Cruz Alta, resultando em vários feridos e presos (GÖRGEN, 1989).
11. Confronto entre Trabalhadores Rurais Sem Terra acampados na Praça da Matriz em Porto Alegre e policiais da brigada militar, que resultou na morte de um soldado na Esquina Democrática (GÖRGEN, 1991).
12. Confronto entre agricultores sem terra e policiais da brigada militar, acontecido em 10 de agosto de 1995, no Estado de Rondônia, com um saldo de dez mortos (MASCHIO et al., 1995).

1990, foi um momento marcado pela inserção do movimento na luta por um projeto popular de desenvolvimento para o Brasil. Ou seja, já não pensava apenas em construir uma vida digna para os seus participantes" (CAMINI, 2016, p. 58). A partir da luta pela reforma agrária, o MST passou a enfrentar um desafio político maior: junto com outros movimentos sociais, qual seja o de pensar e elaborar um modelo alternativo para além da reforma agrária como simples política de redistribuição da propriedade rural, mas como um modelo de desenvolvimento econômico e social brasileiro.

O Movimento dos Trabalhadores Rurais Sem Terra, mais conhecido como Movimento dos Sem Terra – MST estava organizado até meados desta década em 24 estados do Brasil e no Distrito Federal, acolhendo em seu meio as esperanças e expectativas de homens e mulheres de todas as idades, raças, religiões e partidos políticos que materializam, na atualidade, o movimento secular da luta pela terra no Brasil.

O MST tem sua visibilidade e expressão radicalizada a partir da ocupação da Fazenda Annoni, que ocorreu em outubro de 1985 e durou até 1993, quando os colonos foram assentados. Essa ocupação deixou marcas na história da luta camponesa. Símbolo de resistência e de luta pela terra, esse acampamento foi um dos mais longos conflitos no Estado. Foi a primeira ocupação organizada pelo Movimento dos Trabalhadores Rurais Sem Terra, que já vinha se estruturando desde o acampamento da Encruzilhada Natalino. A partir daí, o MST se consolida como movimento social e suas práticas se disseminam por todo o território nacional. Hoje, os assentados da Annoni constituem parte da história da reforma agrária que deu certo. Mas nem todos os assentamentos foram vitoriosos; pelo contrário, muitos foram e são duramente criticados pelos seus opositores, muito em função do que nos fala o líder nacional Stédile:

> Na primeira etapa do MST, de 1979 a 1995 por aí, a visão programática do MST era a nossa herança histórica, ou seja, das Ligas Camponesas, ou da visão zapatista, de Zapata do México, que era: "terra para quem nela trabalha". Esta foi a palavra de ordem que Emiliano Zapata emitiu para toda a América Latina. Isso era o que nos motivava também e que a própria CPT difundiu muito este lema. Então qual era o simplismo, se eu tiver terra eu vou progredir, criar minha família e viver bem (2020, s. p.).

Mas o MST sempre priorizou o estudo teórico das principais referências na questão agrária e agrícola, da conjuntura, buscando promover entre seus integrantes uma formação adequada aos dias atuais, e por isso deu um passo adiante conforme nos relata Stédile:

> Nos demos conta de que só com a terra você não sai da pobreza. Aqui nos serviu muito os ensinamentos do Celso Furtado, que devíamos combinar com a agroindústria. Você só vai agregar valor ao seu trabalho se você passar por um processo de agroindústria. Porque se você vender leite *in natura* para a Nestlé quem vai ganhar dinheiro é a Nestlé, se vender a uva *in natura* quem vai ganhar é a cantina, e assim por diante. Então a única forma do agricultor assentado ter acesso a este valor agregado é participando de um processo de agroindústria. E a única forma dele participar de uma agroindústria é em regime de cooperativa, porque como ele vai poder botar uma agroindústria particular com 10 hectares? Inviável, então ou é propriedade coletiva ou não tem (2020, s. p.).

Trabalhar com agroindústria de forma coletiva leva a um terceiro elemento de afirmação e permanência deste novo camponês na pequena propriedade produzindo alimentos e se viabilizando social e economicamente que foi sendo descoberto no processo de evolução do MST, assim descrito por Stédile:

> A família até pode ter um lote individual, mas os meios de produção e a mão de obra são coletivas, cooperativadas. Descobrimos também neste processo que esta forma é a única de poder manter trabalho para os jovens e eles ficarem lá, senão eles saem. Filho de camponês tradicional quando chega com 15, 16 anos ele sai pra estudar e não volta mais. Então ele precisa fazer uma profissão colada com a vida da comunidade. Por exemplo, se tem uma cooperativa de leite este jovem pode ser veterinário, agrônomo, bioquímico, pode até ser o motorista do caminhão, mas vai estar aí agregando valor e no fim do mês se divide as sobras e se diversifica a produção (2020, s. p.).

Abertos a estas novas ideias, eles se organizaram em cooperativas, como é o caso das Cooperativas de Produção Agropecuária Ltda. COOPTAR (Sarandi); COOPAN (Nova Santa Rita); COOPAVA (Piratini); COOPAC (Charqueadas); Cootap (Eldorado do Sul) entre outras no Rio Grande do Sul e em todos os estados onde têm assentamentos do MST. O MST, portanto, é um movimento de massa que luta, basicamente por terra, pela reforma agrária, por um modelo agrícola baseado na agricultura familiar e na produção de alimentos orgânicos ou alimentação saudável, como bem descreve Stédile:

> Avançamos nas agroindústrias, mas já nos últimos 10 anos nos damos conta que precisávamos incorporar outro componente pra garantir produtividade com qualidade, que foi a agroecologia. Então de 10 anos pra cá nós fizemos um movimento de adotar a agroecologia como matriz tecnológica. É mais que uma matriz tecnológica, mas de uma relação com a natureza, de produzir em equilíbrio com a natureza e não agredi-la, como faz o agronegócio. E esta foi a disputa que fizemos nos últimos 10 anos (2020, s. p.).

O papel do MST para se trabalhar lá no assentamento e não precisar mais migrar para ter uma vida boa, segundo Stédile, é:
> Proteger as nascentes e mananciais de água potável, implantar agroindústria porque ela gera renda e te dá valor agregado, levar educação, mas não só pela concepção de que só entra na USP (Universidade de São Paulo), ou outra universidade pública pela cota, mas criando curso alternativo para os camponeses, não para dar privilégio a eles, mas por uma razão objetiva que tem que ser curso na forma de alternância, isto é, três meses na faculdade e três meses em casa, se não, se ele ficar anos estudando na USP, ele não volta mais. Aliás, a Pedagogia da Alternância[13] respeita o ciclo do aluno. Então agroecologia, educação, agroindústria e respeito à natureza, esta é a essência do programa de reforma agrária popular do MST (2020, s. p.).

Ao visitar os assentamentos e conversar com os líderes e dirigentes das cooperativas, constatei que os assentamentos recompõem a vida nos municípios onde se localizam. Aumentam a população, gerando novas relações sociais; a produção agrícola e agroindustrial qualifica as relações de produção. E obviamente resultam em mais riqueza, mais impostos, mais investimentos, mais trabalho aplicado naquele território. Há diversas teses, ensaios, e até materiais audiovisuais que comentam mudanças havidas em municípios antes e depois dos assentamentos.

> Aqui no Rio Grande do Sul, o caso mais emblemático é o assentamento da antiga Fazenda Annoni, que transformou um antigo distrito no meio do latifúndio,

---

13. A Pedagogia da Alternância é uma alternativa para a educação no campo. Consiste em mesclar "períodos de uma semana em regime integral na casa familiar e duas semanas de aplicação supervisionada dos conhecimentos na propriedade familiar". Esse processo permite que o aluno aprenda técnicas que serão úteis para a vida no campo e as coloque em prática no convívio familiar. A escola se volta para a realidade local, adequando-se à necessidade de os alunos ficarem na propriedade com sua família para trabalhar (ZONTA et al., 2010, p. 101).

no próspero município, que se independizou com os assentados, que é Pontão. E desde sua fundação até hoje, todos os prefeitos são assentados (STÉDILE, 2020, s. p.).

A contribuição dos assentamentos na vida dos municípios segundo Stédile é fundamental:

> E será ainda mais quando retomarmos a reforma agrária, e enfrentarmos o latifúndio em cada município. São frequentes as manifestações e depoimentos de prefeitos que viveram a transição, das profundas diferenças para o município, entre quando era dominado por grandes latifúndios e depois que as terras foram desapropriadas e transformadas em assentamentos. Em geral, os latifundiários moram nas grandes cidades. Notem que 80% dos grandes proprietários de terra, acima de mil hectares, de todo Estado do Mato Grosso, moram em São Paulo. Portanto, a renda não fica no município. A vida dos seus proprietários não tem nenhuma ligação social, cultural e ou política com o município (2020, s. p.).

Atualmente o MST continua organizado em 24 estados das cinco regiões do país. São cerca de 350 mil famílias que conquistaram a terra por meio da luta e da organização, e estas se mantêm articuladas e mobilizadas, pois entendem que a conquista da terra é apenas o primeiro passo para uma reforma agrária efetiva.

1.3 Os "sem-terra", a vida como experiência e o engajamento político

Ainda dentro deste tema do protagonismo dos sem-terra entendo ser relevante refletir sobre a "experiência" que me levou a investigar a realidade que pretendi elucidar. Por isso, faço entrelaçada à minha trajetória de vida e à relevância da pesquisa.

Minha história de vida, talvez como tantas outras de filhos de camponeses, pequenos agricultores, com pouca terra ou sem terra, não é diferente, no que se refere às experiências de infância, das lembranças de escola, trabalho, projetos pessoais e coletivos, entre os outros movimentos e desafios encontrados pelo caminho destes sujeitos engajados na luta pela terra.

Elementos que justificam as minhas buscas, minha identidade e meu compromisso com a causa deles, e hoje como professor universitário, as questões de pesquisa, o lugar e os sujeitos da mesma. A intenção de pesquisar, tendo como ponto de referência uma escola do Ensino Fundamental que atende alunos oriundos de um assentamento do MST, remete-me, com frequência, às lembranças de infância, da escola, ainda presentes na memória, "pois um acontecimento vivido é finito, ou pelo menos encerrado na esfera do vivido, ao passo que o acontecimento lembrado é sem limites, porque é apenas uma chave para tudo o que veio antes e depois" (BENJAMIN, 1994, p. 37). A intenção, portanto, é apropriar-me desta chave para conhecer melhor o significado do que era antes e o que veio depois. Desvelar os fatos desta trajetória pessoal e, ao mesmo tempo, coletiva talvez possa demonstrar que os grandes sacrifícios de toda a luta valem a pena.

Sou filho de uma família de pequenos agricultores, o oitavo de onze irmãos. Minha mãe era analfabeta. Vivi e senti na pele, nas décadas de 1960 e 1970, a degradação da agricultura familiar, dando lugar à cultura extensiva da soja, com adubos químicos e várias espécies de agrotóxicos para o combate às "pragas". Sem acesso à mídia e à informação em tempos de ditadura militar, fui crescendo sem nenhuma visão crítica ou discernimento sobre o funcionamento da sociedade. Por isso, entendia como natural a venda e a destruição de diversas propriedades rurais de vizinhos próximos, os quais se mudavam para as cidades, ou para outros estados do Centro-Oeste e Norte do país. Muitos de meus vizinhos foram morar e desbravar as matas que margeavam a Rodovia Transamazônica, transformando e desabitando o espaço geográfico da região noroeste do Estado do Rio Grande do Sul.

Alfabetizei-me em uma escola rural, da Linha Sete Setembro município de Taquaraçu do Sul, concluindo ali os quatro anos do Curso Primário como era chamado na época. Com 11 para 12 anos, sem nenhuma disposição para ficar naquela vida dura da lavoura, sem nenhum conforto, decidi, incentivado pela mãe, a entrar para o Seminário Diocesano de Frederico Westphalen, com o propósito de me tornar padre. Lá, por sete anos, fiz o Ginásio e o Segundo Grau em escolas estaduais da cidade. Em 1976, seguindo os estudos para ser sacerdote fui ao Seminário Maior de Viamão cursar Filosofia e Teologia, período em que acontece uma reviravolta completa no meu modo de pensar, de entender a realidade através de uma visão crítica do funcionamento da sociedade e do mundo.

Foi nesse espaço educacional que adquiriu maior importância a reflexão feita neste livro sobre a educação que reivindicam os trabalhadores e trabalhadoras do campo, organizados internacionalmente na Via Campesina[14], da qual faz parte o

---

14. Fundada em 1993 em Mons, na Bélgica, é um movimento internacional que coordena organizações agrícolas, mulheres rurais e comunidades indígenas da Ásia, África, América e Europa. Trata-se de um movimento autônomo, pluralista, sem ligações políticas, econômicas ou de qualquer outro tipo. Está formado por organizações nacionais e regionais cuja autonomia é cuidadosamente respeitada (SILVA, 2004, p. 96). Aqui no Brasil fazem parte desta organização as seguintes organizações: Movimento dos Trabalhadores Rurais Sem Terra – MST, Movimento dos Pequenos Agricultores – MPA, Movimento dos Atingidos por Barragens – MAB, Movimento de Mulheres Camponesas – MMC, Pastoral da Juventude Rural – PJR e Comissão Pastoral da Terra – CPT.

MST. Traçando um paralelo da escola que frequentei com a escola que os educadores do MST querem, hoje, para os filhos de trabalhadores do campo, consigo ver também outros aspectos desta escola. É possível analisar aspectos pedagógicos também importantes e que nos proporcionavam muita alegria por poder frequentá-la, encontrar os colegas pelo caminho e caminhar juntos, ir brincando até chegar à escola, esperar a hora do recreio para jogar futebol com bola de pano de meia ou de borracha, fazer amizades com crianças de outras comunidades e trocar visitas para nos divertir de várias formas. Então esta pedagogia dos encontros marcou muito minha infância, dos jogos, das amizades e das esperas. Como afirma Snyders, "é a partir da própria escola, dos fragmentos felizes que ela deixa transparecer, que se pode começar a pensar em como superar a escola atual" (1993, p. 12). Há, no entanto, necessidade de acrescentar uma peculiaridade da escola rural:

> Fui aluno na roça. Na roça, uma criança sabe geralmente mais do que o seu professor urbano a respeito do mundo em que vive: as matas, os animais, as plantas, as falas, o imaginário. É claro que o professor tem o que ensinar e é justamente isso que esperam tanto os alunos como suas famílias: ensinar aquilo que ainda não é sabido. Um professor que só fala e é culturalmente surdo é de fato um deficiente, como é deficiente a escola em que ele ensina (MARTINS, 2005, p. 32).

Ao conhecer a obra de Paulo Freire no curso de Filosofia, nos anos 70 do século passado, passei a entender o significado de oprimido e opressor. Que não há quem sabe tudo e quem não sabe nada, incluindo os camponeses, que por inculcação ideológica sempre se consideraram como ignorantes e dependentes de um saber de fora, dos que moram nas áreas urbanas ou tinham algum estudo maior. Suas palavras de esperança ao mundo rural, suas críticas à educação burguesa e bancária, seu indicativo e sonho possível de uma educação libertadora, em plenos anos de repressão da ditadura militar me abriu horizontes para ver a sociedade por outras janelas ou chaves de leitura. Quem ousaria contrariar o preestabelecido a ser executado na escola? Tudo isso despertou em mim um compromisso e uma fidelidade a este segmento da sociedade historicamente explorado e vilipendiado pelas políticas governamentais e por um sistema excludente e explorador.

Nesta trajetória fui percebendo no convívio com estas famílias, especialmente os jovens, como muitos desejavam frequentar a escola, fazer um curso superior, mas os fracassos das suas condições de vida não lhes permitiam ter escolhas. A enorme quantidade de pessoas sem terra, sem teto, sem trabalho, sem saúde é resultado desta condição de vida.

Esta vivência de uma relação dialética entre a teoria e a prática me aguçou o senso crítico e me despertou para novos horizontes. O mundo de desigualdades, de misérias, onde grande parte da classe trabalhadora não tem acesso à escola ou a um curso superior é fruto de uma causa estrutural, de um paradigma excludente, como descreve Bourdieu para o caso do sistema escolar da democracia francesa: "Um jovem da camada superior tem oitenta vezes mais chances de entrar na universidade do que o filho de um assalariado agrícola e quarenta vezes mais que um filho de operário, e suas chances são, ainda, duas vezes superiores àquelas de um jovem de classe média" (1998, p. 41).

Os "sem-terra" são, portanto, os que geraram o Movimento dos Trabalhadores Rurais Sem Terra – MST, que se tornou a partir dos anos de 1980 um movimento de ativismo político e social de abrangência nacional. Opôs-se ao modelo de reforma agrária imposto pelo regime militar, que priorizava a colonização de terras devolutas em regiões distantes de sua origem e identidade, como o Centro-Oeste e Norte do país, forçando o êxodo rural das regiões de minifúndios com a migração de mais de 30 milhões de camponeses para estas regiões e periferias das grandes cidades. Esse modelo de colonização revelou-se, no entender do movimento, inadequado e eventualmente catastrófico para centenas de famílias, que acabaram abandonadas, isoladas em um ambiente inóspito, condenadas a cultivar terras que se revelaram impróprias ao uso agrícola.

Sem terra são, portanto, as pessoas que trabalham na agricultura, mas não possuem terra para plantar. Também se refere aos movimentos sociais que atuam junto a estas pessoas e suas lideranças. Minha história de vida, portanto, é a mesma dos milhares de sem terra, que os pais, não tendo terra para poder mantê-los próximos na mesma atividade, foram obrigados a se organizar, acampar e lutar por terra, como descreve o assentado e também hoje Deputado Federal Dionilso Marcon: "fui acampar porque sou filho de pequeno agricultor, éramos em 10 irmãos e o pai tinha somente 21 hectares de terra. Meu pai não tinha condições de comprar mais um pedaço de terra. Aí como não dava para todos sobreviver lá, eu e o meu irmão fomos acampar; hoje somos três irmãos assentados" (2020, s. p.). Este foi e é o perfil dos "sem-terra", jovens, filhos de pequenos agricultores, com pouca terra ou meeiros (que trabalhavam as meias com o dono da terra). Eu estava dentro deste perfil e só não me tornei um deles porque o Seminário Diocesano de Frederico Westphalen me deu outra oportunidade.

Mesmo já estando em outra condição naquele momento, pois já estava com dois cursos superiores e fazendo um mestrado, eu me via neles e me imaginava como um deles, e por isso vivia como eles. Não tinha nenhuma dificuldade de morar no acampamento, dormir numa esteira de taquara, comer o que eles comiam quando tinha comida, fazer as necessidades fisiológicas no meio do mato, tomar banho na sanga, montar barraca etc.

Ali, com a consciência adquirida na academia e este banho de realidade, é que começa a minha militância política que está marcada por 20 anos de atuação profissional na Assembleia Legislativa do Rio Grande do Sul, coordenando a Comissão de Educação, Cultura e Esporte; a Comissão de Saúde e Meio ambiente, e chefe de gabinete de três parlamentares, deputados Adão Pretto, Antonio Marangon, ambos oriundos e eleitos pela base do MST, e Marisa Formolo. Por dois anos fui chefe de gabinete da Secretaria da Agricultura do Estado do Rio Grande do Sul no governo de Olívio Dutra. E por cinco anos fui presidente estadual do Partido dos Trabalhadores – PT nesse Estado.

Por isso acompanho a luta dos agricultores sem terra do Rio Grande do Sul desde o surgimento da organização do MST, no início da década de 1980, onde a partir de 1983 passei a atuar como assessor político e educacional e, até hoje, passados mais de trinta anos, ainda mantenho uma militância ligada ao movimento e às lutas dos agricultores familiares. Quando fiz minha dissertação de mestrado em Educação na Universidade Federal do Rio Grande do Sul – UFRGS, de 1984 a 1987, realizei minha pesquisa junto aos agricultores sem terra que estavam acampados no município de Erval Seco/RS e também tinham conquistado os primeiros assentamentos naquele município e em Tupanciretã/RS.

A pesquisa do mestrado – "O processo educativo dos agricultores sem terra na trajetória da luta pela terra" – desenvolveu-se no âmbito da educação informal. Dando a compreender como uma trajetória educacional e de vida vai se ressignificando à medida que encontra um lugar, um espaço e um movimento pedagógico propício a uma prática educativa transformadora. Dentro de um processo de luta, os sem-terra foram adquirindo um novo saber que lhes dava autonomia e consciência de classe a partir de uma relação dialética entre teoria e prática, proporcionando-lhes conquistas e transformações nas relações de dominação e da busca de sua cidadania.

Mantive meu vínculo com o MST quando nos anos de 1990 surge a Fundação de Desenvolvimento, Educação e Pesquisa da Região Celeiro – FUNDEP, com sede em Três Passos/RS. Era um momento histórico propício para o avanço das lutas populares e a FUNDEP foi criada com o objetivo de atender às demandas de formação e educação dos trabalhadores do campo daquela região. Participei desta formação como professor no Curso de Magistério de férias, que fora criado para atender à demanda de educadores do MST da Região Sul do país, e no curso regular do Ensino Médio com sede no município do Braga, dando aula de Sociologia Rural e Metodologia Popular.

É com este intuito que volto agora, dentro do espectro da educação formal, já com um acúmulo maior de experiências e práticas, a pesquisar e verificar o que a LDB estabelece para definir que a "educação escolar deverá vincular-se ao mundo do trabalho e à prática social". Essa relação entre uma escola regular e um empreendimento econômico agroecológico bem-sucedido caracterizam um avanço qualificado desta fase da luta por mais dignidade humana dentro do ideário educativo do MST no que se refere ao modelo de produção agroecológica. Não dá para visualizar os sem-terra como um fenômeno em si, mas como um conjunto de forças que se integram e formam um movimento organizado. Conforme visto em Araujo (2019, p. 142): "O MST propõe inserção e participação de todos os seus membros, e busca se consolidar enquanto uma organização socioeconômica e política que se articula desde o local até o espaço nacional, através de coletivos, setores, associações, cooperativas e diversas instâncias de decisão e participação". O MST tem como aparato a luta pela reforma agrária, entendendo esta como a construção da democracia em nosso país.

2
A pedagogia do MST e sua relação com o campo teórico da educação popular

A partir do final dos anos de 1980 até o momento atual, no Brasil, é importante sistematizar a pedagogia do MST. Nesse esforço teórico são centrais as teorias produzidas por Paulo Freire, Miguel Arroyo, José de Souza Martins, Roseli Salete Caldart, entre outros. Um aporte teórico incipiente no campo da educação popular é a relação entre *decolonialidade* e a educação que foi muito conveniente para desenvolver a pesquisa com a observação dos agricultores da COOPAN.

A contribuição da educação popular para a constituição do projeto político-pedagógico escolar visando à emancipação da agricultura familiar sustentável teve seu referencial teórico construído a partir da releitura dos livros *Educação como prática da liberdade* (FREIRE, 1976), onde o autor aborda a educação como "um ato de amor, por isso um ato de coragem. Não teme o debate e a análise da realidade. Não pode fugir à discussão criadora, sob pena de ser uma farsa" (p. 45); e *Extensão ou comunicação?* (FREIRE, 1983) visando identificar sua contribuição pedagógica para enfrentar os desafios da reforma agrária chilena e a necessidade governamental de promover uma política de formação cultural de camponeses capaz de garantir a produtividade agrícola, como destaca o breve prefácio à edição chilena escrito pelo agrônomo chileno Jacques Chonchol. O objetivo da releitura do prefácio de Chonchol demonstrou que a epistemologia da educação popular se estabelece de forma interdisciplinar entre a pedagogia e a sustentabilidade da produção em áreas da reforma agrária.

O engenheiro agrônomo chileno Jacques Chonchol foi nomeado diretor do Instituto de Desenvolvimento da Agricultura – INDAP pelo Presidente Eduardo Frei e exerceu esse cargo entre 1964 e 1969, baseando sua ação em sua militância partidária na democracia cristã chilena e em sua experiência profissional como assessor latino-americano da Organização das Nações Unidas para Alimentação e Agricultura – FAO. Como diretor do INDAP, Chonchol contratou Paulo Freire para ajudar na resolução dos problemas de "comunicação entre o técnico e o camponês, no processo de desenvolvimento da nova sociedade agrária" (CHONCHOL, 1968, p. 11). O governo democrata-cristão realizava a reforma agrária no Chile, mas persistia a "falta de resultados", pois os agrônomos, mesmo que bem-intencionados, não conseguiam educar as famílias camponesas para que elas adotassem, no seu trabalho agrícola, as técnicas mais adequadas para garantir a produtividade da propriedade que recebiam do programa governamental de reforma agrária. Conforme a análise de Chonchol, essa incapacidade de comunicação entre a ciência e a cultura camponesa se devia, "no melhor dos casos, a uma visão ingênua da realidade e, no caso mais comum, a um claro sentido de superioridade, de dominação com que o técnico enfrentava o camponês inserido em uma estrutura agrária tradicional" (1968, p. 12).

A experiência do INDAP com a reforma agrária permitiu que o governo socialista de Salvador Allende nomeasse

Chonchol como ministro da Agricultura. A reforma agrária e a educação popular que a acompanhava foram abortadas pela ditadura de Pinochet; conforme Chonchol, a "reforma foi brutalmente interrompida. No entanto, restou uma conquista que me parece ainda válida: a estrutura latifundiária, que durante séculos oprimira o camponês chileno, não mais se recompôs" (BOSI, 1994, p. 255) porque dos "10 milhões de hectares já expropriados e redistribuídos nas gestões de Frei e Allende, cerca da terça parte foi devolvida ou mercadejada. Mas o grande passo já tinha sido dado: a hegemonia do latifúndio improdutivo não mais voltou" (BOSI, 1994, p. 256). Nem mesmo a sangrenta ditadura chilena conseguiu exterminar a profunda experiência humana e produtiva gerada pela ação pedagógica da educação popular com famílias de sem terra chilenas que conquistaram terra. Parece evidente que, guardadas as devidas proporções, o estudo de caso da relação dialógica entre as famílias de assentados do MST e a Escola Rui Barbosa também será uma profunda experiência humana, pedagógica e produtiva.

Conforme anunciamos na introdução, destacamos aquilo que o livro *Extensão ou comunicação?* analisa o "trabalho do agrônomo-educador" que enfrenta o problema que, na época, Freire identificava como as culturas mágicas que nos interessam de perto, por constituírem ainda o estágio em que estão as grandes maiorias camponesas da América Latina. Essa concepção mágica ainda permanece?

A contradição entre o pensamento mágico camponês com a forma científica da agronomia gerava as práticas que Freire denominava "invasão cultural", que revelavam o "equívoco gnosiológico que se encontra contido no termo 'extensão'" (FREIRE, 1983, p. 20). A solução proposta por Freire é complexa e se orienta pela "dialogicidade, na problematização, educador-educando e educando-educador", de modo que "vão ambos desenvolvendo uma postura crítica da qual resulta a percepção de que este conjunto de saber se encontra em interação" (FREIRE, 1983, p. 36). Esta interação seria a comunicação que supera a extensão tecnicista. "Não são as técnicas, mas sim a conjugação de homens e instrumentos o que transforma uma sociedade" (FREIRE, 1977, p. 11). Freire, então, assume sua tese humanista marxista: a "tomada de consciência que se opera nos homens enquanto agem, enquanto trabalham" (FREIRE, 1983, p. 52).

A educação que permeia os movimentos sociais surge também como crítica a uma educação pensada em si mesma ou em abstrato; seus sujeitos lutam para que o debate pedagógico se coloque a partir de sua realidade, de relações sociais concretas, de vida, acontecendo em sua necessária complexidade. Tem-se, assim, uma educação que se descola da escola formal que atende aos interesses de sistemas de ensino mais tradicionais. A educação vinculada aos movimentos sociais tende a desenvolver um projeto político-pedagógico que tensiona a "lógica escolar" assumida pelos processos formadores, por vezes também daqueles que acontecem fora da escola.

Do ponto de vista da teoria pedagógica, o projeto político-pedagógico dos movimentos sociais ainda não pode e talvez nem deva ser o mesmo da política pública educacional. Descentrar-se da escola tradicional parece ser uma condição para que a educação dos movimentos populares mantenha uma visão mais alargada de educação e não perca o horizonte das grandes questões da formação humana, reafirmando e trabalhando uma concepção de educação emancipatória. A materialidade educativa de origem da educação popular está nos processos formadores dos sujeitos coletivos da produção e das lutas sociais. Por isso, como afirma Caldart (2004, p. 81), "ela desafia o pensamento pedagógico a entender estes processos – econômicos, políticos, culturais – como formadores do ser humano e, portanto, constituintes de um projeto de educação emancipatória, onde quer que ela aconteça, inclusive na escola".

Segundo Caldart (2000), a proposta pedagógica do MST está vinculada a princípios organizativos que fundamentam a existência do próprio movimento. A autora afirma que há um projeto de sociedade vinculado a um projeto de ser humano ou, no dizer de Paulo Freire, de humanização.

> Este ser humano, por sua vez, se constrói na atuação coletiva do movimento, através da intencionalidade pedagógica de cada momento que se vive no MST. As pedagogias que foram assumidas nasceram da luta cotidiana do movimento, são elas: pedagogia da luta social, pedagogia da organização coletiva, pedagogia da terra, pedagogia da cultura e pedagogia da história (CALDART, 2000, p. 30).

Os movimentos sociais multiplicaram-se no Brasil durante os anos de 1980 e 1990, como grito de liberdade de um longo período ditatorial. Percebeu-se nesse período, no país, progressiva ampliação e diversificação de organizações populares, com diversos modelos organizativos, formas de mobilização, bandeiras de luta, relações com mediadores e interlocutores, processos de formação das lideranças populares. Nesse período se consolidaram muitos grupos e entidades locais, mas também movimentos nacionais, principalmente aqueles que lutam mais diretamente em torno de questões centrais da sobrevivência das pessoas, como o Movimento dos Trabalhadores Rurais Sem Terra – MST; o associativismo comunitário nas suas diversas formas de expressão; movimentos de luta por moradia popular e de defesa dos favelados. Há movimentos com forte caráter identitário, como os de mulheres, de negros, de portadores de deficiência, de homossexuais. Vários movimentos de defesa e de organização de crianças e adolescentes; de meninos e meninas de rua. Organizam-se grupos de ajuda humanitária, de presença fraterna e solidária. Lutas específicas como o Movimento dos Atingidos por Barragens – MAB, consolidaram-se no período vários movimentos de inspiração religiosa, como as Comunidades Eclesiais de Base, as pastorais sociais vinculadas à Conferência Nacional dos Bispos do Brasil, bem como os Centros de Educação Popular e milhares de Organizações Não Governamentais (ONGs).

Ao abordarmos o tema da "Decolonialidade educação: a pesquisa participante e a educação popular", procuramos fazer uma releitura de alguns autores que abordam o tema da pesquisa no campo da educação popular, tendo como principal metodologia a pesquisa participante. Indicando para um novo paradigma que surge em contraposição aos processos de dominação econômica, política e cultural dos países centrais do capitalismo, especialmente a Europa. Nosso objetivo foi verificar até que ponto a pesquisa participante na educação popular tem sido instrumento e ferramenta de desconstituição deste colonialismo. Neste novo ambiente, a educação popular surge como um conhecimento central na elaboração de um projeto popular e de emancipação dos oprimidos. Projeto este gestado na luta social e dos saberes empírico-acadêmicos que dialogam permanentemente entre a teoria e a prática.

Com este horizonte de uma nova visão de sociedade e de dignidade humana, socialista e libertária, a pesquisa participativa passa a ser a metodologia adequada para problematizar a realidade capitalista e a lógica tradicional de pesquisa de natureza positivista, diferenciando-se por uma concepção solidária, compartilhada com os sujeitos e protagonistas do processo, que detêm um saber vindo da leitura de uma sociedade cheia de conflitos e antagonismos, fruto de sua constante luta de classes. E neste sentido, como afirma Pereira (2014, p. 34): "A pesquisa-ação anuncia que, para além da compreensão, é preciso que o conhecimento nos ajude na transformação social". A pesquisa participante, portanto, é um desdobramento do projeto de educação popular.

A observação na pesquisa que realizei permitiu-me interpretar que a Escola Rui Barbosa, embora estando dentro de uma estrutura de educação e de práticas pedagógicas constituintes de um sistema de ensino que visa à manutenção da estrutura vigente, tradicional, ou de sua reprodução, mesmo assim consegue realizar uma educação comprometida com o modo de vida de seus educandos, numa visão pedagógica em que os educadores e os educandos são os sujeitos e os protagonistas do processo de ensino e de aprendizagem.

A educação que perpassa *a priori* por esta escola é pensada a partir deste lugar e com a participação dos sujeitos que a integram, atrelada a sua cultura e as suas necessidades humanas e sociais. Nossa proposta foi, pelo método hermenêutico interpretativo, confrontar esta prática com o depoimento das pessoas envolvidas, em especial das professoras e crianças, para verificar em que medida esta visão mencionada é mais ou menos efetiva na libertação dos educandos, conforme a proposta da educação popular.

> Pois a hermenêutica é este esforço humano de compreender a sua própria maneira em que compreende. Ela se processa na direção do sentido que significa a própria existência humana no mundo. Este horizonte, que não é imaginário, mas a busca de compreender

como o ser humano significa a si próprio e a realidade que se coloca diante dele. O pensar da hermenêutica é uma busca da razão das significações do ser (GHEDIN, 2004, p. 2).

Paulo Freire assevera que a "educação não deve ser uma mera transmissão de conhecimentos, mas deve criar uma possibilidade para o educando construir o seu próprio conhecimento, baseado no conhecimento que traz, a partir de seu dia a dia familiar" (1996, p. 28). Sendo assim, interpretar a realidade escolar à luz da hermenêutica significa estarmos atentos à realidade social do educando e tem a ver com a valorização de seu conhecimento e de sua bagagem cultural. Uma formação cultural abrangente que não desvaloriza o conhecimento do educando é tarefa da hermenêutica filosófico-educacional.

Para fazer da pesquisa uma experiência hermenêutica, como nos afirma Miranda:

> Significa estar disposto a lançar-se a horizontes desconhecidos, expondo-se ao inesperado com todo o risco que nele habita e toda a insegurança que ele provoca. O pesquisador que não se expõe ao desconhecido é incapaz de sentir a força transformadora provocada na experiência da pesquisa (2012, p. 4).

Neste sentido, Gadamer diz que "ao entrarmos numa conversação, num diálogo, sem saber como será o resultado, deixamo-nos levar pela imprevisibilidade, o que, hermeneuticamente, é muito produtivo" (1998, p. 133). Uma vez que acreditar na linearidade do conhecimento é acreditar que a própria linguagem é estável e segura, suposição que não faz sentido na perspectiva hermenêutica. Ao contrário, ela nos aconselha que seja pelo processo que se constituem o conhecimento e a aprendizagem. A centralidade é, portanto, a ação dialógica.

O diálogo nos remete a "um processo entre seres humanos, o que apesar de toda extensão e infinitude potencial possui uma unidade e harmonia própria" (GADAMER, 1997, p. 134). É possuidor de uma "força transformadora" (p. 134). Revela o que é próprio do ser humano e só realmente se efetiva quando deixou algo dentro de nós; "um diálogo só se torna verdadeiramente diálogo quando outro veio ao nosso encontro e ainda não havíamos encontrado em nossa experiência própria do mundo" (GADAMER, 1997, p. 134).

Ao longo da pesquisa pude observar que, de fato, o diálogo verdadeiro transforma as pessoas e a realidade objetiva. Conhecer o cachaço (porco reprodutor) lá na cooperativa (relatado por uma professora) demonstra que a criança pode saber mais do que a professora. Banheiro ecológico é uma contribuição científica do agricultor para qualificar as condições sanitárias da família trabalhadora urbana da "vilinha". O conhecimento de um pai pode transformar galinheiro em laboratório pedagógico de iniciação científica. São apenas alguns exemplos do inédito viável que brota do diálogo cognoscente, conforme a teoria epistemológica de Paulo Freire.

Para esse diálogo cognoscente é necessário que os sujeitos sejam receptivos e abertos ao contexto que buscam interpretar. Afinal, a hermenêutica auxilia o sujeito na transformação da sua realidade a partir da interpretação e compreensão da sua atual situação, isto é, significa compreender para mudar. Assim, para Hermann:

> As relações que se estabelecem e as ações desenvolvidas na escola na perspectiva de uma ação hermenêutica filosófica oportunizam ao aluno um processo de confrontação consigo mesmo, com suas crenças, preconceitos, ideologias, e permite um entendimento dos seus medos, das suas dúvidas, ou seja, a compreensão

dos porquês e o aclaramento dos acontecimentos que atormentam sua vida. A partir desta compreensão se propõe uma nova construção do ser. A educação pode interpretar seu próprio modo de ser, em suas múltiplas diferenças (2002, p. 83).

Portanto, no que diz respeito à educação, a hermenêutica vem oportunizar a retomada do diálogo e da reflexão, onde o processo de interpretação e compreensão exige uma abertura aos pensamentos e visões de mundo e do outro. Na perspectiva hermenêutica, a escola deixa de ser um espaço de reprodução de conhecimento para se tornar um espaço de apropriação crítica deste conhecimento.

Deduzo das abordagens de Paulo Freire e Gadamer que a educação e a hermenêutica, sem dúvida, têm grande importância para a transformação da realidade, pois abrem caminhos para o aperfeiçoamento do ser humano e suas possibilidades de poder conviver melhor consigo mesmo e com o outro. Uma nova educação é gerada a partir do diálogo que é acentuado pela importância da hermenêutica e a educação, pois elas conduzem a um pensar mais elaborado sobre a compreensão da realidade social e da educação.

A escola nessa perspectiva hermenêutica pode deixar de ser um aparelho reprodutor de ideologias, em que se preparam pessoas para a pura obediência e alienação e pode passar a ser um palco onde os sujeitos possam ser atuantes e possam ocupar um papel responsável pela promoção do enfrentamento das relações de opressão e injustiças sociais. A hermenêutica filosófica numa proposta democrática pode oferecer à educação e a todo seu processo formativo a possibilidade de um exercício dialógico, contextualizado e interpretativo, ou seja, um modo de compreensão da vivência educativa.

2.1 Educação popular e pesquisa participante

Antes de enveredarmos nos conceitos e análises da educação popular e a pesquisa participante vamos ver melhor os conceitos de colonialidade e decolonialidade, a partir de alguns autores que são referência no assunto. Por exemplo, Quijano (2005) desenvolve o conceito de colonialidade dialogando com a tradição marxista, que parece adequado ao tema aqui proposto, já que sua interpretação epistemológica está calçada na dominação do Norte global sobre o Sul, neste caso a América Latina. Como afirma Bertagnolli (2015, p. 232):

> A colonialidade é constitutiva do poder capitalista, operando, quer nos domínios da vida social, quer nos âmbitos da subjetividade e intersubjetividade, por meio de instrumentos de coerção, tendo em vista a reprodução e a perpetuação das relações sociais de dominação.

Já Boaventura de Souza Santos e Maria Paula Meneses (2009) definem esta epistemologia do Sul como a recuperação dos saberes e práticas dos grupos sociais que, devido ao capitalismo e aos processos coloniais, foram histórica e sociologicamente colocados na posição apenas de objetos ou matéria-prima dos saberes dominantes. Aliás, Boaventura tem como conceito central desta epistemologia do Sul a "ecologia dos saberes", assim expressa:

> [...] como cada saber só existe dentro de uma pluralidade de saberes, nenhum deles pode compreender a si próprio sem se referir aos outros saberes [...] os limites e as possibilidades de cada saber residem, assim, em última instância, na existência de outros saberes e, por isso, só podem ser explorados e valorizados na comparação com outros saberes (SANTOS; MENESES, 2009, p. 55).

Este conceito do Boaventura dialoga com o que Paulo Freire sempre sustentou no campo da educação popular e da pesquisa participante. Esta expressão "Epistemologias do Sul" é uma metáfora da exclusão e do silenciamento de povos e culturas que foram dominados pelo capitalismo e colonialismo. O colonialismo e a colonialidade são dois conceitos relacionados, porém distintos. O colonialismo se refere a um padrão de dominação e exploração no qual segundo Quijano (2005, p. 93):

> O colonialismo é, obviamente, mais antigo; no entanto a colonialidade provou ser, nos últimos 500 anos, mais profunda e duradoura, que o colonialismo. Porém, sem dúvida, foi forjada dentro deste, e mais ainda, sem ele não teria podido ser imposta à intersubjetividade de modo tão enraizado e prolongado.

Já a expressão decolonialidade não é uma descolonização, mas sim uma superação do colonialismo que procura transcender a colonialidade, também vista por alguns autores como a fase obscura da Modernidade, e que ficou pelo tempo afora operando um padrão mundial de poder. A decolonialidade implica partir da desumanização e considerar as lutas dos povos historicamente subalternizados pela existência, para a construção de outros modos de viver, de poder e de saber, tendo como referência os movimentos sociais.

Para se chegar a estes movimentos que desembocaram no projeto de orientação de educação popular duas vertentes foram fundamentais: a primeira, as classes populares associadas ao trabalho profissionalizante; e uma segunda que compreendia a educação como movimento popular, isto é, a cultura popular é o princípio estratégico para a transformação social.

Pereira (2014, p. 36) expressa bem esta situação quando diz que: "A educação popular é um saber originário, sendo forjada nas relações sociais que contêm, em si, um caráter educativo que se assenta na própria condição humana em seu percurso cultural". Esta posição política da emancipação dos oprimidos no contexto da educação popular e os movimentos sociais ganha assim novos contornos. Tornando-se uma pedagogia que abriga as mais diferentes pedagogias oprimidas, como a dos direitos humanos, da ecologia, dos sem-teto, dos sem-terra, grupos juvenis, de gênero, racial e outros.

É por demais oportuno trazer aqui as diversas características da educação popular muito bem sintetizadas por Zitkoski (2011, p. 20-21):

> 1ª) Educação popular vem a ser todo o trabalho de base, orientado e organizado com clareza da diferenciação de classes existente na estrutura da sociedade. 2ª) Educação popular é entendida como todas as ações voltadas à realidade das classes trabalhadoras, com o objetivo de organizá-las política e socialmente. 3ª) Educação popular é a atuação consciente da classe trabalhadora na luta em defesa de seus direitos; também considera-se como educação popular a participação política e solidária dos sindicatos e associações em outros movimentos populares de lutas. 4ª) Educação popular é um processo educativo que liberta o homem em todos os sentidos, conscientiza e promove a participação social e política; é a educação política dos trabalhadores que prepara o trabalhador para lutar por seus direitos e pela transformação da sociedade. 5ª) A educação popular volta-se à realidade do povo, por isso trabalha com os fatos concretos do cotidiano da realidade do povo, com base para superar as situações-limite que oprimem as pessoas, conhecendo-as, vendo o porquê das mesmas e discutindo estratégias de ação política para transpô-las. 6ª) Educação popular é o ato de educar o cidadão com uma pedagogia que o leve a pensar por si próprio e que possibilite a construção da sociedade emancipada. 7ª) A educação popular requer um trabalho de conscientização que se realiza

a partir do nível sociocultural em que os educandos se encontram, permitindo a identificação das diferenças e contradições sociais e, sobretudo, compreendendo que há leituras diferentes de acordo com o ponto de vista de cada um.

Compreendemos, assim, a educação popular não só como campo de conhecimento, mas também como prática educativa que se constituiu em exercício permanente de crítica ao sistema societário vigente.

Temos a educação popular como elemento de contra-hegemonia ao padrão de sociabilidade difundido. Construída nos processos de luta e resistência das classes populares, formulada e vivida, na América Latina, enquanto uma concepção educativa que vincula explicitamente a educação e a política. Zitkoski (2011) traz esta contribuição da educação popular articulada com os movimentos sociais para potencializar o projeto de transformação social. Isto porque se trata de uma educação vivenciada pelo povo através de seus saberes e que problematizados pelo diálogo promove a organização das classes populares e a luta pelos seus direitos.

Portanto, a educação popular tem como premissas buscar contribuir para a construção de processos de resistência e para a emancipação humana, o que requer uma ordem societária que não seja a regida pelo capital. Com estas definições trazidas por Zitkoski temos um panorama muito amplo e abrangente do que é, do que ela se ocupa e o que pretende a educação popular. É uma educação com contornos e objetivos bem definidos, que visa instrumentalizar as classes sociais populares para a sua autonomia visando à transformação da realidade social em que são sujeitos. Sua pedagogia leva o educando à condição de cidadão com pensamento e protagonismo próprio.

É a partir desta compreensão que vamos adentrar no tema da pesquisa participante. Nesta esteira de pensamento, Pereira (2014) nos traz o pensamento de Paulo Freire (1976), que nos faz vários apontamentos sobre a pesquisa participante e (de)colonialidade, e que aqui queremos ressaltar. A primeira diz respeito às experiências dos sujeitos. Segundo Pereira (2014), elas sempre serão o ponto de partida e de chegada da pesquisa social aplicada. "Ao objetivar o cotidiano, o pesquisador realiza um movimento intelectual de apreensão desta realidade, permitindo que volte a ela ressignificando-a" (p. 38). Isto é, para me aproximar de sua "razão de ser", em termos epistemológicos eu tenho que tomar distância da realidade.

Portanto, a concepção epistemológica de Freire será dialógica, intersubjetiva e dialética. Que se articula com sua concepção antropológica, política e ética. Ele não constrói apenas um método, mas propõe uma teoria sobre a construção do conhecimento a partir dos oprimidos. Assim define Pereira (2014, p. 39): "O método Paulo Freire é muito mais a expressão de uma concepção político-pedagógica do que um conjunto articulado de procedimentos, ainda que deles também se constitua".

Um segundo apontamento é o da ação-reflexão, numa relação em que uma gera e reforça a outra, mas que só se pode dar no processo de ação e reflexão sobre o mundo e a práxis humana. Nada acontece nas pessoas espontaneamente, mas tudo é processo de conscientização. Tudo está relacionado com o contexto social. Nesse sentido, a conscientização das classes populares é um constante desafio. E terá como apoio e peça-chave a educação libertadora, a luta concreta pelo emprego, saúde, alimentação, acesso à tecnologia, lazer etc.

O referencial da pesquisa participante tem sempre presente que tanto pesquisador como pesquisado são sujeitos de um mesmo trabalho comum. Mesmo com tarefas diferentes não há, na abordagem participativa, neutralidade como na pesquisa tradicional de recorte positivista, pois o pesquisador terá implicações diretas com o objeto da pesquisa e seus pesquisados. Nisso se estabelece entre ambos uma relação de confiança, de afeto e emoções, do sujeito que interfere e reage nas situações de pesquisa. Não há nessa condição meros informantes. Todos são protagonistas do conhecimento. Embora cada um tenha ou cumpra o seu papel. Por isso:

> A pesquisa participante deve ser compreendida como um repertório múltiplo e diferenciado de experiências de criação coletiva de conhecimentos destinados a superar a oposição sujeito/objeto no interior de processos que geram saberes e na sequência das ações que aspiram gerar transformações a partir também desses conhecimentos (BRANDÃO; STRECK, 2006, p. 12).

Temos aqui na América Latina um cenário propício para as práticas de pesquisa participante, especialmente depois dos anos de 1970, como afirma o escritor colombiano Orlando Fals Borda (2006, p. 75): "esta realidade concreta orienta essa concepção de pesquisa, potencializando o deslocamento de pesquisa dos trâmites essencialmente acadêmicos para o campo concreto da realidade". Que ele também denominou essas práticas científicas populares de "ciência do homem comum".

Além de se observar o rigor científico, também há nelas uma preocupação com a questão ética. E dessa forma são fundamentais os princípios metodológicos que norteiam todas as pesquisas participantes, que são: autenticidade e compromisso; antidogmatismo; restituição sistemática; *feedback* para os intelectuais orgânicos; ritmo e equilíbrio de ação-reflexão; ciência modesta e técnicas dialogais. Nela sempre se trabalha numa perspectiva de uma via de mão dupla: "de um lado a participação popular no processo de investigação. De outro, a participação da pesquisa no correr das ações populares" (BRANDÃO, 2006, p. 13). Produção de conhecimento e transformação social são produtos da tríade: participação, produção do saber e ação transformadora.

2.2 Emancipação e saberes populares

O conceito de emancipação é trabalhado por Michel Thiollent (2011, p. 106) neste paradigma de pesquisa, no qual ele afirma que "a emancipação é o contrário de dependência, submissão, alienação, opressão, dominação, falta de perspectiva. É sim a condição para que cada sujeito possa atuar de forma autônoma, com liberdade e autorrealização". Para isso, a pesquisa se desdobra primeiramente numa frente política, sempre atendendo as demandas populares; e a outra frente acadêmica que estabelece esta relação dialética entre teoria e prática.

Streck e Adams (2014) problematizam o conceito de emancipação no contexto histórico da modernidade europeia e da colonialidade gerada nos países colonizados da América Latina onde se cunhou o termo libertação. Fazem uma reflexão crítica a respeito das contradições/tensões existentes nesse processo, além de trazerem contribuições importantes para a compreensão das implicações do que se busca hoje como transformação social num contexto de globalização. Também sintetizam os principais elementos utilizados como indicadores de emancipação na análise compreensiva/interpretativa realizada. Portanto, para estes autores a emancipação não se restringe a um conceito, "não se resume a uma coisa abstrata, mas dá-se em lugares e com públicos concretos" (2014, p. 81).

Temos assim um elemento importante no debate da decolonialidade que, a partir da valorização dos saberes populares, potencializa em muito as práticas participativas de pesquisa, dotando-as de validade, pois a leitura do mundo precede a leitura da palavra. Novas possibilidades de práticas emancipatórias advirão de pesquisas em diálogo com os segmentos populares. E que vão, sem dúvida, indicar caminhos contrários aos processos de colonialidade.

Pereira (2014, p. 45) afirma que "ao viver, as pessoas produzem conhecimentos que respondem a demandas postas pela sociedade de seu tempo histórico". E os pressupostos da vertente da educação popular surgem e se afirmam no contexto da América Latina, que denuncia os processos de dominação e vem anunciando possibilidades emancipatórias a partir da formação crítica dos sujeitos. E conclui (p. 45): "as estratégias metodológicas de pesquisa participante oportunizam importante repertório para a problematização de aspectos presentes no pensamento colonial que fomentaram o quadro de colonialidade ainda presente em nossa sociedade". Os fatos mais recentes, pelo contrário, não vêm confirmando. Há ainda um longo caminho a se percorrer ou mesmo de se retomar daquilo que o autor em 2014 afirmava.

2.3 Educação popular e as epistemologias do Sul

Outro enfoque é o fato de que esta relação da educação popular com a pesquisa participante se sustenta em epistemologias surgidas no Sul. E que, portanto, se faz necessário uma problematização no contexto da (de)colonialidade do conhecimento. Como já mencionado, Paulo Freire e Orlando Fals

Borda são os autores que trazem uma relevante contribuição a este debate. Fazem um contraponto à colonialidade do norte apontando a importância da anterior para a emancipação social. Cheron Moretti e Telmo Adams (2011) propõem este diálogo dentro de um contexto que valoriza as experiências, os métodos e as pedagogias de resistências na busca de outro conhecimento que conduzirá a pesquisa para uma ciência ética e politicamente comprometida com a transformação social.

Para se ter uma real dimensão e compreensão de toda a temática é preciso que tenhamos primeiro uma visão clara do que é e significa a Modernidade no contexto da história europeia e os conflitos com a América Latina. Que na visão eurocêntrica, resiste e se insurge por "uma Outra Modernidade". E quem traz uma teoria para nos libertar deste espelho eurocêntrico e a refletir sobre o que nós somos é Anibal Quijano (2005). E esta Outra Modernidade, sistematizada por Quijano, está assim sintetizada como uma compreensão histórica da conquista da América, quando era vista como aquela América dominada, explorada e encoberta, por Moretti e Adams (2011, p. 449).

> Trata-se de um colonialismo de violência em que aquela civilização moderna se julga superior, o que lhe autoriza a desenvolver os mais primitivos e bárbaros e a impor processos educativos que assumem a Europa como referência. A violência colonial procurou desumanizar homens e mulheres, de maneira que ser latino-americano passou a significar ser estrangeiro em sua própria terra, ou seja, ser tudo o que não somos. Logo, um novo projeto de libertação (pedagógico, político, econômico, erótico, feminista, ecológico etc.) seria possível por uma relação de solidariedade partindo da alteridade.

E prosseguem na sua síntese trazendo, também, a contribuição de Dussel (2005, p. 449):

> Trata-se da realização da transmodernidade porque a Modernidade definiu a emancipação desde seu lugar (nós, Europa) e não desde o lugar dos outros. É nesse ambiente de colonialidade que buscamos compreender as epistemologias como um campo preferencial, mais amplo, de luta social e política na produção do conhecimento.

Com o fim das ditaduras militares, a América Latina tem se mostrado, há muito tempo, criativa na construção de alternativas que amenizam os resultados de séculos de dominação, de subordinação e de subdesenvolvimento. Sobretudo, a educação popular e a pesquisa participativa têm sido, em suas práticas libertadoras e democráticas, um instrumento fundamental na construção de autonomias, sem abrir mão da rigorosidade metodológica. Mesmo que o projeto neoliberal e as suas políticas exploradoras tenham trazido grandes dificuldades para a hegemonia desta visão da (de)colonialidade. Suas contradições suscitam movimentos anticapitalistas e de contra-hegemonia que permitem que a educação popular seja um instrumento de resistência e reinvenção de alternativas tanto pedagógicas como de projeto de sociedade. Mesmo que sofra reveses pela institucionalidade, ela tem tido capacidade de reorganizar a sua própria dinâmica, na qual sua palavra e sua ação têm produzido efeitos significativos na conformação da vida e da sociedade.

Portanto, a Outra Modernidade tem como pressupostos paradigmáticos uma relação de solidariedade e de resistência permanente com a colonialidade histórica e a hegemonia do projeto neoliberal. Estes são princípios pertinentes à superação de uma modernidade eurocentrada, dominadora e exploradora, e que não permite uma sociedade em que os sujeitos sejam emancipados e faça avançar a nossa frágil democracia. As experiências produzidas pelo protagonismo dos movimentos sociais, de práticas educativas, políticas e emancipadoras devem ser valorizadas, apoiadas e ampliadas para que esta resistência a colonialidade tenha mais eficácia e se torne um modo de vida que possa sustentar um novo projeto econômico, político, social e cultural de sociedade para toda a América Latina.

Evidentemente que a tarefa é árdua e longa, mas tem-se que ir construindo caminho a partir dos referenciais e das experiências concretas. Concatenando-as uma a outra, e em cadeia dando um formato de algo sólido, propositivo e prospectivo. Por exemplo, encontramos ajuda em construir caminhos de insurgência com Paulo Freire. Para o autor: "É necessária, numa sociedade em transição, uma educação para a decisão, para a responsabilidade social e política, uma vez que em tempos de alterações profundas, as transformações tendem a levar, cada vez mais, o povo à emersão" (1976, p. 88).

Isto não significa, de acordo com Freire (1976, p. 88), "encarar, ingenuamente, a educação adequada ao tempo de transição [...] como algo milagroso, que por si fizesse as alterações necessárias à passagem da sociedade brasileira de uma para outra". O momento atual da sociedade brasileira não condiz com o enunciado teórico, sempre será de suma relevância esta combinação da transitividade da consciência e o fenômeno da rebelião. Como continua dizendo Freire (1976, p. 99-100): "Essa combinação é pertinente para compreendermos a insurgência a partir de um caráter de permanência". Conforme sua argumentação,

> [...] a rebelião se manifesta por um conjunto de disposições mentais, ativistas, nascidas dos novos estímulos, característicos da sociedade em aprendizado da "abertura". A emersão um tanto brusca feita pelo povo do seu estado anterior de imersão, em que não realizara experiências de participação, deixa-o mais ou menos

atônito diante das novas experiências a que é levado: as da participação. A rebelião é fartamente ingênua e, por isso, carregada de teor emocional. Daí a necessidade de ser transformada em inserção (FREIRE, 1976, p. 100).

O que o autor quer nos dizer, pois já a mencionou em outras oportunidades, é que esta rebeldia deve ser educada para que não se torne um fim em si mesmo, na medida em que ele entende que a rebelião é um ato consciente. Nesse sentido a experiência produziria mudança de atitude, passando de ingênua a crítica.

Ela expressa o ímpeto da vontade amorosa de mudar a realidade, de mudar a sociedade. A revolta intelectual contra a perspectiva de dominação epistemológica e de estímulo às insurgências ao modo eurocentrista de produzir o conhecimento encontra ao longo do tempo de colonialidade na América Latina, além de Paulo Freire, diversos autores e ativistas que nunca deixaram de resistir e denunciar, como encontramos em José Martí (Cuba), em José Carlos Mariátegui (Peru), nos zapatistas (México), em Frantz Fanon (Martinica), e entre outros que apresentam projetos alternativos de educação e de sociedade, de forma articulada.

2.4 O pesquisador engajado a partir de uma epistemologia sulista

Outro elemento que é pertinente destacar nesta abordagem da pesquisa participativa que alimenta as pedagogias populares é que, ao contrário do método da pesquisa tradicional, no qual a objetividade e a neutralidade são condições para ser reconhecido como científico, aqui o conhecimento da vida em sociedade, da cultura, o envolvimento dos pesquisadores com os pesquisados e suas causas são elementos fortes de uma nova forma de pesquisar e de uma nova ciência. Logo, a pesquisa tem que levar em conta os movimentos vivos de resistência e de anúncio simbolizadas em personagens e experiências de todo o continente. Para Paulo Freire (1976, p. 101), "são as resistências que preservam, nos homens e nas mulheres, a compreensão do futuro como problema e da vocação do ser mais como expressão do processo de estar sendo". Essas são ideias importantes para compreendermos a insurgência pedagógica em sua não aceitação da resignação. Esta última destrói as possibilidades de alternativas concretas de superação da epistemologia dominante.

Contrariando a pesquisa hegemônica, surgem juntas a Teologia da Libertação, as Comunidades Eclesiais de Base, a sociologia crítica, a filosofia crítico/dialética e os movimentos sociais do campo e da cidade, um novo paradigma que inverte a questão, colocando nos oprimidos a força transformadora para uma sociedade mais justa e igualitária. Neste sentido é importante destacar o que Moretti e Adams (2011, p. 456) sintetizaram no seu artigo sobre Orlando Fals Borda:

> Defende uma luta comum em favor de sociedades libertadas da opressão através da subversão moral, da crítica ao colonialismo intelectual, da democracia radical e da investigação-ação participativa (IAP), conhecida no Brasil como pesquisa participante. Propôs uma pesquisa com os objetivos de fortalecer a resistência e a insurgência através de uma metodologia participativa embasada numa ótica crítica do modelo social vigente, desde o sul.

Assim, Moretti e Adams veem neste autor a sustentação de uma ciência popular distinta da ciência hegemônica. Fals Borda e Mora-Osejo (2004, p. 711-720):

Se há uma ciência que serve aos interesses das classes dominantes, por que não deveria haver uma ciência para se contrapor a ela? Mais do que conhecer para explicar a realidade, a pesquisa eticamente comprometida com a justiça e a transformação social se colocou com o objetivo de compreender para servir a uma educação e lutas emancipadoras.

Temos na pesquisa participante um método não estático, mas dinâmico, em que o saber se dá pela apropriação coletiva e não individual. E nessa produção coletiva do conhecimento se efetivam direitos sobre a cultura, o poder e o próprio lazer, que os movimentos sociais passam a ter e que antes eram apenas privilégios da classe dominante. Onde pesquisador e pesquisado se sentem parte deste processo, comprometidos e engajados em igualdade de condições.

E por definitivo cita-se novamente o artigo de Moretti e Adams que define bem o significado da pesquisa participante como instrumento de engajamento social:

> Podemos considerar as variadas formas que designamos pesquisa participativa como um método e uma metodologia originados no Sul, assumindo uma compreensão dialética da história, uma clara intencionalidade política transformadora e uma opção de trabalho junto com as classes oprimidas na sociedade; e/ou que potencialize os seus interesses e os seus projetos (2011, p. 456).

E aqui no Brasil tivemos e temos, enquanto conhecimento sistematizado, Paulo Freire como alguém em total sintonia com a perspectiva do Sul, tanto pela sua abordagem no campo da educação popular, como da educação libertadora. Além de ter sido um crítico daqueles intelectuais que pensam a nossa realidade como um objeto do pensar europeu e depois estadunidense.

> Para este educador os intelectuais [...] deram as costas ao próprio mundo; [...] introjetando a visão europeia sobre o Brasil como país atrasado negavam o Brasil [...] (FREIRE, 1976, p. 98). A América Latina e os países marcados pela dor colonial deveriam ser (re)pensados a partir de um pensamento autônomo, criador, próprio e não dependente de modelos alienantes importados. O termo oprimido, cunhado por Freire em *Pedagogia do oprimido*, caracteriza, em grande parte, a leitura do resultado da relação colonizadora e dominadora que se prolonga na colonialidade, em cujo ambiente desenvolvemos processos de educação e de investigação (MORETTI; ADAMS, 2011, p. 457).

E os autores ora mencionados complementam afirmando que a pesquisa participante tem comprovado pela sua produção de conhecimento sua grande validade "pelo seu ponto de vista ético, pedagógico, político e de justiça social" (p. 458). Deixando claro que o nosso norte é o sul. Um *sulear*, conforme aponta Freire (2000, p. 120), "que nos leve a construir paradigmas endógenos enraizados em nossas realidades, numa inversão de lógica de como era antes determinado de fora para dentro". Precisamos repensar o país dentro de uma visão autônoma, criativa, inovadora, própria de nosso povo, e não dependente de modelos alienados vindos de fora. "Pois a construção endógena e processual de outro paradigma de vida com justiça, solidariedade, respeito à diversidade só pode vir das epistemologias do Sul com este caráter ético" (MORETTI; ADAMS, 2011, p. 458).

E os movimentos sociais sempre serão solo fértil para a educação popular associada com a pesquisa participativa. Ampliando esse papel dos movimentos sociais, Streck e Adams (2012) destacam o papel histórico de suas ações hoje no campo do "cuidado" com o Planeta Terra. Aliás, propõem um novo paradigma do cuidado. E buscam como aliados movimentos de povos originários/indígenas e afrodescendentes, pois entendem que o paradigma civilizatório desenvolvimentista de progresso ilimitado hoje ameaça a vida no planeta. Por isso, esses movimentos colocam em xeque a expansão das tecnocracias e o pós-industrialismo como os transgênicos, biopirataria, nanotecnologia, pesquisas genéticas e no campo da biotecnologia que não levam em conta princípios éticos e são de interesse apenas econômico.

Como os demais autores aqui analisados, Streck e Adams fazem uma síntese sobre a pesquisa participativa e a educação popular, corroborando que elas estão em sintonia com a epistemologia do Sul na medida em que propõem uma articulação entre conhecimento e ação, com intencionalidade emancipadora no sentido de contribuir para captar a dinâmica dos movimentos sociais com proposta emancipadora, no atual contexto.

> Trata-se de uma postura epistemológica, de uma pesquisa comprometida com a transformação social, uma pesquisa mediadora de processos educativos através do envolvimento de todos os sujeitos participantes, juntamente com a reflexão coletiva e a consequente incidência sobre a prática que repercuta na consolidação de políticas públicas transformadoras das realidades individuais e sociais (2014, p. 6).

Há um posicionamento em relação à pesquisa como uma tarefa pública na construção da cidadania. A pesquisa participativa proporciona a reflexão que contribui na formação de sujeitos conscientes que se inserem na vida social e interferindo direta ou indiretamente na mobilização social.

Fica assim, esta posição afirmativa da educação popular e a pesquisa participativa, como uma contribuição efetiva na pesquisa que se faz com responsabilidade social, ética e visando à emancipação da cidadania. Aliás, este compromisso ético, político e pedagógico é o que deve orientar a ação de todos os protagonistas e atores como agentes da transformação social possível. Essa perspectiva teórica pode suscitar inspirações aos pesquisadores para recriar outras formas e metodologias nas pesquisas empíricas em diálogo com as ciências humanas e sociais. Como também servir para orientar militantes de movimentos sociais populares que lutam por uma sociedade mais justa e melhor.

Essas possibilidades se evidenciaram e obtiveram êxito a partir da abertura democrática, especialmente nos anos de 1980 e 1990 do século anterior, e que atualmente com o refluxo dos movimentos sociais e as novas formas de dominação do capital sobre o trabalho têm tido dificuldades de articulação e prospecção, nos colocando como desafios para uma retomada a partir de novas chaves de leitura, de reinvenção de novos métodos de luta, e de discussão com os protagonistas destas possibilidades, que são os sujeitos das camadas pobres e populares dos países deste continente sulino.

A universidade tem este desafio na atual conjuntura de tantas fragilidades, incertezas e desagregação política e social. Em que o esgarçamento do tecido social aponta para um rumo de poucas perspectivas, ou mesmo até da barbárie, pela sua autonomia, pela sua capacidade de pensar e elaborar, poder cumprir um papel de dar rumo e norte, especialmente para aqueles que não têm vez nem voz, priorizando e intensificando a pesquisa participativa para que a educação popular tenha eco em todos os espaços que a cidadania possa se manifestar.

Ela precisa ser constantemente instigada e refletida para poder se reinventar e reelaborar suas teorias e ações. E para isso a pesquisa participante pode ser a base científica de sustentação, dando uma dimensão pedagógica e metodológica para constituir-se em fonte de conhecimento, saber e poder. Tendo nos movimentos sociais e populares os sujeitos ativos e coletivos para uma educação popular insurgente, no contexto de uma epistemologia do sul e na expressão da insatisfação dos seus grupos com a realidade social existente, transformando em experiências e práticas alternativas ao eurocentrismo, buscando fortalecer e dar autonomia aos grupos sociais excluídos como caminhos concretos à (des)colonialidade e uma emancipação cidadã ao povo da nossa América.

2.5 Características básicas dos movimentos sociais e as condutas coletivas: ideais e valores

Embora os movimentos sociais sejam diversos e possuam objetivos totalmente diferentes entre um e outro, têm em comum características básicas. Eles possuem identidade; têm opositores; articulam um projeto de vida como um modo de vida; fundamentam-se em um modelo de sociedade; contribuem para organizar e conscientizar a sociedade; desenvolvem instrumentos de luta social como a pressão, a mobilização, a ocupação, a greve.

Mesmo aqueles que promovem lutas específicas, como as lutas pela terra, pela moradia, por aumento salarial, por direitos trabalhistas, pela melhoria nas condições de infraestrutura de uma rua ou comunidade, entre tantas outras reivindicações, todos têm em comum, além de suas bandeiras de lutas individuais, concepções de sociedade que estão incorporadas nas suas pautas reivindicatórias. Os movimentos concebem uma sociedade includente, contrária à exclusão. Esforçam-se na construção de uma cultura política de inclusão; pelo reconhecimento da diversidade cultural, preservando as diferenças e as identidades multiculturais dos movimentos sociais; ações de sustentabilidade e de preservação ambiental; ideário civilizatório de construção de uma sociedade democrática; por um modelo econômico com justiça social e melhor distribuição de renda etc.

O importante neste momento é registrar que estas expressões organizativas mobilizam grupos específicos, levantam bandeiras bem definidas, apresentam formas diversas de mobilização, conseguindo consistência cada vez maior, construindo teias de articulação, às vezes, invisíveis, e redes de comunicação e solidariedade responsáveis por importantes conquistas. Entre estas se podem destacar: consciência de direitos e exercício da cidadania; mudança no poder local e deslocamentos na política tradicional; autoestima pessoal e solidariedade social; melhoria nas condições de vida e maior garantia de sobrevivência.

Nas redes de articulação dos movimentos sociais costuma ocorrer, frequentemente, uma leitura das conjunturas política, econômica e sociocultural que, relacionada com suas pautas, proporciona aprendizados e ajuda a determinar ações para luta e transformação do presente. Os sujeitos que protagonizam as novas ações sociais e participam dos movimentos sociais atuais extrapolaram as classes trabalhadoras, ou seja, estes já não são apenas os operários ou grupos de sem terra ou sem teto. Hoje, diferentes pautas e movimentos congregam vários grupos, tais como: de Proteção aos Animais e Veganos, LGBT, de Defesa do Consumidor, Preservação do Meio Ambiente, pela Ética na Política, Movimento de Mulheres, pela Reforma Urbana, Movimento Negro etc. Todos geram aprendizados para além de suas agendas, pois propiciam uma articulação coletiva e reflexiva sobre a conjuntura e suas implicações no contexto de suas pautas de luta. Como expressa Gohn:

> Participação em movimentos sociais gera saberes mediante a participação social em movimentos e ações coletivas, o que gera aprendizagens e saberes. Há um caráter educativo nas práticas que se desenrolam no ato de participar, tanto para os membros da sociedade

civil como para a sociedade mais geral, e também para os órgãos públicos envolvidos – quando há negociações, diálogos ou confrontos (2011, p. 333).

Para além desse aprendizado de cunho político, ocorre um processo de construção/reconstrução de valores morais e éticos constituintes da socialização democrática: igualdade, justiça social, fraternidade, solidariedade, colaboração, associativismo, cooperativismo, liberdade, autonomia e inserção social, especialmente, no mundo do trabalho digno. Para Melucci, há cinco princípios de análise dos movimentos sociais:

> a) Não é uma resposta a uma crise, mas uma expressão de conflito. b) É uma ação coletiva cuja orientação comporta solidariedade, manifesta um conflito e implica a ruptura dos limites de compatibilidade do sistema ao qual a ação se refere. c) O campo analítico da ação de um movimento social depende do sistema de relações no qual tal ação coletiva se situa e à qual ele se refere. d) Todo movimento concreto contém sempre uma pluralidade de significados analíticos. e) Cada movimento é um sistema de ação coletiva, com oportunidades e vínculos (2001, p. 33).

Os movimentos sociais vêm desempenhando um papel fundamental na articulação entre o Estado e a sociedade civil através da luta por direitos e mais democracia; e fundamentalmente na conquista dos direitos sociais garantidos pelas políticas públicas.

2.6 Movimentos sociais: educação popular e informal

Para o estudo da relação entre movimento social e educação, usa-se um conceito de "educação ampla", ou seja, para além da educação formal ou escolar, pois se entende que ocorrem aprendizados e produção de saberes em outros espaços, especialmente nos espaços coletivos dos movimentos sociais. Esta concepção de educação é sustentada pela visão freireana que afirma a educação como um processo através do qual o ser humano, em diálogo com o mundo, mediado pelo educador, se torna sujeito, faz cultura e história. Para Freire, não existe educação exclusiva, já que ela é um processo contínuo de conscientização e libertação humana.

> A educação é um ato político, portanto não é neutra, deve ser a mesma criteriosamente, pensada e praticada a partir do homem que se tem e que se quer formar. Decorre daí a opção por uma educação a serviço do homem numa luta contra a educação dominante, contra a inculcação e legitimação do poder que se representam os aparelhos escolares. Deve a educação propiciar uma conscientização visando uma mudança, a totalidade das pessoas envolvidas em que se atua com vista a atingir toda a comunidade (FREIRE, 1982, p. 24).

Essa educação não só é vista como um direito humano, mas busca o compromisso de servir à política dos subalternos, dentro de uma educação popular que aflora das culturas populares e que reflete a consciência de um povo ou segmento social a caminho de construir sua própria liberdade. A educação popular, na concepção freireana, é um instrumento de serviço ao trabalho político que tenha a pretensão de libertar o ser humano, razão pela qual não pode ser inventada desde fora dos movimentos sociais; pelo contrário, é forjada na própria luta, onde a pessoa é a sujeita de sua própria educação. Não há, portanto, um que educa e outro que aprende, mas um processo educativo autônomo em que os protagonistas destes movimentos sociais educam e se educam.

A educação como um direito humano e, mais do que isso, a própria noção de direitos humanos é fruto de uma longa construção histórica da luta de milhões de pessoas até se chegar a essas conquistas. Como lembra Bobbio, os "direitos humanos não nascem todos de uma vez, nem se instituem todos ao mesmo tempo. Eles não são dados, eles são construídos, é uma invenção humana, e estão em permanente processo de construção, desconstrução, reconstrução" (2004, p. 36). É um exercício de cidadania, que praticado pelos integrantes dos movimentos sociais, a partir do novo saber obtido na luta política concreta, confere-lhes certa autonomia de iniciativa e de ação, valoriza as pessoas como sujeitos conscientes de que direitos não são concedidos pelos poderosos, mas conquistados pelo povo organizado.

Havia uma presença forte nestas organizações sociais de uma educação popular através da formação política e sindical, na alfabetização de adultos e acompanhamento de grupos populares, como expressa Silva:

> As ideias de Paulo Freire, que articulavam ação cultural e prática política, mesclaram-se a outros fundamentos destes novos movimentos sociais, para dar vigor ao debate sobre autonomia dos sujeitos, processos de transformação, democracia e organização de base, igualdade de direitos e construção de novos direitos (2005, p. 28).

A esta concepção de educação assumida pelos movimentos sociais dá-se o nome de educação popular (EP) porque, como campo de conhecimento e como prática educativa, se constituiu em exercício permanente de crítica ao sistema societário vigente. Trata-se, portanto, de um esforço contra-hegemônico ao padrão hegemônico de sociabilidade. Como define Paludo:

> Construída nos processos de luta e resistência das classes populares, é formulada e vivida, na América Latina, enquanto uma concepção educativa que vincula explicitamente a educação e a política, na busca de contribuir para a construção de processos de resistência e

para a emancipação humana, o que requer uma ordem societária que não seja a regida pelo capital. O que se busca refletir é esse processo. Partindo da constatação de que a educação popular está em processo de refundamentação, o estudo soma-se aos esforços realizados por educadores que assumem essa concepção educativa no Brasil e também na América Latina frente aos novos direcionamentos do projeto hegemônico, notadamente a partir dos anos de 1970, cujo marco significativo, no campo da educação, foi e é o de transformá-la em mais uma mercadoria (2015, p. 220).

Movimentos sociais e educação popular surgem numa mesma época, pois uma é gestada pela outra na medida em que ambas se necessitam para fazer frente a uma realidade em que o Estado e a educação, notadamente a formal, reproduziam as relações econômicas e socioculturais do sistema de dominação vigente. Paludo aponta algumas das fontes teóricas e agentes sociais que deram consistência a essas formulações:

> Marcadamente, do ponto de vista das suas fontes teóricas, pode-se citar a teoria marxista; os autores latino-americanos, dentre os quais ganham destaque Martí e Mariátegui e, acima de todos, Paulo Freire, com o método de alfabetização de jovens e adultos e a formulação da "Pedagogia do Oprimido"; as matrizes da Teologia da Libertação; do sindicalismo; a indigenista; dos movimentos urbanos, rurais e comunitários; do socialismo; da revolução; das artes, com o Teatro do Oprimido; e a da comunicação (2015, p. 226).

Tem-se, assim, um "movimento de educação popular" que vem de diversos matizes: do campo e da cidade, de Igrejas, universidades, sindicalismo, partidos políticos de esquerda, centros de educação popular e escolas de formação, auxiliadas financeiramente por ONGs internacionais e que, mesmo não sendo forças políticas homogêneas, tinham em comum a luta contra a hegemonia dominante, a qual todos queriam transformar de algum modo, através de mudanças sociais e políticas algumas mais e outras menos radicais.

Todas estas diversas forças e atores sociais que foram surgindo com o fim da ditadura militar e o advento da democracia tinham como propósito tornarem-se organizações populares autônomas com o desejo de construir o "poder popular". Assim como expressa Paludo:

> Enquanto movimento, a EP cumpriu um forte papel de ação cultural no interior do campo e para além dele, constituindo-se em mediação entre a realidade objetiva e o projeto de futuro em construção. Por meio dele, articulado aos processos de luta e resistência, ia-se recompondo a representação do real enquanto totalidade, superando a fragmentação, na direção de uma concepção "ético-política" (2015, p. 226).

Configura-se uma relação dialética e de interação permanente entre a educação popular e os movimentos sociais pela qual ambas se geram e se reforçam dentro de um movimento político e sociocultural mais amplo. Este movimento, por sua vez, constitui-se como formador na medida em que os sujeitos destes movimentos sociais transformam suas vivências concretas, seus modos de relações na sociedade e de compreensão da realidade.

Conclui-se que, bem diferente ou na contramão da educação tradicional formal, a educação popular permeia os movimentos sociais, tem nos seus sujeitos o protagonismo da luta e da transformação social, e que se utiliza de métodos que valorizam a participação dos indivíduos, o "fazer com". O método ação-reflexão-ação ou prática-teoria-prática caracteriza a lógica metodológica trabalhada para que o saber popular seja significativamente valorizado.

É desta fonte da educação popular que o MST vai beber para elaborar a sua pedagogia de luta e de formação política, cultural e educacional. É refletindo sobre a sua prática, reformulando suas concepções que os embates do dia a dia ocorrem, num processo permanente de ação e elaboração teórica, numa marca de produção coletiva que se consolida uma pedagogia diferente, de emancipação e cidadania. Ao refletir sobre o seu fazer educativo, os sem-terra assumem o protagonismo da luta pela educação do campo e constroem uma pedagogia que se vincula à luta da classe trabalhadora camponesa. A partir dessa ação inovadora o MST avança na luta pela terra e coloca no seu horizonte a luta pela reforma agrária, numa valorização da cultura camponesa e numa perspectiva de uma educação que contribua para a melhoria das condições de vida desses sem terra.

3
Vínculos entre educação e luta pela terra

3.1 Educação no campo na perspectiva do MST

A educação passa a ser uma questão para o MST antes mesmo da formação oficial do movimento, em 1984. Com o surgimento de acampamentos no Rio Grande do Sul no fim da década de 1970, especificamente com o acampamento Encruzilhada Natalino, mães passam a se mobilizar em relação à educação dos filhos e a se organizar em relação ao que fazer com as crianças acampadas e excluídas da escolarização formal, pensando em atividades educativas que trabalhassem a situação de luta pela terra vivenciada. Entre os acampados havia a Profa. Maria Salete Campigotto, que foi a primeira professora de um assentamento do país.

> Professora estadual em Ronda Alta, casada com um colono sem terra, no acampamento ela passou a coordenar as atividades com as crianças. [...] Eram 180 crianças em idade escolar, sendo 112 delas para ingresso na 1ª série, ou seja, prontas para serem alfabetizadas. Isso começou a preocupar seriamente os pais. Foi então que Salete, ajudada por outra professora, Lucia Webber, passou a articular entre os acampados a luta pela criação de uma escola estadual de 1ª a 4ª série no acampamento. Isso foi facilitado, uma vez que

a Salete já era professora estadual (MST ESCOLA, 2005, p. 12-13).

Primeiramente, a mobilização passa a reivindicar o direito a escolas oficiais em acampamentos e assentamentos do MST. Posteriormente, essas discussões envolveram o tipo de educação que seria ofertada às crianças sem terra, o que fez com que o movimento criasse um setor de educação em 1988 e, por meio de suas experiências, reivindicasse também a direção política e pedagógica das escolas, desenvolvendo uma pedagogia própria, a pedagogia do MST coerente com a construção de uma educação de acordo com os princípios do movimento.

Em 1984 foi legalizada a primeira escola de assentamento do MST, localizada no Assentamento Nova Ronda Alta, e teve sua construção autorizada e iniciada em 1982 e, em 1986, é oficializada a primeira escola do MST em um acampamento, localizado na Fazenda Annoni, que contava com aproximadamente mil crianças acampadas. A escola começa a funcionar debaixo de uma lona preta, distribui o trabalho docente em três turnos, atendendo 600 alunos dos anos iniciais do Ensino Fundamental.

Com as demandas e especificidades dos acampamentos, foram instituídas as escolas itinerantes, aquelas que podem se deslocar juntamente com os acampamentos, garantindo a escolarização dos sujeitos acampados (CAMINI, 2009).

Em 1997, ocorreu em Luziânia/GO o I Encontro Nacional de Educadores e Educadoras da Reforma Agrária (ENERA), considerado como um marco na construção de uma proposta de educação que atendesse às demandas dos camponeses sem terra.

> Em 1997, o I ENERA – I Encontro Nacional dos Educadores e Educadoras da Reforma Agrária, é um marco na educação do MST, que se caracteriza pela luta das

escolas, formação dos educadores e no avanço na perspectiva de educação transformadora. Para tanto, busca o fortalecimento da luta por uma educação do campo, que considera uma ferramenta de ampliação da luta pela universalização do direito à educação e à escola, e de desenvolvimento de um projeto de educação vinculado às lutas de resistência camponesa (MST, 2010).

Nesse encontro, além dos educadores e educadoras do MST discutirem os princípios da educação do MST, criaram as bases para o I Congresso Nacional por uma Educação Básica do Campo. O I Congresso ocorreu em 1998 na cidade de Luziânia/GO e foi organizado pela CNBB, UNB, MST, UNESCO e UNICEF, e houve a construção da proposta de educação do campo em contraposição à educação rural (CALDART, 2004). Nessa perspectiva, o conceito de educação rural representa o histórico modelo de educação ofertado para as áreas rurais, já o conceito de educação do campo é uma construção dos próprios movimentos sociais do campo, de um modelo de educação que corresponde às necessidades e aos interesses dos povos do campo, valorizando suas histórias, saberes e culturas.

No ano de 2002 aconteceu o II Congresso Nacional por uma Educação Básica do Campo, no qual foram discutidos os progressos e demandas para a construção de uma educação do campo, tendo destaque a mobilização para que a educação do campo se tornasse uma política pública. Em setembro de 2015 ocorreu o II Encontro Nacional de Educadores e Educadoras da Reforma Agrária, em Luziânia/GO, com o objetivo de discutir as atuais questões, na época, que envolviam a educação pública brasileira, entre elas o avanço da mercantilização da educação e o processo de fechamento de escolas rurais.

> Em 2005 o MST possuía aproximadamente 1.500 escolas de assentamento e acampamento (itinerantes), contando, de acordo com dados de 2002, com 160

mil alunos e 4 mil professores. Possui também um centro de formação e educação, denominado de Escola Nacional Florestan Fernandes, localizado em Guararema, região metropolitana de São Paulo (CAMINI, 2009, p. 57).

Para o MST, a educação sempre é vista por um viés político-ideológico, de concepção de sociedade porque é concebida no bojo de uma história de conflitos. "Seus sujeitos não entendem e nunca entenderam que a escola nada tem a ver com o sistema capitalista. Portanto, ela nasce no acampamento, e posteriormente é reconhecida como política pública, para ser diferente, arranhar o modelo de escola capitalista" (CAMINI, 2009, p. 58). Ou seja, somente pelo fato de estar lá, naquele lugar, onde certamente a burguesia não a quer ver, já pressupõe um avanço.

Com este intuito o MST publica em 1996 o Caderno de Educação n. 8 que contém os Princípios da Educação no MST. Em novembro, também de 1996, foi aprovada a proposta de escola itinerante, uma política pública estadual nos acampamentos do MST, no Rio Grande do Sul.

> A contradição é visível neste Estado liberal integrado ao modo de produção capitalista, que mata trabalhadores sem terra, acampados no Pará, ao mesmo tempo em que aprova o direito de crianças acampadas frequentarem a escola pública estadual, no Sul do país. Mas é a contradição que nos permite avançar. Os acontecimentos aqui trazidos são fruto de pressão dos trabalhadores, num terreno de constante disputa, reveladora da expressão da luta de classes no campo (CAMINI, 2009, p. 59).

A educação para o MST, enquanto concepção pedagógica, está integrada e articulada às problemáticas do campo e ao debate político, incluindo questões de gênero, étnicas, garantia e defesa dos direitos humanos, respeito às minorias, entre outros.

Isso os leva a ter novas práticas sociais que vão propiciar novas relações nas dimensões afetivas, cognitivas, culturais e sociais. Há aqui uma compreensão da dimensão formadora fora da escola que se dá no trabalho produtivo, nas próprias lutas e embates, no cotidiano dos acampamentos e assentamentos e na própria estrutura organizativa do movimento.

> Quando se forma a consciência da amplitude do processo social que está sendo desencadeado pelo movimento, abre-se o espaço para discutir mais profundamente a questão da educação e ela passa a ser considerada uma dimensão fundamental da luta. Mas ao mesmo tempo surge outra divergência: porque lutar por educação não é necessariamente lutar por escolas formais. Existem outras formas de educação que parecem ser bem mais eficientes e concretas (MST ESCOLA, 2005, p. 17).

Portanto, a educação que o MST desenvolve está estruturada por práticas e vivências que promovam o acesso ao direito aos sem-terra ao conhecimento científico e técnico, forjado e construído culturalmente pelo processo histórico, e que vai se articulando o projeto educativo com o da reforma agrária e da sociedade. Isso culmina exatamente na necessidade de um projeto consciente e organizado de educação das novas gerações, tornando possível um salto histórico capaz de incorporar todas as lições das lutas que estão sendo travadas na busca das suas conquistas.

> O MST assume a educação enquanto estratégia pedagógica comprometida com as mudanças necessárias ao avanço da reforma agrária e o desenvolvimento pleno dos seres humanos. Ou seja, uma educação orgânica aos processos de desenvolvimento rural proposto e desencadeado pelas lutas dos trabalhadores do campo e, por conseguinte comprometida com novas relações sociais (ARAUJO, 2019, p. 146).

Duas dimensões perpassam as ações do MST no que se refere à educação enquanto sistema formal: a primeira delas é a busca pelo reconhecimento dos trabalhadores e trabalhadoras do campo enquanto sujeitos de direito e de cultura e a defesa do acesso destes à educação, um direito universal que vem lhes sendo negado; a segunda é o questionamento do conteúdo da educação e da qualidade da educação escolar com a educação pretendida pelas famílias camponesas.

A ação pedagógica do MST denuncia a negação dos direitos educacionais não somente dos sem-terra, mas de todos os trabalhadores e trabalhadoras do campo que, historicamente, foram expropriados da terra, destituídos de direitos sociais, estigmatizados e tendo a sua cultura e seus conhecimentos desvalorizados ou expropriados. Como descreve Araujo (2019, p. 147-148) sobre o debate da educação no MST:

> Tem origem na denúncia do latifúndio e da falta de realização da reforma agrária e de políticas sociais no campo, revelando as contradições nas relações sociais e interesses conflitantes entre os proprietários de terra e os trabalhadores e trabalhadoras que vivem no campo. Compreende a dimensão formadora fora da escola, no trabalho produtivo, nas lutas, assentamentos e acampamentos, nas diversas práticas sociais do conjunto da sociedade e na estrutura organizativa do movimento. Questiona o conteúdo, as intencionalidades e os métodos pedagógicos da educação que reproduz a ordem econômica, política e cultural. Afirma princípios filosóficos e pedagógicos de uma pedagogia que se origina no movimento social no campo e se vincula a um novo projeto de campo e de sociedade.

O entendimento do MST é que as contradições presentes nas relações da propriedade da terra e as formas de trabalho também estão presentes nas práticas educativas tradicionais que desconhecem os sujeitos do campo, e que seu conhecimento serve apenas para reproduzir a cultura de desenvolvimento agrícola que historicamente tem negado as formas de organização e produção camponesa presentes nas experiências forjadas pela luta e organização destes trabalhadores do campo.

3.2 Da educação rural à educação do campo: modelos e contradições

A educação rural ou a educação do campo, como concebida atualmente, são temáticas de pesquisa, sem dúvida, bastante controversas, e por isso complexas e polêmicas. O fato de haver ocorrido nas últimas décadas uma modernização acentuada da agricultura e o fator sociológico da urbanização, somados às mudanças tecnológicas, produziram um universo educacional totalmente novo no campo, como indica o quadro a seguir. As escolas públicas situadas em área rural representavam, em 2010, quase a metade do número de escolas do país (49,6%) e matriculavam 14,6% dos estudantes brasileiros; em 2017, esses índices foram de 41,5% e 13,8%, respectivamente. A escola situada no meio rural tem, portanto, relevância no contexto da educação básica brasileira.

Tabela 1 Escolas públicas de educação básica

Redes	2010 Núm. de escolas	2010 Núm. de matrículas	2017 Núm. de escolas	2017 Núm. de matrículas	Evolução 2010/2017 Núm. de escolas	Evolução 2010/2017 Núm. de matrículas
Federal	344	171.843	625	2017	+81,7%	+36,0%
Estadual	32.130	171.843	30.646	16.366.277	-4,6%	-17,4%
Municipal	126.236	343.686	113.455	16.368.294	-10,1%	+1,1%
Total	158.710	687.372	144.726	32.736.588	-8,8%	-7,1%

Fonte: Censo Escolar/INEP (2010, 2017) [Disponível em QEdu.org.br].

Tabela 2 Escolas públicas de educação básica localizadas em áreas rurais

Redes	2010 Núm. de escolas	2010 Núm. de matrículas	2017 Núm. de escolas	2017 Núm. de matrículas	Evolução 2010/2017 Núm. de escolas	Evolução 2010/2017 Núm. de matrículas
Federal	58	22.800	85	28.659	+46,5%	+25,7%
Estadual	6.018	22.800	5.408	843.607	-10,1%	-5,8%
Municipal	72.700	5.455.440	54.571	4.735.300	-24,9%	-13,2%
Total	78.776	5.501.040	60.064	5.607.566	-23,7%	-12,0

Fonte: Censo Escolar/INEP (2010, 2017) [Disponível em em QEdu.org.br].

Os dados do Censo Escolar do INEP[15] revelam que, em 2010, 92,3% das escolas rurais eram mantidas pelas prefeituras e, em 2017, essa participação das municipalidades reduziu-se para 90,8%; por sua vez, a proporcionalidade das matrículas municipais representava 85,6% e 84,4%, respectivamente. Na evolução de 2010 a 2017 das redes estaduais e municipais, o índice de redução no número de escolas rurais quase dobra em relação ao índice de redução das matrículas do meio rural, significando um adensamento do número de alunos por escola e uma redução de quase um quarto na disponibilidade de vagas em escolas no meio rural.

Pelo Censo Escolar de 2017, as 48.608.093 matrículas do país distribuíam-se entre escolas urbanas (88,5%) e rurais (11,5%). As escolas rurais matriculavam 5,5 milhões de estudantes, dos quais 82,5% estavam sendo educados por escolas municipais. O número de docentes no país atuando na educação básica atingia 1.909.462 pessoas, das quais 15,3% atuavam em escolas localizadas na zona rural.

---

15. Neste capítulo utilizamos os dados do Censo Escolar do INEP 2017 divulgados com gráficos mais dinâmicos pela organização não governamental QEdu [https://www.qedu.org.br/].

Tabela 3 Censo Escolar Brasil, 2017

Número	Urbana			
	Federal	Estadual	Municipal	Privada
Matrículas	338.636	15.387.864	18.502.837	8.805.371
Docentes	30.491	629.986	886.708	528.280
Escolas	607	25.109	58.354	39.381
Turmas	12.966	527.752	812.879	489.308
Número	Rural			
	Federal	Estadual	Municipal	Privada
Matrículas	57.846	834.950	4.598.899	81.690
Docentes	4.924	59.200	281.210	5.892
Escolas	92	5.410	54.545	647
Turmas	1.986	46.306	273.198	4.825
Total (urbana + rural)				
Matrículas				43.034.708
Docentes				1.909.462
Escolas				123.451
Turmas				1.842.905

Fonte: Censo Escolar do INEP 2018 [Disponível em http://download.inep.gov.br/informacoes_estatisticas/sinopses_estatisticas/sinopses_educacao_basica/sinopse_estatistica_educacao_basica_2017.zip – Acesso em jun./2020 – Adaptado].

Segundo Deister (2018, p. 4), com base em um levantamento da Universidade Federal de São Carlos (UFSCar), o "fechamento de escolas em áreas rurais do Brasil não para de crescer. [...] de 2002 até o primeiro semestre de 2017, cerca de 30 mil escolas rurais no país deixaram de funcionar". Com base no Censo Escolar do Inep, Peripolli e Zoia afirmam que "muitas escolas foram fechadas no campo entre 2002 e 2011. Em menos de dez anos o número de escolas do campo que eram 107.432 (2002), foi reduzido para 83.036. Ou seja, mais de 24 mil escolas tiveram suas portas fechadas" (2011, p. 194). Esta nova realidade coloca a necessidade de a pesquisa em educação refletir e sistematizar sobre uma nova forma de educação no campo e novos modos de realizar a formação de professores para atender esta nova realidade.

A redução do número de escolas que atendem a uma população de 50 milhões de moradores em municípios rurais pode ser caracterizada como uma política educacional perversa, como afirma Rodo e Enderle (2012, p. 2): "faz-se necessário se adequar para inverter esta lógica perversa, ou seja, um processo em que a juventude rural, filhos e filhas de agricultores familiares têm buscado o caminho do estudo para sair da roça ou, no processo inverso, sair da roça para poder estudar". Em ambos os casos, o resultado produzido sempre foi o mesmo: a educação do campo não tem privilegiado os seus principais protagonistas. De acordo com Rodo e Enderle:

> O currículo construído e consolidado ao longo dos últimos cinquenta anos revelou a sua total insuficiência diante de toda esta modernização da agricultura. E estas mudanças que cada vez mais se tornam intensas e radicais, produziram um universo educacional totalmente à feição dos interesses da sociedade urbano-industrial em construção, e hegemônica. Portanto, apenas quando houver novas práticas pedagógicas direcionadas a atender a realidade do campo e as lacunas deixadas pela falta e/ou a ausência da educação tradicional das escolas públicas do Estado é que teremos dados concretos de mudança (2012, p. 3).

Assim, os autores citados entendem que a adequação curricular à realidade do campo, entendida como uma tarefa inadiável e intransferível exigirá dos gestores públicos o cuidado com a metodologia a ser adotada na realização desse propósito. É preciso levar em conta que se trata de alunos e alunas oriundos de uma realidade bem específica, com uma prática cotidiana de acesso à tecnologia, à leitura e à escrita muito específica do meio rural e, por outro lado, na sua totalidade, portadores de um saber popular que os diferencia de forma qualificada. "Nesse sentido, a educação popular deve permear todo o projeto, e o respeito ao saber acumulado pelos agricultores e a possibilidade de que os mesmos acessem conhecimentos e práticas ainda desconhecidas são objetivos indispensáveis no processo de qualificação" (RODO; ENDERLE, 2012, p. 7).

O reconhecimento do saber popular, além dos aspectos atinentes à dignidade da pessoa humana, possui um valor científico e tecnológico pouco reconhecido pela pesquisa acadêmica tradicional.

Se esta é a relevância do conhecimento popular para o desenvolvimento econômico e industrial, a educação na área rural mais remota do país precisa capacitar-se para reconhecer o valor humanista, econômico e também científico do conhecimento das populações rurais. O fechamento das escolas rurais revela a falta de inteligência da política educacional que opta por estimular a migração dos jovens estudantes das comunidades rurais para escolas do meio urbano. Essa opção equivocada não é de hoje e vem do período ditatorial, quando o projeto econômico para o país era levar mão de obra barata do meio rural para o parque industrial das grandes metrópoles. Por isso, a pirâmide da população urbana e rural se inverteu da década de 70 do século passado para este novo século. Onde lá atrás, segundo dados do Censo IBGE 2006, havia em torno de 25 a 30% da população vivendo no meio urbano e 65 a 70% no meio rural. E em pouco tempo esta realidade se modifica drasticamente: hoje 75% da população vivem no meio urbano contra aproximadamente 25% no campo. Se nas cidades e meios urbanos também houve transformações radicais no campo social, econômico e cultural, no meio rural não foi diferente.

Na atualidade, é provável que algumas Secretarias Municipais de Educação justifiquem sua opção política de fechamento das escolas rurais alegando a falta de alunos no meio rural devido a migração para os centros urbanos. Será que a população rural vem diminuindo, a ponto de ser necessário fechar 18,7 mil escolas públicas rurais em sete anos? Será que a população rural em idade escolar diminui nesse ritmo? A série histórica do IBGE[16] sobre a população rural brasileira de 1960 até 2010 mostra que, praticamente, esta população se mantém a mesma em números absolutos. A população rural em 1960 era de 38.987.526 pessoas, reduzindo-se a 31.835.143 em 2000 e a 29.830.007 em 2010. Essa população era calculada pelo IBGE seguindo uma classificação que está sendo revisada por uma nova tipologia classificatória dos espaços rurais e urbanos que se baseia no reconhecimento das municipalidades claramente rurais:

> 76% da população brasileira se encontram em municípios considerados predominantemente urbanos, correspondendo somente a 26% do total de municípios. A maior parte dos municípios brasileiros foi classificada como predominantemente rurais (60,4%), sendo 54,6% como rurais adjacentes e 5,8% como rurais remotos (IBGE, 2017, p. 61).

Ao analisar as principais mudanças que ocorreram na educação do campo e as práticas pedagógicas na perspectiva da construção de um currículo adaptado à realidade da educação do campo, há de se pensar e produzir uma política educacional orientada racionalmente para atender as especificidades da agricultura familiar, para dar conta de toda a amplitude e complexidade que hoje constitui o meio rural. A opção pelo fechamento das escolas rurais, é óbvio, é incapaz de desenvolver qualquer

---

16. Disponível em https://censo2010.ibge.gov.br/sinopse/index.php?dados=8

projeto formativo ou de formação dos educadores numa perspectiva transformadora. A escola rural precisa desenvolver nos seus educandos, filhos de agricultores, uma cultura humanista e científica para que possam permanecer na sua atividade produtiva, motivando-os pela qualificação humana e técnica de seu modo de vida e produção com capacidade de lhes propiciar não apenas condições de sobrevivência no meio rural, mas capaz de assegurar sua dignidade e qualidade de vida. Como bem expressa Oliveira:

> A educação do campo tem papel fundamental na construção de identidades que fazem com que homens e mulheres do campo se reconheçam como povos do campo – camponeses, indígenas, quilombolas, pescadores, extrativistas ou agricultores –, e somente a partir dessa identidade se inicia o processo de luta por seus direitos essenciais para uma vida com qualidade no campo. Ao assumirem suas identidades, saem da condição de "coisas" para a condição de homens e mulheres (2016, p. 108).

É fácil imaginar as dificuldades das 56.954 escolas públicas rurais, pelo censo do INEP de 2018[17], atenderem de forma adequada a estes desafios, considerando apenas a sua frágil infraestrutura, pois apenas 30% das escolas rurais são servidas por água via rede pública, 13% não estão vinculadas à rede pública de energia elétrica.

Com essa frágil infraestrutura, as escolas rurais, seus docentes, corpo técnico-administrativo, discentes e famílias precisam enfrentar um enorme desafio. Não menor é o desafio de repensar a educação do campo no Rio Grande do Sul e no Brasil, no âmbito dos históricos e permanentes avanços e retrocessos. Tal

---

17. Disponível em https://www.qedu.org.br/brasil/censo-escolar?year=2018&dependence=0&localization=0&education_stage=0&item=

empreendimento nos desafia a refletir e a tentar compreender melhor sobre diferentes aspectos da educação do campo.

3.3 Educação do campo: mudanças, práticas pedagógicas e currículo

De acordo com Santos (2008), a educação do campo pode ser entendida no Brasil como um movimento político-educacional fundamentado em dois eixos: o primeiro deles é a realidade da educação no meio rural brasileiro marcada fortemente pelos elevados índices de analfabetismo e baixos índices de escolaridade; o segundo deles é uma concepção de educação que surge das experiências educacionais da iniciativa dos movimentos sociais, na luta por políticas públicas que contemplem conteúdos e metodologias que atendam à identidade, à cultura e aos interesses dos sujeitos do campo.

Contextualizando a realidade e tomando como referência o Estado do Rio Grande do Sul, que historicamente está acima da maioria dos estados da federação, segundo os dados do governo do Estado, divulgados através da análise agropecuária (SDR, 2017), o universo da agricultura familiar representa um potencial bastante expressivo não só na produção de alimentos, mas, também, em termos dos diferentes perfis dos seus protagonistas e da sua distribuição geográfica pelo Estado. Resumidamente, são 378 mil estabelecimentos de base familiar (86% do total de estabelecimentos); 13 mil famílias assentadas e em torno de 200 acampadas; 22 mil pescadores artesanais e 30 mil piscicultores; 19.789 indígenas, em 75 aldeias e 34 acampamentos; 3.897 famílias quilombolas, em 154 comunidades; 2.108 cooperativas rurais e urbanas registradas na junta comercial; 8.160

agroindústrias familiares (apenas 2.000 cadastradas); 149 mil famílias rurais cadastradas no Programa Bolsa Família.

Estes dados demonstram uma realidade de muita pobreza e de condições sociais ainda degradantes para um Estado que tem na sua pujante agricultura uma das suas maiores alavancas da economia. Entre as inúmeras razões para essa contradição, destacam-se: a) Porque a educação do campo não tem um espaço adequado e condizente na nossa sociedade caracterizada, sobretudo, por uma modernização conservadora que tem na tecnologia e nas redes sociais e econômicas seu eixo condutor, movido por valores monetários, lineares e contraditórios. b) Porque ainda não tem sido possível inserir, na agenda da educação do campo, e por extensão no currículo, temas como: a qualificação em gestão da propriedade, a inclusão social dos jovens e das mulheres, a noção de desenvolvimento rural local e global, a ideia de sustentabilidade ambiental compatível com o padrão tecnológico atual. c) Porque diante da globalização o currículo escolar é predominantemente urbano e, com isso, torna-se quase impossível construir um currículo adequado à realidade da infância e da juventude agrícolas sem desconectá-la da realidade urbana.

Diante desta situação tão contundente cabe aqui levantar algumas questões para futuros estudos e debates, tais como: Mudar apenas o currículo é suficiente? Manter o número de escolas rurais é suficiente? A formação dos professores pelas universidades continuará voltada essencialmente à realidade urbana? Os autores e as editoras continuarão produzindo, publicando e distribuindo livros didáticos com a "cara" da cidade? Como e em que circunstâncias o Estado poderia intervir neste processo, através das suas diferentes instâncias e secretarias afins? Qual o seu papel?

Portanto, faz-se necessário repensar e/ou reorganizar os conteúdos escolares. Estabelecer uma metodologia que priorize a relação dos conteúdos entre o ensinar e o aprender. Isto é, reinventar o como aprender e ensinar. Qualificar a gestão, subvertendo a ordem das coisas: tempo, espaço, relações pessoais, uso dos recursos físicos, técnicos e materiais. Fazer com que as escolas existentes atualmente no meio rural propiciem à juventude rural perspectivas reais de inserção social qualificada na unidade de produção agrícola dentro de uma perspectiva de desenvolvimento local e sustentável. Verificar como a escola trata as tensões, os interesses divergentes e a pluralidade de opiniões; enfim, que tipo de diálogo predomina "intramuros", no âmbito das escolas entre educadores, pais e educandos. Como também nos indica Almeida (2016, p. 25):

> A reflexão sobre educação do campo está na dimensão educativa das práxis política e social, retomando a centralidade do trabalho, da cultura, da luta social, enquanto matrizes educativas da formação do ser humano, e observando a intencionalidade dessas práticas pedagógicas em um projeto educacional que pretende ser emancipatório.

A emancipação aqui entendida como a possibilidade de se romper a relação contraditória entre o trabalho alienado e a propriedade privada dos meios de produção e de subsistência, nos quais está incluída a terra, como bem não produzido pelo trabalho. E a práxis como visto em Almeida:

> Na perspectiva marxista é compreendida como a transformação objetiva do processo social, isso quer dizer que é transformação das relações homem-natureza, portanto práxis produtiva, e homem-homem, que significa práxis revolucionária. Nesse aspecto, a práxis significa o elemento norteador do conhecimento, o critério da verdade e a finalidade da teoria. A relação entre teoria e prática é um movimento de unidade

dialética, no qual a teoria não se reduz à prática, mas, sim, sua complementaridade e sua efetivação se dão por meio da ação humana (2016, p. 29).

Enfim, qual a pedagogia mais viável e capaz de oportunizar alternativas de garantia de permanência dos jovens no meio rural, mudando a sua realidade? Mesmo diante de tantas interrogações, vale a pena insistir na possibilidade da construção de um currículo que contemple a agricultura familiar sem desconsiderar a importância e o peso que o espaço urbano representa atualmente. Há fortes evidências da existência de espaços para um Ensino Fundamental e Médio desenvolvido em comunidades-referência, com acesso a tecnologias presentemente apenas como privilégio das populações urbanas e, sobretudo, da construção de um currículo adequado à realidade agrícola com novas práticas pedagógicas, a partir do fortalecimento das experiências já existentes como as Casas Familiares Rurais – CFRs, conhecidas pela sua característica mais marcante que é a prática da Pedagogia da Alternância. Os alunos, filhos de agricultores, passam 15 dias na escola estudando e teorizando suas práticas, e 15 dias em casa, na propriedade, aplicando e avaliando criticamente pela práxis estes novos conhecimentos teóricos. Tem-se aqui uma relação dialética entre teoria e prática, na qual uma gera e reforça a outra, estrutura básica do pensamento científico.

Na medida em que os camponeses são considerados irrelevantes para o atual modelo ideológico de desenvolvimento eminentemente urbano, para o qual a maioria da população que vive no campo é considerada como a parte atrasada e fora do lugar no projeto da modernidade neste modelo irracional de desenvolvimento, a práxis política dos movimentos sociais, como afirma Almeida (2016, p. 33), "gesta um movimento de educação do campo no país, surgindo como crítica à educação marcada por exclusão dos camponeses dos processos de escolarização". Baseando-se na filosofia da práxis de Adolfo Sánchez Vásquez, arremata Almeida (2016, p. 32) que a "práxis política constitui uma atividade prática que baliza e orienta para transformações na sociedade, que vão desde as relações econômicas, políticas e sociais".

Portanto, falar da educação do campo é abordar o conjunto da classe trabalhadora do campo (camponeses, quilombolas, povos tradicionais, diversos tipos de assalariados), que está vinculado à vida e ao trabalho no meio rural. Nesse sentido, discutir a educação do campo é, sobretudo, discutir a educação de trabalhadores/as do campo, considerando os enormes desafios como os apontados a seguir:

> Busca-se pautar uma educação do campo que seja específica e diferenciada, quer dizer, alternativa. Uma educação que possibilite um processo de formação humana, que construa referências culturais e políticas para a intervenção dos sujeitos sociais na realidade. Que, sobretudo, seja pautada a partir de políticas públicas para o campo, compreendendo e defendendo a reforma agrária e uma política agrícola para a agricultura camponesa. Defende-se aqui uma educação voltada aos interesses e ao desenvolvimento sociocultural e econômico dos povos que moram e trabalham no campo, atendendo às suas diferenças históricas e culturais (FERNANDES et al., 2008, p. 34).

Cabe destacar que do ponto de vista da legislação há guarida para esta nova perspectiva. Uma das evidências é a Lei de Diretrizes e Bases da Educação Nacional 9394/96, no art. 28 (conforme a redação dada pela Lei 12.960, de 2014).

Anterior a isso, afirmam Ferreira e Brandão (2011), a educação do campo somente veio a ser contemplada de modo mais direto na Constituição Federal de 1988, que traz a educação como direito de todos os cidadãos, inclusive dos cidadãos do campo. Permanecem, no entanto, as dificuldades para os sistemas de ensino ofertar essa educação às famílias camponesas. Um sintoma desse problema foi a necessidade de, em 2014, o Congresso Nacional normatizar o processo de fechamento desse tipo de escola, numa tentativa tímida de mantê-las em funcionamento através da Lei 12.960, de 27 de março de 2014[18].

Parece-nos muito claro que, com este suporte legal e o fortalecimento de experiências pedagógicas, a educação do campo surge como uma possibilidade concreta de suprir as necessidades educacionais dos filhos e filhas de agricultores familiares, aliada à possibilidade de manter os jovens no meio rural com qualidade de vida através do processo pedagógico que se concretiza pela qualificação técnica, científica, cultural e humana. Isso equivale destacar a necessidade de repensar o currículo a partir de parâmetros identificados com o mundo rural, no qual se possa ter professores ou oriundos deste meio ou preparados e qualificados com formação específica para tal fim.

Assim, o desafio de desenvolver um projeto que contemple uma estrutura e uma dinâmica curricular, adaptadas à realidade agrícola, conectadas às especificidades da agricultura familiar, implica transformar ideias e princípios em práticas concretas, ações que ultrapassem os espaços formais de sala de aula, possibilitando a manutenção do vínculo familiar e a condição de protagonista do jovem rural. Aqui novamente é importante destacar a experiência das CFRs (Casas Familiares Rurais), através da Pedagogia da Alternância, pois contempla estes requisitos e possibilita a valorização e a preservação do saber popular

---

18. Disponível em http://www.planalto.gov.br/ccivil_03/_Ato2011-2014/2014/Lei/L12960.htm

que, como ensinou Paulo Freire (1991), situa-se na dimensão dos direitos e significa ultrapassar os níveis de conhecimento que cada um tem sobre o mundo e a sua realidade.

Todo o processo educativo, os conteúdos, o método e a gestão resultam em práticas pedagógicas nem sempre revestidas de um caráter plenamente democrático, que não devem continuar olhando a agricultura familiar apenas pelo viés do urbano. O ato educativo contém um princípio fundamental que é o saber conviver com as diferenças, o que resumidamente significa respeitar o saber acumulado pela experiência do cotidiano dos agricultores familiares, entender o porquê das suas inquietações, dos seus anseios, dos seus desejos, das suas expectativas, do seu conhecimento laboral, entre outros. Cabe à educação escolar obrigatória reconhecer as diferentes modalidades da experiência humana, compreender o processo por inteiro, global e local, rural e urbano, conectando a teoria com a prática e vice-versa, resgatando valores e padrões nem sempre considerados relevantes.

Para isso, faz-se necessário que todos os educadores e gestores tenham um olhar mais atento aos diferentes contextos político, econômico e sociocultural em que os agricultores familiares estão inseridos. Para Mészaros (2005), um currículo diferente significa romper com a lógica do capital. Significa superar as relações de poder, hierárquicas, autoritárias, excludentes. Não há como negar que o campo, em relação à cidade, tem sido relegado a um segundo plano quanto às benesses da modernidade. Como afirma Gritti (2003, p. 98), "escola do campo, uma cópia pobre da escola urbana. Para as escolas do campo vão as sobras usadas das escolas da cidade. O lixo que vira luxo, como ouvimos dos professores nas pesquisas de campo". E diz mais:

> Um espaço onde se concretiza a transmissão de valores, de conhecimentos e habilidades julgados essenciais e indispensáveis à justificação, à aceitação e à reprodução e/ou produção da sociedade, ou de uma nova fase dessa mesma sociedade, pretendida pela classe hegemônica (GRITTI, 2003, p. 98).

Portanto, para resgatar a autoestima dos filhos e filhas dos agricultores familiares há necessidade de um currículo adaptado à realidade do campo, e que seja fortalecido pela busca incessante e permanente da democratização do saber e a possibilidade concreta de superar o temor da exclusão social que, no entender de Dupas (1999, p. 19), manifesta-se de duas formas: "pela impossibilidade de garantir a sobrevivência física ou pelo sentimento subjetivo de ressentimento por não desfrutar de bens, capacidades ou oportunidades que outros indivíduos desfrutam".

Para que um Programa de Promoção da Educação Rural dê certo e se fortaleça só é possível se forem observadas algumas questões fundamentais, entre as quais se destacam: a garantia da universalização, isto é, garantir que todos os jovens, filhos e filhas de agricultores familiares ingressem, frequentem e permaneçam no Ensino Médio obrigatório até sua conclusão, com sucesso, preferencialmente sem sair de sua comunidade; a qualificação profissional a partir do compromisso e de ações em que a educação seja pautada por uma prática educativa sempre associada ao fato de que a produtividade rural sustentável exige complexo conhecimento científico; o desenvolvimento de programas curriculares que permitam a progressão dos alunos com o respectivo acesso ao processo de ensino-aprendizagem, respeitando suas peculiaridades, potencialidades e seus limites; a superação da precariedade econômica e social dos agricultores familiares, elevando-os a um grau de proteção social comparável ao conquistado pela classe trabalhadora qualificada das cidades; a superação do isolamento das populações rurais possibilitando o acesso a bens e serviços disponíveis à população urbana.

Para isso, as pequenas e médias cidades podem contribuir efetivamente como mediadoras de um processo reflexivo e integrador; a superação do estigma (preconceito) do agricultor familiar da sua condição de rural, "da roça", "sem cultura", garantindo que não precise deixar o campo para ser reconhecido como cidadão pleno. Basta adequar o currículo à realidade do campo, levando em conta que as crianças e os adolescentes do campo são portadores de um saber popular que os diferencia da população urbana.

Nesse sentido, a educação popular deve permear todo o projeto e o respeito ao saber acumulado pelos agricultores e a possibilidade que os mesmos acessem conhecimentos e práticas ainda desconhecidas são objetivos indispensáveis no processo de qualificação.

Foi nesse contexto que o MEC, até 31 de agosto de 2016, oferecia o estímulo oficial para a construção de uma proposta que promovia a educação rural, transformando a realidade, estimulando a autoestima dos agricultores familiares, agregando renda aos seus projetos produtivos, possibilitando que na condição de protagonistas do processo, tivessem uma efetiva melhoria das condições de vida.

Da mesma forma, tem-se o desafio de implementar um conjunto de políticas públicas que promovam a necessária transformação institucional através de ações afirmativas em favor dos mais pobres entre os pobres, isto é, "em favor dos trabalhadores que historicamente estiveram desprovidos de oportunidades de trabalho, desprovidos dos meios para garantir uma vida decente, condenados a desperdiçar a vida na luta diária pela sobrevivência" (SACHS, 2004, p. 76).

A educação do campo, como um novo paradigma, surge em contraposição a essa realidade. Um paradigma fortalecido pelos princípios pedagógicos da educação do campo procura redirecionar as práticas educativas e pedagógicas na área rural, buscando afirmar que a educação para este meio deve se identificar com a luta do camponês pelo direito à educação que seja *no* e *do* campo, vinculada a sua cultura e as suas necessidades humanas, tecnológicas, econômicas e sociais. E para se atingir isso coloca, como um dos principais redirecionamentos, a formação do professor(a). E não pode faltar também a pesquisa guiada pela pergunta: Que formação de professor(a) é necessária ao paradigma da educação do campo?

3.4 A formação de professores como uma política educacional para o campo brasileiro

Diante do que foi visto anteriormente, a formação de professores para o campo passou a ter um valor político-pedagógico e uma preocupação constante e permanente dos educadores populares, particularmente do MST, bem como das políticas educacionais propostas por governos do campo popular. Esta relevância da formação docente direciona a atividade pedagógica para a educação do campo e se dá na medida em que exige uma reflexão sobre a dualidade na formação pedagógica que englobe experiências profissionais ao educador e das práticas dos movimentos sociais do campo e dos filhos dos agricultores.

Portanto, esta formação docente para a educação do campo não pode se furtar da influência que o saber do campo exerce sobre o aprendizado dos povos do campo e não se tornará alheia a um novo modelo pedagógico de educação que inclua a prática das experiências já existentes. O educador do campo tem, portanto, desafios não mensuráveis ao promover um ensino à altura do desejado pelas comunidades rurais. Justamente pelo perfil societário desigual, expresso e ajustado por políticas educacionais gerais e urbanizadas que se tornam excludentes daquilo que se entende ser uma educação de promoção do cidadão e da cidadania em seus direitos sócio-político-culturais.

Buscar formar os docentes que preparem os educandos para o desenvolvimento de um ser humano pesquisador da sua realidade. Dando ênfase à cultura do seu meio, tornando-o protagonista das mudanças pelos quais ele deverá passar em todos os aspectos de sua vida e realidade devem ser o objetivo maior e a perspectiva de uma política de formação de professores do campo. Conforme Martins:

> A formação do educador do campo, portanto, é uma diretriz que delineia e sugere comportamentos de reflexão e de mudanças quanto aos conceitos sobre as identidades das pessoas que vivem no campo com suas raízes culturais e a construção de novos processos educativos que são originados pelos movimentos sociais (2005, p. 7).

Para que isso se viabilize é necessário o apoio institucional das prefeituras, das secretarias estaduais de educação e do governo federal. Não havendo diretriz política e disponibilidade orçamentária por parte dos órgãos governamentais dos entes federados, tudo fica mais difícil

Pode-se, assim, compreender que a educação do campo não se restringe à escola, mas tem uma dimensão ampla, que passa por todas as formas de organização e participação destas famílias, como: da vida comunitária, religiosa, de grupos de jovens, de clubes recreativos, de sindicatos e associações. Através deles podem se estabelecer focos de resistência contra a cultura dominante e a sua reprodução. Neste sentido este professor que atua no campo precisaria ter uma formação ampla e com conhecimento da realidade rural para que na escola se garanta uma gestão democrática e que contribua para o desenvolvimento econômico e social daquele meio. Logo, tal formação não pode se restringir ao domínio de um método pedagógico de ensinar. A revisão de suas práticas e teorias deve ser permanente e sempre a partir de uma leitura do momento atual da sociedade, mais especificamente do contexto da agricultura naquela dada conjuntura. Para que assim a interação campo e cidade não ocorra de forma submissa, como tem acontecido. Para Zancanella:

> Analisando-se sob estas circunstâncias a dificuldade na formação da educação do campo, reconhece-se a necessidade e a importância na implementação do Curso de Pedagogia específico para a educação do campo, como instituição que avalia a especificidade, as diferenças e permite ao professor lançar mão dos recursos e práticas pedagógicas que contemplem a diversidade, o cotidiano e a identidade do campo no âmbito da educação (2009, p. 112).

Assim, um dos principais objetivos educacionais para se implantar um curso de formação de educadores do campo tem sido a busca de uma identidade social e política, pressupondo a necessidade de uma educação pública para os povos que vivem no campo. Com isso incentiva-se o resgate dos valores culturais, sociais e econômicos, entre outros, que são essenciais para o desenvolvimento da cidadania da população rural.

A respeito da formação dos professores que atuam nas escolas do campo, torna-se necessário pensar acerca das discussões dos saberes profissionais dos professores, considerando especialmente que a cultura camponesa precisa ser considerada nas práticas de ensino. Arroyo (2007) chama atenção para um conjunto de práticas que são marcadas por um "paradigma urbano" no qual o campo passa a ser visto como uma extensão "quintal" da cidade e como consequência os profissionais urbanos fazem uma extensão de seus serviços ao campo, como: situações adaptadas, precarizadas, sem vínculo e permanência destes povos do campo.

Um processo de formação de professores deve contribuir para a formulação e implementação de políticas públicas educacionais para as escolas do campo, considerando e valorizando a realidade das comunidades locais, o seu saber empírico e suas práticas culturais e produtivas. Portanto, não bastam escolas do campo, são necessárias escolas com um projeto político-pedagógico vinculado às causas, aos desafios, aos sonhos, à história e às culturas do povo trabalhador do campo.

Nesse sentido é necessário pensar-se em uma política específica de formação de educadores e educadoras do campo. Nesta prática de serviços públicos e profissionais não teve sentido qualquer política de formação específica de educadoras e educadores do campo. "As normalistas, pedagogas ou professoras formadas para as escolas das cidades poderiam ir e voltar cada dia da cidade para a escolinha rural e pôr em prática seus saberes da docência com algumas adaptações" (ARROYO, 2007, p. 159).

Um dos problemas dos educadores do campo é o fato de os professores não serem do campo, e em muitos casos não possuírem nenhuma identificação, vinculação com a cultura camponesa. Simplesmente são deslocados diariamente para o ensino nas comunidades rurais, onde desenvolvem uma prática descontextualizada, uma vez que as crenças e as representações que o profissional possui são totalmente desconectadas da cultura camponesa. Então, faz-se necessário pensar uma formação específica de educadores e educadoras do campo que considere as especificidades desse contexto e que considere os saberes mobilizados pelos professores que vivem e atuam no campo. De acordo com Tardif:

> O atual modelo de formação de professores que é baseado em modelo aplicacionista do conhecimento possui sérias limitações, como, por exemplo, a lógica disciplinar que por ser monodisciplinar é altamente fragmentada e especializada, não oportunizando em muitos casos nenhuma relação entre as disciplinas dos cursos de formação inicial, além de oferecer aos licenciandos conhecimentos meramente proposicionais, desconsiderando as crenças e representações que os mesmos já possuem a respeito do ensino (2000, p. 228).

Então, se existe um modelo de formação de professores que apresenta limitações, conforme diz Tardif (2000), quanto à efetivação de mudanças sobre o que os licenciados pensam, creem e sentem antes de começar a profissão, levando em conta a necessidade de superação de um ensino que esteja baseado em um "paradigma urbano", cabe-nos a seguinte pergunta: Será que o atual modelo de formação de professores é capaz de dar conta da preparação de professores para atuar no campo? Por isso, a criação de licenciaturas do campo torna-se uma necessidade imperiosa. Em 2007, tentou-se atender através do Programa de Apoio às Licenciaturas em Educação do Campo – PROCAMPO, mas hoje isso não é mais implementado pelo governo federal. Um dos objetivos do PROCAMPO era a formação de um educador que estivesse vinculado às lutas dos povos do campo e capaz de compreender e intervir sobre a realidade na qual estava inserido e na escola que acolhe os seus educandos do campo.

Cabe destacar que é de grande relevância a busca por uma formação de professores que contemple os saberes que sejam pertinentes para os professores e úteis para sua prática profissional. Talvez a experiência anteriormente citada das Casas Familiares Rurais – CFRs, que têm a estruturação das licenciaturas em educação do campo por meio do modelo de alternância entre Tempo Comunidade/Tempo Escola, possa ser um bom exemplo que busca contribuir com um modelo de formação que se contrapõe à lógica aplicacionista, conforme falava Tardif (2000), do conhecimento, além de buscar um atendimento específico das demandas educacionais da população camponesa.

Este tema da educação do campo passa a ser pauta de uma discussão nacional só a partir da década de 1990, forçada pelos movimentos sociais do campo, especialmente o MST. E só é incorporada pelo governo em 2002, quando da publicação das diretrizes operacionais para a educação básica nas escolas do campo (CNE/CEB, 2002), que define a identidade da escola do campo.

Um currículo adequado à realidade do campo pode transformar o ambiente escolar em privilegiado espaço para a construção e a disseminação do saber tanto na sua dimensão prática quanto na teórica; como ensinou Paulo Freire (1991, p. 23):

> Um espaço privilegiado de disseminação de valores culturais, éticos, políticos, sociais, simbólicos, artísticos; um espaço privilegiado para encontros e desencontros, ideia de pertencimento e reconhecimento, espaço da palavra, do verso, da comunicação entre diferentes, espaço de poder, de reflexão, de mística, de arte, de crítica, um espaço privilegiado para a disseminação de um conjunto de conhecimentos básicos e um estoque de certezas, mas também aprender sobre as incertezas da vida.

Um espaço educacional com estas características também exige educadores motivados, que não se neguem ao prazer e à competência profissional de ensinar, e que estejam abertos às instigantes perguntas dos educandos. Dos educadores ainda se espera que sejam capazes de assimilar e compreender as perguntas ora ingênuas, ora desconexas, ou desconcertantes dos educandos. Além de se colocarem em permanente processo de capacitação contínua, mantendo equilíbrio emocional e mente aberta à arte permanente de aprender a aprender.

Enfim, a escola transformada num imenso espaço para divulgar ideias e para dar sentido à vida e a nossa existência. O grande desafio está na capacidade e na coragem de educadores e educandos construírem uma proposta que promova a educação do campo, no sentido de ser capaz de transformar a realidade; recuperando a autoestima dos agricultores familiares; agregando renda aos seus projetos e produtos; possibilitando a melhoria efetiva das condições de vida; garantindo a sucessão na propriedade; implementando um conjunto de políticas públicas que promova a necessária transformação institucional através de ações afirmativas.

Ainda há muitas questões em aberto, pois o tema não se esgota e sempre será objeto de discussão, novas teorizações e elaborações. A primeira constatação é que a mudança de paradigma de educação rural para educação do campo não se traduz de forma tão simples, uma vez que necessita de transformações estruturais. Pode-se dizer que se trata de um novo pensar sobre a educação do campo para o qual nem os sistemas de ensino, nem os currículos, nem as escolas e nem os docentes estão preparados. É suscitada uma nova concepção da docência que resulte de "um conceito mais ampliado do termo educador(a), como aquele ou aquela que faça e pense a educação humana na escola, na família, na comunidade, no movimento social, na educação de crianças, de jovens ou de idosos" (ALENCAR, 2010, p. 223).

A necessidade de formar professores para o campo tornou-se um grande desafio, pois, conforme vimos, as formações de professores iniciais, continuadas ou em serviços não estão preparadas para o atendimento das especificidades e da diversidade do campo: fazer a integração entre os conteúdos escolares e o conteúdo advindo da vida, do cotidiano, das histórias, memórias e cultura dos educandos, da comunidade, do local, do campo é, sem dúvida, uma tarefa grandiosa, de um longo período, mas que deve estar no horizonte dos governantes e da sociedade civil organizada, especialmente dos agentes e sujeitos que vivem no campo.

3.5 Da conquista da terra ao modelo de produção do assentamento

No processo da luta pela reforma agrária o MST foi aprendendo que conquistar a terra é apenas um primeiro passo. Os grandes desafios em termos de viabilizar o assentamento e fazer a reforma agrária dar certo passaram a surgir quando as famílias saíam do acampamento para a terra conquistada. Inicialmente destacam-se as dificuldades encontradas pelas famílias assentadas quando chegaram à terra na Fazenda Capela, e como se deu todo o processo de discussão pelo modelo de produção orgânico hoje desenvolvido com êxito naquele local, como descreve o assentado e pai de aluno Emerson Giacomelli:

> Quando ingressamos no MST imaginávamos que nossa maior dificuldade ia ser a conquista da terra, mas depois vimos que não. Ficamos acampados de 1989 a 1994, ficamos debaixo da lona preta por uns cinco

anos. E lá com o passar do tempo fomos perceber ao sermos assentados que aqueles anos foram difíceis pelas dificuldades de sobrevivência e as condições de vida sem nenhum conforto. Mas muito mais difícil foi se viabilizar em cima de uma área conquistada do ponto de vista econômico, social, e poder implementar aquilo que você defende, principalmente a produção orgânica. Fomos percebendo assim que conquistar a terra é apenas o primeiro passo. Mas foi aí que plantamos as sementes daquilo que veio a se produzir aqui hoje. Por isso eu digo, a COOPAN não nasceu no assentamento, foi lá no acampamento que ela nasceu, onde iniciamos a discussão da cooperação e da agroecologia (2020, s. p.).

A intenção de se organizar e produzir diferente do modelo tradicional de agricultura familiar já veio, portanto, gestada lá do acampamento, onde as famílias se uniam por afinidade, mesma origem de município, numa mesma faixa etária, identidade de visão política. O perfil, portanto, deste sem terra que aqui são os sujeitos da pesquisa, na sua grande maioria são jovens, filhos de agricultores de famílias numerosas e com pouca terra, descendentes de migrantes europeus que tinham povoado no século passado o norte e noroeste do Estado do Rio Grande do Sul. Que sem alternativa para estudar ou sair do minifúndio do interior para os grandes centros urbanos, optaram por acampar e lutar pela terra. Traziam pela nova consciência e esperança, de através da conquista da terra construir um novo modo de viver. Para isso era preciso buscar implantar um novo modelo de produção, para assim não reproduzir o sistema de exclusão e empobrecimento que seus pais já sofriam, conforme continua relatando Giacomelli:

Quando se chega num acampamento você não tem condição nenhuma de se desenvolver, porque se chega totalmente descapitalizado. Apoio da família quase

> nada por eles também não terem condições, por isso que fomos acampar para conquistar terra. Aí se chega num assentamento, numa região que pouco se conhecia ou quase nada. Fomos aprender inicialmente ir à cidade e voltar porque nem isso sabíamos como fazer. Então você imagina conhecer a atividade econômica da região que é totalmente diferente da nossa de onde viemos. Por isso que as dificuldades do início do assentamento até se viabilizar, elas são tão ou maiores do que a conquista da terra. Por aí se entende que em muitos locais alguns assentamentos não dão certo, pelas dificuldades de se viabilizar economicamente. Muitos achavam que somente a conquista da terra seria suficiente. Não! Ela é importante, ela é um grande passo, mas você tem que continuar porque somente ela não te dá as condições de vida para sobreviver e ter uma qualidade de vida (2020, s. p.).

Esta preocupação com o que produzir e como sobreviver, como dar um passo adiante que permitisse dizer que toda a luta até então foi válida, fazia parte da vida cotidiana e das discussões coletivas sobre o sistema cooperativo que estava para ser implementado. E uma primeira questão era a produção, uma dimensão fundamental do processo de reforma agrária, que é a preocupação com o aumento da rentabilidade do trabalho agrícola dentro das áreas assentadas. Para isso há necessidade de inovação tecnológica, subsídios, capital de giro, capacidade de armazenamento e comercialização, entre outras demandas do complexo processo cooperativo de produção agroecológica.

Para estas famílias que vinham de outra região do Estado, do noroeste do Rio Grande do Sul, onde a vocação agrícola é totalmente diferente, precisavam primeiramente se ater à geografia física da área, como também dito anteriormente, com a geografia econômica e humana, isto é, era preciso tocar na história, na cultura para buscar se reencontrar numa nova realidade de enormes desafios.

> Nós tivemos aqui muitas pessoas que contribuíram no acompanhamento, no planejamento, na ideia da gestão, porque no começo como tudo é difícil quase tudo gera desconfiança. Você assina um contrato no Banco do Brasil sem ter nada de garantias e esse dinheiro vai para outra conta, para ser gerida por outra pessoa, e este em casa passando uma série de dificuldades para resolver na família, desde poder ter um fogão, uma panela, uma cama, de ter um cobertor, uma roupa etc. Não estou falando de ter ar-condicionado, um carro, uma boa TV e uma boa geladeira, estou falando dos bens e gêneros de primeira necessidade. Mas sempre acreditamos que seria a produção que iria melhorar nossas vidas. Nós tínhamos isto claro, mas ainda não tínhamos esta elaboração política e de compreensão do mercado que temos hoje (GIACOMELLI, 2020, s. p.).

Quando este novo agricultor assentado se reincorpora ao processo de produção, evidentemente ele alcança uma posição social, histórica, econômica e cultural que ele não tinha antes. Com isso ele descobre que é capaz de transformar a terra, a sua história e a cultura do seu entorno. Daquela posição anterior fatalista ressurge um novo sujeito numa posição de inserção e de sujeito de sua história, com seus erros e acertos, como ocorreu com estas famílias organizadas na COOPAN:

> O outro fator é que cometemos alguns erros, mas também cometemos muitos acertos. O grande acerto nosso foi investir nas agroindústrias, gerar posto de trabalho e gerar matéria-prima. Por exemplo, o nosso frigorífico de suínos começou abatendo um a dois porcos por semana embaixo de uma árvore nas mais precárias condições. Fomos, em seguida, passando para 5, 10 por semana, e hoje abatemos mais de 100 suínos por dia, de segunda a sexta, dentro das normas sanitárias, tudo legalizado. Agora estamos construindo um novo abatedor com agroindústria que será o nosso grande salto produtivo e econômico deste novo patamar da agroindústria. Ter um abatedor que além

de abater consegue também industrializar, processar a matéria-prima. E depois da produção da carne suína veio a agroindústria do arroz e hortifrutigranjeiros. E o terceiro e grande acerto nosso, que foi determinante para o estágio atual em que nos encontramos, foi entender que devíamos mudar de modelo de produção, isto é, sair do modelo convencional do agroquímico para o modelo agroecológico sustentável. Isso foi pensado ainda lá no acampamento, mas só alguns anos depois foi possível colocar em prática aqui no assentamento, e pra mim é o que determina as boas condições de vida que vivemos hoje (GIACOMELLI, 2020, s. p.).

Outro elemento que contrapus na coleta de dados junto aos pais que pertencem a COOPAN foi o fato de eles priorizarem a produção de arroz, mesmo sendo orgânica; mas assim como o milho, a soja, o arroz também fazem parte de uma produção que é uma monocultura, isto é, que reforça a monocultura, modelo combatido por eles. A resposta dada pelo Emerson Giacomelli foi:

> É um grande debate que temos feito, porque o arroz por si só é monocultura, é uma lavoura relativamente cara que exige certa estrutura. Então temos feito a seguinte discussão, que precisamos ter outras fontes de renda e de produção diversificada. Não depender unicamente do arroz. Porque os que dependem exclusivamente do arroz são os primeiros a sentir a crise quando a economia vai mal, e isto é normal, sempre tem um problema ou por produtividade, por preço ou por problema de clima. Então ficar só na monocultura, ela pode até ser agroecológica, mas um dia você vai ter dificuldade porque não vai ter renda. Por isso temos trabalhado com outras fontes de renda, como aqui na região da Grande Porto Alegre, o gado de corte tem aumentado bastante, a produção de hortifrutigranjeiros, e outras que sejam complementares, principalmente aquela produção ou renda que garanta a sustentação da família. Nós aqui como

já mencionamos temos a agroindústria de carne suína, e até a produção de mel (2020, s. p.).

É certo que os camponeses podem mudar a sua realidade, torná-la menos injusta, mas partindo de sua base concreta que é a realidade geográfica, econômica e mercadológica em que se encontram. Não se consegue mudar nada sem raízes, apenas com devaneios e ilusões. É preciso ter sonhos, utopias e projetos, conforme alerta Freire (1997, p. 113):

> A transformação do mundo necessita tanto do sonho quanto a indispensável autenticidade deste depende da lealdade de quem sonha as condições históricas, materiais, aos níveis de desenvolvimento tecnológico, científico do contexto do sonhador. Os sonhos são projetos, pelos quais se luta. Sua realização não se verifica facilmente, sem obstáculos. Implica pelo contrário, avanços, recuos, marchas, às vezes demoradas. Implica luta.

Isto está no DNA dos membros do MST e assentados. Por isso é sempre atual o ímpeto de rebeldia contra a agressiva injustiça que caracteriza a posse da terra encarnada pelo MST e que se transforma em energia para buscar saídas, para provar diante da sociedade que a reforma agrária dá certo. É fundamental para a mudança de um novo paradigma no campo, mesmo quando se parte de experiências equivocadas como nos falou o Emerson Giacomelli:

> Começamos as experiências com as hortas, passamos para o arroz, onde nos primeiros anos produzimos no modo convencional usando venenos, e daquela decisão lá atrás passamos a caminhar para a mudança de produção de arroz orgânico. Essa decisão foi importante porque impulsionou o grupo gestor do arroz. Porque se a COOPAN não decide fazer esta transição, os demais assentamentos e cooperativas da região metropolitana também não iam sair do modelo

> convencional. Porque as cooperativas que trabalham com associados de forma individual procuram sempre analisar se isto vai dar certo, se vai dar lucro, as decisões são mais difíceis do que aqui na nossa onde o grupo cooperativado se reúne e discute todo o dia o futuro da cooperativa. Esta condição de nós aqui mudar o modelo criou as condições para irradiar para toda a região e demais cooperativas dos assentados (2020, s. p.).

A discussão coletiva e a organização da produção levaram a cooperativa a um novo patamar, e hoje a COOPAN tem várias linhas de produção, como falou Julcemir Marcon:

> Uma linha de produção é a criação de suínos e o abate de suínos, já vendendo direto para o consumo, e a outra linha de produção é a do arroz orgânico: produção, beneficiamento, industrialização e comercialização. Estas duas linhas de produção são os carros-chefe da cooperativa, as principais, mas têm outras como a linha de produção do leite, abelha, peixe, hortas, que são já em escalas menores (2020, s. p.).

Também percebi que, embora já houvesse nas suas mentes a compreensão de um novo jeito de produzir, de um novo modelo a ser implantado, foi preciso experimentar ações erradas para pôr a teoria em prática.

> Por exemplo, foi muito errado para muitos assentados tentar produzir aquilo que se produzia lá na região de origem que eles vieram como produzir trigo, soja, milho, feijão, grãos em geral, que aqui não é a vocação da terra e da região. Isto aí inviabilizou muita gente. Embora sendo alertados pelos técnicos e agrônomos os desafiamos dizendo que se nós colhia milho lá em cima dos morros como não iria dar milho aqui na várzea, na terra plana. E o segundo erro foi cair no pacote da produção convencional do arroz. Não conhecíamos a atividade, não tínhamos experiência, não tínhamos nenhum conhecimento de manejo técnico do arroz. E

plantávamos todo o arroz convencional com todo o pacote químico (BOSA, 2019, s. p.).

Mas o tempo, a vida e o diálogo sobre a prática foram lhes ensinando um novo caminho, fruto de estudos, discussões e análises, chegando a um modelo de produção diversificado, em que o arroz orgânico é um dos produtos, talvez o mais relevante na economia do assentamento, mas não o único, já que há, sim, uma produção diversificada com aquilo que se consome e também para vender e gerar renda, como afirma o presidente da COOPAN:

> Temos procurado trabalhar o autossustento, a diversidade econômica e a questão do arroz, que é a lavoura que exige um investimento maior, mas que dá uma renda maior numa determinada época do ano. Então temos vários agricultores que estão produzindo arroz e leite, arroz e horta, arroz e gado de corte, arroz e melancia e outras (BOSA, 2019, s. p.).

Fazendo uma retrospectiva comparativa entre a situação em que se encontravam no momento da chegada ao assentamento com a situação vivida atualmente pela comunidade, o assentado e sócio da COOPAN Luiz Zanetti diz:

> Com certeza melhoramos muito, como se sabe chegamos sem nada, começamos debaixo da lona, e hoje todos têm uma casa de alvenaria boa com todos os confortos, como geladeira, TV, ar-condicionado e móveis bons. Aliás, nunca imaginávamos um dia ter ar-condicionado, hoje temos. Enquanto alguns nasceram no ar-condicionado nós fomos ter só aos 40 anos. Temos internet, máquina de lavar roupa, um *freezer* para guardar alimentos como as carnes de abates que fizemos; aliás, toda a alimentação é muito saudável. Foram conquistas que tivemos de forma política e coletiva, por isso damos muito valor a elas. E hoje queremos passar isso para os filhos da gente, já que eles não vão ter as mesmas dificuldades que nós tivemos, já

estão tendo uma condição muito melhor do que a que nós tivemos (2020, s. p.).

Procurei saber como é organizado o trabalho no dia a dia da cooperativa e do assentamento, e também como as famílias são organizadas para este trabalho em todas as frentes em que a cooperativa atua. O diretor administrativo Julcemir Marcon assim se pronunciou:

> Não é mais organizado por famílias, e sim por pessoas, porque cada pessoa de uma família é sócia da cooperativa, que também é uma forma de manter o jovem na cooperativa. E isto é uma bandeira nossa, que por isso damos incentivo para eles estudarem e retornarem ao assentamento. Funciona assim, cada pessoa é vinculada a um setor de produção, por exemplo: nossa família, a esposa trabalha no beneficiamento do arroz, eu na parte administrativa da cooperativa e nossa filha na padaria. O forte nosso é o planejamento e o acompanhamento dos resultados. Temos um planejamento anual, onde é tudo definido no ano, do que vamos plantar, que quantidade, que recursos, quem vai fazer o quê. Fazemos uma projeção de receita e despesa. Feito isso, a cada mês se tem o monitoramento. Todo o mês tem uma assembleia de prestação de contas onde se ajusta aquilo que é necessário e com isso mês a mês se chega ao fim do ano sem sobressaltos (2020, s. p.).

Nessa fala transparece a clássica explicação das teorias sociológicas liberais para a transição das sociedades antigas (aristocráticas) para a moderna (capitalista) que seria a mudança na centralidade da família na sociedade pré-capitalista para a centralidade do indivíduo na capitalista. A fala parece aceitar essa explicação, no entanto, há uma diferença fundamental: o diálogo sobre a prática feito nas assembleias. A família continua central e está presente em cada indivíduo, embora legalmente a contabilidade da cooperativa considere apenas indivíduos como sócios. Assim, dentro deste planejamento e organização, perguntei sobre como é feito a distribuição dos recursos tendo em vista a diversidade de pessoas e o número diferente de membros das famílias. O administrador Julcemir explicou-se dessa forma:

> No planejamento é colocado para cada sócio um valor de adiantamento das sobras de cada mês, e no final do ano após pagar os fundos indivisíveis de educação etc., se tiver um valor a mais do que já foi adiantado se redistribui novamente, e se não tiver sobras não tem mais distribuição. Então o resultado final da cooperativa no ano é que vai determinar se teu rendimento será maior ou menor daquilo que foi planejado no início do ano. E a distribuição se dá por horas trabalhadas de cada um (2020, s. p.).

Já o presidente da COOPAN detalhou como se dá a divisão dos lucros da cooperativa tendo em vista que tudo é socializado, e também como funciona a parte econômico-financeira:

> A gente tem distribuição de sobras por hora trabalhada. Deu lucro tem mais distribuição, deu pouco se distribui pouco, então o *pro labore* é de acordo com o que sobra entre o que se arrecada e se gasta. Trabalhamos para garantir a sobrevivência mantendo uma qualidade de vida. Todas as famílias da cooperativa têm casa boa de alvenaria, carro, conforto dentro de casa, internet etc. Mas, por exemplo, se um dos setores vai mal que deu prejuízo e outra vai bem e deu um bom lucro, não é por isso que uns vão ganhar menos que os outros, tudo será igual, calculado pelas horas de trabalho. Por isso as horas são registradas e calculadas numa média do ano e não por mês, para que alguém que eventualmente fique doente e faça poucas horas num mês não fique prejudicado. Quando tira 15 dias de férias também não é prejudicado (BOSA, 2019, s. p.).

Nosso propósito foi o de analisar como uma escola municipal vinculou-se e pode vincular-se a uma experiência política de inserção social e produtiva de grande repercussão no Rio Grande do Sul, reconhecida, inclusive, por setores conservadores do agronegócio gaúcho:

> O arroz sem agrotóxicos é produzido no Estado por 363 famílias de assentamentos ligados ao Movimento dos Trabalhadores Sem Terra – MST que completam duas décadas de cultivo. A produção gaúcha é a maior da América do Sul, conforme o Instituto Rio Grandense de Arroz – IRGA, e se concentra em 15 assentamentos e 13 municípios gaúchos, sendo Viamão, Eldorado do Sul, Nova Santa Rita e Manoel Viana os maiores produtores[19].

Segundo o diretor administrativo, a quantidade de arroz que é produzida por ano na COOPAN

> fica em torno de 20 mil sacas/ano, e mais umas 20 mil sacas que é comprado dos outros assentamentos que não tem moinho de beneficiamento e por isso trazem para cá. E outro tanto igual, vem da COOTAP, que é a cooperativa regional dos assentamentos, onde se produz de forma individual, mas organizados nesta cooperativa chamada COOTAP. Portanto passa aqui pela COOPAN em torno de 80 mil sacas por ano. E para a venda tem um grupo gestor do arroz que faz esta comercialização, agora mesmo estamos vendendo para a merenda escolar de São Paulo e para o Rio de Janeiro arroz da COOTAP e da COOPAN. Porque o da COOTAP só beneficiamos e cobramos uma taxa e a venda é deles através deste grupo gestor (MARCON, 2020, s. p.).

Antes de aprofundar o modelo de produção do assentamento e da COOPAN, vou contextualizar a realidade agrícola

---

19. Conforme a matéria publicada na editoria especializada em agronegócio: "Produtores de arroz orgânico do Rio Grande do Sul procuram novos mercados", do tradicional *Jornal do Comércio* de 15/03/2019 [Disponível em https://www.jornaldocomercio.com/_conteudo/economia/2019/03/674604-produtores-de-arroz-organico-do-rio-grande-do-sul-procuram-novos-mercados.html].

brasileira que contém três modelos de produção que estão em confronto permanentemente. Destacar o contexto em que as famílias assentadas no Assentamento Capela, trabalhando de forma cooperativada, no modelo de agricultura familiar, diante da modernidade do agronegócio, conseguem se estabelecer. Essa condição produtiva é relevante para pensar na sua viabilização econômica e social. A possibilidade ou não de conciliar os modelos, de se pensar uma modernização social na economia agrária no Brasil, foi analisada por Stédile:

> O primeiro modelo é o latifúndio especulativo, por exemplo: Daniel Dantas, com dinheiro americano comprou 600 mil hectares no sul do Pará, pra quê? Especulação. Segundo exemplo: a Universidade de Harvard dos Estados Unidos tem um fundo de investimento para ganhar dinheiro para a universidade, comprou 300 mil hectares no oeste da Bahia e no sul do Piauí, pra quê? Especulação. Este é um modelo. Especular com os bens da natureza, rentismo feudal, tem que desapropriar tudo. O segundo modelo é o do capital moderno, ou modelo atual que é dominado pelo capital financeiro e as incorporações internacionais. Esse capital financeiro veio para o Brasil na década de 1990 e implantou um novo modelo de produção agrícola que se chama agronegócio. Então o agronegócio é um modelo que está baseado em grandes extensões de terras, monocultura, alta mecanização, e também substituem a mão de obra com agrotóxicos, onde para não contratar mão de obra põe veneno das multinacionais para eliminar as ervas daninhas. Uma agricultura moderna sem mão de obra faz uma produção agrícola sem agricultor. Então este empreendedor do agronegócio não quer problema trabalhista, gente por perto, e prefere eliminar a mão de obra mesmo contaminando a natureza. Este modelo econômico produz? Sim e muito, mas a que custo? Com desemprego e agressão à natureza, porque o agronegócio não consegue produzir sem veneno. Segundo a Fiocruz, o leite materno

das mães que amamentam tem agrotóxicos por causa da água que estão bebendo. A pesquisa deles informa que 67% dos municípios que têm água encanada, potável na sua casa, têm contaminação de glifosato na água que vem na torneira. Então, o agrotóxico não se dissolve e ele permanece na natureza. E o terceiro modelo é esse que tem vários nomes: agricultura familiar, reforma agrária popular, produção agroecológica, que se baseia em produzir sem venenos, garantir mão de obra, garantir que o jovem fique lá, e desenvolver a indústria. Por isso, os grandes industriários e suas entidades como a Fiesp deviam apoiar a reforma agrária, porque ela criaria o maior mercado interno possível para a indústria brasileira (2020, s. p.).

Para Stédile e o MST, estes três modelos se enfrentam no Brasil e são incompatíveis. Embora o MST não seja contra a grande propriedade, mas limita o tamanho da propriedade como indicaram em 1989 para o Plano de governo do então candidato Lula, que abaixo de 1.500 hectares a propriedade é intocável. "Com 1.500 hectares todos podem ficar ricos, mas tem um porém, se você tem 1.500 hectares tem que produzir, respeitar a natureza e não colocar veneno. Logo o confronto é de modelo e não de tamanho de propriedade, do pequeno com o grande" (2020, s. p.). Portanto, o MST destaca com ênfase que há um confronto de paradigma na agricultura, de qual agricultura se quer para o futuro. E para isso o Stédile faz os seguintes questionamentos:

Aí eu pergunto: o que é moderno nestes três modelos? É o banqueiro que só tem a terra, ou aquele que só sabe botar veneno? Ou aquele que produz alimentos saudáveis para o povo dando emprego e cuidando da natureza? O moderno é esse último que tem futuro. Os outros dois um dia serão derrotados como foi o *Plantation*, que só produzia café e cana. Hoje, quem ganha com o agronegócio nem é o fazendeiro, eles só ficam com 10%, o restante são as multinacionais de sementes, insumos, venenos e maquinário agrícola, que faturam alto com esta produção em grande escala. São importados por ano 20 milhões de toneladas de insumos agrícolas (2020, s. p.).

Por isso, a Cooperativa de Produção Agropecuária Nova Santa Rita – COOPAN[20], fundada em 30 de junho de 1995, tem como princípios importantes a preservação do meio ambiente, a responsabilidade social e o respeito aos que trabalham, garantindo a melhor qualidade de vida possível para as pessoas e a natureza. Sua produção está orientada por práticas agroecológicas que visam a sustentabilidade ambiental e social, bem como o comércio justo[21]. Sua proposta comercial é a produção de alimentos saudáveis e livres de agrotóxicos e prestação de serviços de industrialização de produtos agropecuários da região. Portanto, a missão primordial da cooperativa é produzir e processar alimentos orgânicos e prestar serviços de qualidade, garantindo trabalho coletivo e responsabilidade social para ser referência aos assentados e à sociedade em geral. O diretor de administração da COOPAN Julcemir Marcon, assim destaca as vantagens de se trabalhar de forma cooperativada e coletiva:

---

20. "Ela surgiu em 1989 quando fomos acampar. E como nós viemos de uma região em que os núcleos eclesiais de base eram muito fortes, nós aprendemos lá a querer a trabalhar de forma coletiva. Ai debatendo dentro do acampamento discutíamos que quando ganhássemos a terra queríamos trabalhar de forma cooperativada, num sistema o mais complexo, onde tudo seria coletivizado, desde os meios de produção até as formas de vida como ter um refeitório coletivo, como temos hoje aqui. Então ela surgiu dentro desta concepção, a partir de nossa história, e quando viemos aqui pro Assentamento foi à primeira coisa que fizemos foi criar a Cooperativa" (BOSA, 2019, s.p.).

21. Disponível em http://www.coopan.com.br

> Fundamentalmente é potencializar o uso dos recursos, por exemplo, conseguir fazer investimentos que numa propriedade individual não se consegue como as agroindústrias, que necessitam de mais investimentos, e ao juntar os recursos de todos se viabiliza, ao contrário de alguém estar sozinho. Os empréstimos de bancos ficam bem mais fáceis de conseguir. As compras de maquinários se fossem individuais cada família teria um trator que daria 28. Hoje na cooperativa temos quatro, e assim com a poupança destes recursos todos se pode investir em outras coisas ou atividade, isso tudo é uma grande vantagem (2020, s. p.).

Já o cooperativado Luis Zanetti destaca os aspectos da saúde na opção de se produzir produtos orgânico dentro de um modelo agroecológico:

> A principal vantagem é na saúde das pessoas que trabalham, porque não precisam lidar com venenos. Essa é uma vantagem sem preço em relação aos que produzem no sistema tradicional baseado nos agroquímicos. A segunda é a qualidade do produto ao saber que está consumindo um produto limpo, sem agrotóxicos. E a terceira é proporcionar que outras pessoas, inclusive da cidade possam consumir produtos mais saudáveis. Nós, por exemplo, temos um foco na venda que é a merenda escolar; grande parte do nosso arroz orgânico vai para as crianças das escolas consumirem onde elas comem um alimento de qualidade, o que pra mim é muito vantajoso (2020, s. p.).

A produção de arroz orgânico começou a desenvolver-se em 1999, nos assentamentos da reforma agrária na região da Grande Porto Alegre. Coordenada pela Cooperativa Central dos Assentamentos do Rio Grande do Sul – COCEARGS, busca construir alternativas ao processo de integração industrial baseado em pacotes agroquímicos. A estratégia é criar autonomia na produção e comercialização de arroz orgânico

Figura 1 Mística no aniversário do assentamento

Fonte: Foto captada pelo autor em 25/05/2019.

e, assim, valorizar a cultura dos agricultores e a sua sabedoria. Este projeto aos poucos tem ganhado a simpatia e a confiança dos agricultores e dos consumidores.

> O Arroz Coopan é um alimento puro e saudável. Produzido com técnicas agrícolas que garantem a conservação do meio ambiente, preservam a biodiversidade, sem uso de agrotóxicos e adubos químicos, proporcionando mais saúde e maior qualidade de vida. A Coopan possui convênio com a Certificadora Internacional I.M.O (Instituto de Mercado Ecológico). A certificação é por auditoria de forma permanente, em todos os processos de produção e industrialização, garantindo que os produtos estejam dentro das normas e padrões nacionais e internacionais dos orgânicos. A cooperativa possui armazenamento e engenho próprios, com opções de embalagem na forma tradicional em *saquet* e a vácuo, automatizada para pacotes de 1kg. A embalagem a vácuo é uma tecnologia de industrialização, que através de processos sem uso de agroquímicos proporcio-

nam mais tempo de validade ao arroz, sem nenhuma perda de valor nutricional do mesmo[22].

Além da COOPAN, onde estão organizadas 38 famílias que trabalham integralmente de forma coletiva no Assentamento Capela, existe também a COOTAP, que organiza a produção das outras famílias que trabalham no sistema individual do Assentamento Capela e os demais assentamentos da região metropolitana. O assentado presidente da COOTAP Emerson Giacomelli conta como funciona e a relação que as duas cooperativas mantêm;

> A COOTAP é uma cooperativa regional, porque nem todas as famílias assentadas têm esta concepção de trabalhar como na COOPAN que é 100% coletiva. Então as famílias que não são sócias da COOPAN elas são sócias de uma cooperativa regional e trabalham de forma individualizada, embora no modelo orgânico. Por exemplo, A COOTAP hoje organiza a rota do leite, organiza os produtores de arroz individualizados, das hortas. Ela também é que tem as políticas de fomento da produção em geral. Então aqui no assentamento nós temos umas 100 famílias, mas só 38 são sócias da COOPAN, as outras são sócias da COOTAP. Aliás, a COOTAP as financia e compra a produção delas. Então tem famílias que produz leite, entrega lá na COOTAP, como os alimentos para o PNAE, produção de frutas, verduras. Os produtores de arroz orgânico individual é ela que financia e compra, e a COOPAN beneficia e embala este arroz para comercialização. Para estes a COOPAN é uma prestadora de serviço,

---

22. A transcrição é longa, mas se optou por mantê-la para destacar o processo de qualificação econômica, produtiva, humana e cultural entre a comunidade que iniciou a luta coletiva pela sobrevivência imediata de camponeses sem terra, até atingir a qualidade produtiva desta mesma comunidade que mantém uma complexa produção agrícola com responsabilidade agroecológica e com sustentabilidade econômica [Disponível em http://www.coopan.com.br/index.php?option=com_content&view=article&id=29].

> cobra uma taxa de beneficiamento e devolve o produto pronto para comercializar. Portanto, aqui no assentamento tem famílias que produzem arroz orgânico que são da COOTAP porque na COOPAN são só os que produzem de forma coletiva (2020, s. p.).

Outro dado importante a ser destacado é em termos de geração de impostos, de fomento à economia e da influência social e cultural. O assentado e presidente da COOTAP Emerson Giacomelli fala dos benefícios e das vantagens que o assentamento trouxe para o município e a comunidade:

> Além dos impostos que não sei precisar quanto é, eu afirmo que um assentamento é uma grande indústria que chega num município, porque ele fomenta toda a economia local. É aquela economia que circula no pequeno comércio. Quando chegamos aqui na Nova Santa Rita não tinha mercado, madeireira, não tinha nem bodega para ir jogar uma carta ou bocha. Então nós passamos a precisar de materiais de construção para fazer as casas, produtos para as lavouras, maquinários, mercados para nos abastecer, lojas de roupa, eletrodomésticos e até cabeleireiros. Então fomentou toda uma economia local. Portanto, quanto de imposto indireto não gerou de tudo isso, sem falar de toda a economia que beneficiou. E aqui no município de Nova Santa Rita tem quatro assentamentos: A Itapuí que foi o primeiro, depois veio o nosso Assentamento Capela, depois o Sinos e por último o Santa Rita de Cássia. São em torno de 350 famílias. Imagina o que não impulsionou a economia, o desenvolvimento, as pessoas comprando, trabalhando, circulando. Porque para ter desenvolvimento tem que ter pessoas senão nada circula (2020, s. p.).

Outro indicador da relevância e do impacto social do tema é a polarização política entre dois movimentos sociais organizados que se confrontam de forma radicalizada no campo brasileiro: o MST e os ruralistas. Ou dito em linguagem mais midiática, ao estilo do *Globo Rural*, entre a agricultura familiar e o agronegócio. Nesse acirrado conflito social, algumas vezes gerador de violência e morte, insere-se a política educacional, especialmente a modalidade da educação do campo.

> Desenvolvendo práticas educativas, os sujeitos político-coletivos articulados no Movimento Camponês, nas suas lutas pela educação do campo associada à terra de trabalho na qual possam aplicar a agroecologia, confirmam sua capacidade de apresentar alternativas às tradicionais escolas rurais, aos processos de formação de professores e, consequentemente, ao projeto hegemônico de sociedade e desenvolvimento rural. Mas a concretização destas alternativas não está garantida, nem é tão simples. Nas lutas para conquistar e garantir suas demandas, os mesmos sujeitos que representam as forças do trabalho envolvem-se em conflitos ao enfrentar as forças que representam o capital, incorporado pelos sujeitos relacionados ao agronegócio (RIBEIRO, 2013, p. 128).

A pesquisa sobre o vínculo entre a Escola Rui Barbosa que atende os filhos dos assentados, e uma cooperativa vinculada ao MST, portanto, não pode ignorar o conflito social inerente entre duas maneiras diametralmente opostas de conceber a relação entre a educação escolar e o trabalho produtivo na terra. Como o leitor atento já percebeu, a pesquisa e o pesquisador posicionam-se ao lado e comprometem-se com o movimento camponês. Posicionamento justificado ao longo da pesquisa. A simpatia pela agroecologia em detrimento ao modelo agroquímico do agronegócio não isenta; pelo contrário, exige rigor do pesquisador para demonstrar com objetividade ética a relevância social, econômica, política, humana e científica da agricultura familiar cooperativada e agroecologicamente sustentável, em confronto analítico com a produção baseada no uso intensivo de agrotóxicos em grandes propriedades para exportar *commodities* agrícolas, com nenhum ou pouco valor agregado por beneficiamento primário. Em todo o caso, o posicionamento favorável do autor pela produção agroecológica segue a tradicional doutrina da Igreja Católica acerca da necessária relação ética entre a produção econômica e o bem comum, atualizada recentemente pelo Vaticano em documento sobre economia, corrupção e desregulamentação dos mercados, provocada pela globalização:

> A criação de valor agregado, que é objetivo primário do sistema econômico-financeiro, deve mostrar de modo aprofundado a sua praticidade no interior de um sistema ético sólido, exatamente porque fundado sobre uma sincera busca do bem comum. Somente a partir do reconhecimento e da atuação da ligação intrínseca que existe entre razão econômica e razão ética, de fato, pode derivar um bem que seja para todos os homens. Porque também o mercado, para funcionar bem, precisa de pressupostos antropológicos e éticos que sozinho não está em condição de dar a si mesmo, nem de produzi-los (CONGREGAÇÃO PARA A DOUTRINA DA FÉ, 2018, s. p.).

Através da pesquisa de campo, procurei saber, frente aos modelos de produção hoje existentes no Brasil, quais seriam as dificuldades e os desafios dos assentamentos e de suas cooperativas para continuar produzindo nesta perspectiva da produção orgânica e de sustentabilidade que o MST defende e adota, frente a um mercado adverso a este modelo. Para isso, o coordenador nacional do MST, João Pedro Stédile, fez uma longa análise:

> Os desafios são muitos. E será um trabalho permanente e de longo prazo, pois vamos passar por um processo de transição tecnológica, de adequação dos solos, dos cultivos e conscientização dos assentados, para que se transformem realmente em agricultores orgânicos, isto é, aqueles que sabem cultivar a terra de acordo e em equilíbrio com a natureza (2020, s. p.).

Ao elencar estes desafios aponta para três aspectos desse trabalho do MST: as políticas públicas, a criação de linhas de crédito e de mecanismos de mercado institucionais, assim compreendidos:

> a) As políticas públicas: Para massificar nos assentamentos e na agricultura familiar/camponesa em geral, uma prática agroecológica precisará definitivamente de políticas públicas, ou seja, da ação do Estado. Só o Estado, através de instituições públicas de fomento, assistência técnica, dos bancos públicos e de seus governos pode realmente massificar essa diretriz de produção de alimentos.
> b) Criar linhas de crédito especial para garantir os investimentos necessários para essa transição, seja na compra de máquinas, como na fertilização e na recuperação do solo, assim como na agroindústria. Nós precisamos instalar pequenas e médias unidades agroindustriais em todos os assentamentos e comunidades do interior. Pois a agroindústria agrega valor, portanto aumenta a renda dos camponeses, gera emprego para os jovens, com qualificação maior, e garante uma qualidade maior dos alimentos que precisam ser transportados.
> c) O fomento das práticas agroecológicas, que passa por intercâmbios e práticas agroecológicas que mostrem para o agricultor assentado que ele pode substituir os venenos por outras práticas. Pois solo fértil e saudável gera plantas saudáveis, sem doenças a serem combatidas pelos venenos (STÉDILE. 2020, s. p.).

Além destes três desafios, fazem-se necessárias políticas de estímulo à fabricação de biofertilizantes, ou seja, adubos orgânicos, mais intensivos de potássio, fósforo e nitrogênio naturais, sejam de outros complementos com adubação verde e manejo do solo. E também haverá necessidade de bioinseticidas que controlem certos fungos e enfermidades sem agredir a planta. É preciso pensar toda a cadeia produtiva dentro de uma nova lógica de mercado e que, por isso, são inúmeros os fatores a serem incorporados para o sucesso deste modelo agroecológico, como afirma Stédile:

> Teremos também a necessidade de desenvolver novas máquinas adequadas a pequenas unidades de produção. A mecanização não só é compatível com a agroecologia, como é uma necessidade, para diminuir o esforço do trabalho humano, transformar o trabalho menos penoso, e aumentar a produtividade física do trabalho. Mas para isso precisamos ter máquinas adequadas às unidades de produção, e que não sejam prejudiciais ao solo e às plantas. E essas máquinas contribuem para evitar o uso de agroquímicos e de agrotóxicos (2020, s. p.).

Outro fator importante que o governo federal precisa criar são mecanismos de mercado institucional para a produção agroecológica. Neste sentido, Stédile refere-se à importância das experiências do PAA[23] e do PNAE[24]. O governo Lula introduziu uma mudança no Programa Nacional da Merenda Escolar – PNAE, tornando obrigatório que 30% da merenda escolar deveriam ser adquiridas junto a empreendimentos da agricultura familiar, algo que antes era em torno de 2%. Essa alteração do PNAE e o PAA impactaram em muito a vida dos camponeses conforme Stédile nos diz:

> Foi fundamental, com o PNAE foi uma grande revolução, garantir que as crianças tenham uma alimentação saudável produzida na região é de um impacto extraordinário. Antes disso eu constatei numa escola

---

23. "O Programa de Aquisição de Alimentos (PAA), criado pelo art. 19 da Lei 10.696, de 2 de julho de 2003, possui duas finalidades básicas: promover o acesso à alimentação e incentivar a agricultura familiar" [Disponível em http://mds.gov.br/assuntos/seguranca-alimentar/programa-de-aquisicao-de-alimentos-paa].

24. "Programa Nacional de Alimentação Escolar (PNAE) oferece alimentação escolar e ações de educação alimentar e nutricional a estudantes de todas as etapas da educação básica pública" [Disponível em https://www.fnde.gov.br/programas/pnae].

do Piauí que a professora fazia o edital e comprava bolacha de Americana/SP de baixa qualidade nutritiva. Com o PNAE passou a comprar frutas da região que as crianças gostavam, e tapioca etc. Isso é uma revolução na saúde das crianças. Por isso, estamos fazendo um movimento junto aos governadores para ampliar se possível em 100%, porque isso dinamiza a economia local e regional. Segundo o Programa de Aquisição de Alimentos – PAA, operado pela CONAB, o agricultor fazia um contrato com a CONAB e ela dizia tudo o que devia produzir de alimentos saudáveis e em qual hospital entregar. O produtor levava lá, o administrador assinava a nota que ele apresentava e com aquilo ele ia ao correio ou na CEF e recebia o dinheiro. Tem coisa melhor? Sem burocracia. E ao invés de ser aquela cesta básica de cinco alimentos, no PAA estavam cadastrados 367 alimentos. Vejam a amplitude do programa. Então o PAA tirou os camponeses mais pobres, menos integrados no mercado, pra se viabilizarem economicamente. Porque se ele busca o crédito no Banco pode depois não conseguir pagar. Então o PAA é solução para o agricultor, diferente do PRONAF, que é só um programa social, porque só gera crédito com aquele camponês que já está integrado com a indústria (2020, s. p.).

Também vale destacar a criação da Universidade da Fronteira Sul, abrangendo a fronteira oeste dos estados do Paraná, Santa Catarina, Rio Grande do Sul, onde o MST ajudou a criar ela nos três estados do Sul, atingindo todas as regiões de minifúndios e agricultura familiar destinados à produção.

A criação da Fronteira Sul se tornou inédita porque ela é vocacionada com o meio rural. E também porque as comunidades participaram na seleção dos cursos voltados à vocação regional. Foram muitas decisões coletivas que representarão um acúmulo para o futuro. 90% dos alunos da Fronteira Sul são oriundos do ensino público. Quando o filho de agricultor, pobre, de Laranjeiras do Sul, Chapecó ou Cerro Largo ia poder estudar numa universidade federal da capital? Nunca. Outra coisa importante foi ter incorporado à comunidade e os movimentos sociais no conselho universitário (STÉDILE, 2020, s. p.).

Um exemplo concreto disso ocorre na Fazenda Annoni, como relata o agricultor assentado Mário Lill:

> Dentro do assentamento temos um curso de Agronomia em convênio com a Universidade Federal Fronteira Sul. Nossos filhos fazem curso superior sem precisar sair do assentamento. Na nossa política interna da cooperativa, para quem estuda a gente organiza turno de trabalho para facilitar a vida deles. Quem estuda à noite e tem que sair às 16 horas não tem problema, se precisa estudar para uma prova difícil liberamos o jovem a não trabalhar naquele dia e ficar em casa estudando. A prioridade da cooperativa para com os jovens é estudar e a cooperativa criar as condições para facilitar isso. Não temos economicamente condições de bancar uma faculdade particular, e também por entender que a educação é uma função pública. Mas damos todo o apoio naquilo que os jovens precisam para estudar. Por isso, temos jovens estudando Agronomia, Veterinária, Sociologia, Psicologia, Engenharia de Alimentos, Advocacia (2029, s. p.).

Aliás, o assentado Mário Lill também comentou que a Universidade Fronteira Sul estava para criar um novo curso de técnicas modernas de gestão e de uso das tecnologias, em que a ideia principal seria estudar e divulgar instrumentos de trabalho que diminuam o esforço humano na produção sem agrotóxicos.

> Porque há uma cultura no meio rural de que não dá para tirar o veneno da lavoura porque senão vou ter que voltar para o cabo da enxada. Não queremos isso. O camponês é aquele que produz com qualidade sem se judiar e garantindo produtividade. Já se tem experiências em outros países que utilizam instrumentos que facilitam esse trabalho. E a Fronteira Sul está disposta a buscar todas estas experiências no

mundo todo e fazer aqui um laboratório experimental para depois divulgar para todo o Brasil este conhecimento (2019, s. p.).

Além de criar outros mecanismos de conexão direta do agricultor com os consumidores. "Precisamos ampliar e difundir maior número de feiras nas pequenas cidades. As feiras são um instrumento fantástico de distribuição de alimentos sadios, de forma rápida e de menor custo de transporte" (STÉDILE, 2020, s. p.). Concluiu apontando que precisamos no futuro "transformar a CONAB numa grande estatal de alimentos saudáveis. E reforçar o PRONERA[25], que é um programa de educação voltado especificamente para o campo, porque ele cria a possibilidade de alternância, que infelizmente foi fechado pelo governo atual" (2020, s. p.).

A imagem do MST na opinião pública sempre foi de um movimento que luta apenas por conquistar terra através de "invasões de propriedades", mas fica esclarecedor pelas diversas falas de seus dirigentes e assentados que na medida em que a terra foi conquistada o foco é bem outro. O MST busca viabilizar econômica e socialmente as famílias, não reproduzindo o modelo produtivo de expulsão do homem do campo e propondo outro de perspectivas promissoras para uma nova agricultura familiar, que garanta a permanência deste agricultor no meio rural com dignidade e bem-estar, além de alimentos saudáveis para a população. Para que isso se torne realidade o MST propõe ações estratégicas como nos descreve Stédile:

---

25. O Programa Nacional de Educação na Reforma Agrária – PRONERA é a expressão de um compromisso, entre Governo Federal, instituição de ensino e o movimento social e sindical de trabalhadores e trabalhadoras rurais, governos estaduais e municipais. Manual Pronera cdr – Incra [Disponível em www.incra.gov.br].

> A primeira é multiplicar o conhecimento científico. Estamos desafiados a preparar mais técnicos agrícolas, agrônomos e veterinários formados nessa nova concepção. Temos tido uma experiência riquíssima com o modelo do PRONERA e os cursos em alternância, em que os nossos estudantes filhos dos assentados vão à universidade e ficam de dois a três meses, voltam e ficam dois a três meses com seus familiares. Assim, vão repassando conhecimentos, não perdem o vínculo, e quando se formam, ficam na própria comunidade. Será preciso ter dezenas de cursos como esses em todo país, adequados aos seus biomas e às suas necessidades (2020, s. p.).

João Pedro Stédile lembra a experiência histórica da reforma agrária nos Estados Unidos, no final do século XIX, quando sabiamente colocaram na lei que, em cada região/município, sempre seria separada uma grande parte de terra para o governo construir colégios de nível técnico e faculdades de agronomia, e permitiram ainda que esses estabelecimentos recebessem lotes de terra, que eram revendidos para custear a instalação das escolas para atender às necessidades de novos assentados. "Colado com as escolas e cursos está também o tema da pesquisa agropecuária e agroindustrial que teremos que ampliar voltada para esse tema dos alimentos saudáveis produzidos de forma agroecológica" (2020, s. p.).

Uma segunda ação estratégica é o desafio organizativo:
> Há uma parte dos desafios que é a organização interna dos agricultores assentados. Seriam os desafios subjetivos, que dizem respeito ao nível de conscientização, de entendimento e de organização social. O processo de agroecologia é necessariamente um processo intenso de relação permanente entre a natureza, os seres humanos, o agricultor. E por isso precisaremos investir muito nessa concepção de formar, de conscientizar, de massificar a compreensão entre

o maior número possível de pessoas e de agricultores (STÉDILE, 2020, s. p.).

Esta demanda é colocada pelo MST porque o mercado capitalista hoje é adverso, quer escala e padronização para aumentar seus lucros. Porém, esse mercado capitalista depende dos consumidores. "E há uma tendência mundial e no Brasil de uma conscientização cada vez maior dos consumidores, que também se recusam a consumir produtos com agrotóxicos, que querem saber a origem dos produtos que estão comprando, a qualidade etc." (2020, s. p.).

Há uma aposta de que a consciência das pessoas da cidade também vai ajudá-los a ir mudando a natureza e as características do mercado agropecuário tradicional, que hoje é conhecido, sobretudo nos supermercados.

> Logo, logo, mais do que gôndolas específicas, teremos políticas de comercialização destas redes, que vão incentivar a venda de produtos sem agrotóxicos, não transgênicos, como forma de atender aos seus clientes e manter suas taxas de lucro. Não farão isso por humanismo. Farão porque suas taxas de lucro dependerão dessas mudanças (STÉDILE, 2020, s. p.).

É significativo também ouvir como foi o início da produção no Assentamento Capela, de forma bem diferente desta de hoje e do que foi relatado pelo João Pedro Stédile, e de consonância com os princípios do MST, como fala Emerson Giacomelli:

> Nós plantávamos todo o arroz convencional com todo o pacote químico, ano após ano estávamos empobrecendo ainda mais, aumentando nossas dificuldades já que vendíamos a safra toda e não pagava a despesa. Porque aplicávamos os venenos de qualquer jeito já que não conhecíamos o manejo de como fazer, isto gerou vários problemas de saúde e intoxicação. Tanto é que como na época os aviões não

tinham GPS, nós banderiávamos com uma bandeira branca os cantos da lavoura sem nenhuma máscara de proteção, inalando veneno o dia inteiro. Numa destas aplicações um companheiro ficou muito mal e aí ninguém mais queria ir. Aí começou a discussão, se ninguém vai lá banderiar não dá para passar o agrotóxico. Foi quando surgiu a ideia de mudar de modelo, pois afinal não foi pra isso que nós viemos pra cá e não foi pra isso que lutamos tanto. Assim passamos a criar as condições para mudar o modelo e passar a produzir o arroz orgânico (2020, s. p.).

Com esta mudança de modelo de produção foram percebendo as inúmeras vantagens de se produzir desta forma, com 100% do arroz orgânico, ecológico em relação ao modelo anterior convencional, descrito pelo Emerson Giacomelli desta forma:

> Uma vantagem é que você tem menos dependência do modelo agroquímico onde o produtor é dependente desta indústria, por isso nos momentos de crise da produção de arroz nós conseguimos superar mais facilmente, já que não dependemos da indústria de agrotóxicos que é altamente rentável e aumenta em muito o custo da produção. Então temos mais autonomia em relação ao outro modelo, nós temos a vantagem que hoje a gente não vê um agricultor com depressão, com problemas de saúde, com câncer e intoxicação que é muito normal nas atividades que utilizam agrotóxicos e venenos. Além disso, tem a parte da preservação ambiental, que é relevante. Esta questão de gerar um produto que as pessoas consomem e compram com prazer e comem com gosto, e por isso voltam a comprar outras vezes porque sabem que é saudável. Nós aqui além de gerar renda tivemos a ideia de dominar todo o processo da cadeia produtiva, isto é, aqui nós produzimos, beneficiamos o arroz, aproveitamos a casca, os grãos quebrados, os resíduos, enfim tudo, e isto tem nos ajudado muito (2020, s. p.).

Vimos no decorrer do capítulo que são muitos os desafios do vínculo entre trabalho e educação na luta e construção da reforma agrária popular. O vínculo existe, no entanto, justamente porque vai sendo forjado na luta diária e permanente, no fazer caminho caminhando. Dois fios tecem discussões e práticas de formação para o trabalho vinculado aos desafios de desenvolvimento das áreas de reforma agrária como territórios de trabalhadores organizados e em luta que buscam fundar uma vida baseada em novas relações sociais assim descritas por Caldart (2015, p. 178):

> Começamos as formulações pelo trabalho associado (cooperação, organização coletiva do trabalho), incluímos depois questões de matriz produtiva e tecnológica, agroindustrialização e, mais recentemente, entramos no debate sobre sistemas produtivos. Em cada movimento ou em cada ciclo novas exigências formativas e a construção de formas e conteúdos para atendê-las. O outro fio é o do processo de construção da pedagogia do movimento[26], que tem na compreensão do princípio educativo do trabalho seu alicerce de constituição desde seu início no final da década de 1980, e de sua concepção de escola que teve como um de seus primeiros pilares justamente a relação educação e trabalho, escola e produção.

Foi o pilar do trabalho como princípio educativo que fez chegá-los à formulação atual da matriz formativa para as escolas do campo nos assentamentos. Portanto, a matriz pedagógica que compõe o ambiente educativo destas escolas compreende: trabalho, luta social, organização coletiva, cultura e história.

---

26. Sobre a constituição da Pedagogia do Movimento como conceito, cf. o verbete no Dicionário da Educação do Campo (CALDART; PEREIRA; ALENTEJANO; FRIGOTTO, 2012, p. 546-553).

4
Uma escola de Ensino Fundamental

Começamos este capítulo apresentando a trajetória histórica da Escola Rui Barbosa, que atende os filhos dos assentados, sua proposta pedagógica, analisando suas práticas, confrontando-as com a proposta de educação no campo que nos propusemos a evidenciar, no caso do Assentamento Capela e a COOPAN. Apresentamos, assim, a Escola Rui Barbosa e a COOPAN e as pessoas envolvidas nestas duas instituições, as opções tecnológicas no campo da agroecologia, a organização do trabalho cooperativado, a relação dessas pessoas e seu trabalho na agricultura familiar em relação à sustentabilidade tanto econômica quanto do meio ambiente. A história desde as origens do assentamento, a descrição da vida cotidiana, os modos de gerar e partilhar a renda e a economia, as dificuldades da sustentabilidade, os limites e as potencialidades político-pedagógicas do MST.

4.1 História e a nova proposta pedagógica da escola

A Escola Municipal de Ensino Fundamental Rui Barbosa está situada na Estrada Fazenda Capela, s/n – Bairro Sanga Funda do Município de Nova Santa Rita, Estado do Rio Grande do Sul. Trata-se de uma escola de Educação Infantil (pré-escola)

Figura 2 Escola Municipal de Ensino Fundamental Rui Barbosa – EMEFRB

Fonte: Foto captada pelo autor em 11/12/2019.

e de Ensino Fundamental do 1º ao 5º ano, de turno integral. Local onde estão assentadas 100 famílias, das quais 38 trabalham no sistema cooperativado, organizados pela Cooperativa de Produção Agropecuária Nova Santa Rita – COOPAN.

A escola foi fundada em 31 de maio de 1979, mas a autorização para seu funcionamento só se deu em 1985. Em função do assentamento, pela sua característica rural, ela sofre uma alteração na sua denominação em 1999, para uma escola do campo, e em 2003 é credenciada para oferta de Educação Infantil de 5 e 6 anos.

Cabe salientar conforme encontrei na apresentação do PPP da escola (2016, p. 5), que ela ficou fechada por anos e só foi reaberta pela luta das famílias assentadas para que fosse a escola de seus filhos e da sua comunidade. Neste contexto, ela é um forte elemento da identidade local. Por estar dentro do espaço de um assentamento de reforma agrária, há toda uma conjuntura de vivências da educação do/no campo, como bem definiu (ARROYO, 2004, p. 25): "quando discutimos a educação do campo estamos tratando da educação que se volta ao conjunto dos trabalhadores e das trabalhadoras do campo, sejam os camponeses, incluindo os quilombolas, sejam as nações indígenas, sejam os diversos tipos de assalariados vinculados à vida e ao trabalho no meio rural".

Essa educação deverá deixar de ser uma nomenclatura para passar a ser *do* campo. Onde a prática educativa seja modificada levando em conta as necessidades da comunidade, assim descrita por Arroyo (2004, p. 27):

> Nosso propósito é conceber uma educação básica do campo, voltada aos interesses e ao desenvolvimento sociocultural e econômico dos povos que habitam e trabalham no campo, atendendo as suas diferenças históricas e culturais. Para que vivam com dignidade e que, organizados, resistam contra a expulsão e expropriação. Ou seja, este do campo tem sentido do pluralismo das ideias e das concepções pedagógicas: diz respeito à identidade dos grupos formadores da sociedade brasileira.

Para isso é preciso uma proposta curricular diferenciada, com projetos específicos e formação para os educadores, que o MEC (2013) já prevê: "não poderão descaracterizar a realidade do campo, as concepções pedagógicas deverão considerar a realidade local, suas especificidades ambientais e particularidades étnicas, devendo embasar seus eixos nas categorias terra, cultura e trabalho". Neste contexto o projeto político-pedagógico da escola (p. 9) assim apresenta a sua concepção de educação do/no campo:

> Na educação para os educandos da escola, considerados população rural, estão previstos ações pedagógicas que visem às peculiaridades da vida no campo,

conteúdos curriculares e metodologias apropriadas às reais necessidades e interesses dos educandos do campo. A identidade da escola do campo é definida pela vinculação com as questões relativas à sua realidade, aplicando uma proposta pedagógica que contemple sua diversidade nos aspectos sociais, culturais, políticos, econômicos, de gênero, geração e etnia.

Essa concepção é destacada pelos pais dos educandos que afirmam e reafirmam que as crianças vêm de uma realidade diferente que é específica, e que por isso se faz necessário reforçar a identidade camponesa e a importância da permanência do camponês no campo, formando profissionais qualificados de diversas áreas a partir da cultura do campo, conforme se constata na fala de uma das mães de aluna do 5º ano:

> Eu faço a seguinte reflexão: que escola seria ideal para o perfil de seres humanos que somos como militantes e atores dos movimentos sociais que lutam pela vida, pela terra e pelo meio ambiente? Por isso, um dia eu falei lá na escola para as professoras: vocês têm uma excelente proposta pedagógica que vai ao encontro à realidade, que transforma a realidade, que vai para mundo que volta para realidade, prática, teoria, prática, mas falta na escola a mística, que seria as sementes, a bandeira que já tem o chapéu do agricultor, os símbolos da agricultura camponesa. E elas disseram, nós vamos fazer porque já temos a árvore do cooperativismo, o galinheiro, a horta, o paisagismo, o *banner* da cooperativa escolar com o lema "Sabor do saber". Então só faltava a visualização do camponês lá. Eu penso que a Escola Rui Barbosa é um grande laboratório de educação do campo. Como mãe e professora e por acreditar que a educação do campo está no campo, mas ela é do campo, então ela pode estar em qualquer lugar. Hoje a Rui Barbosa é uma escola que defende a ecologia, porque eu vejo isso na fala das crianças. Então ela está caminhando neste sentido, e com aquele grupo de professores tem muito a contribuir sim para uma educação do campo de acordo com as nossas necessidades que aqui moramos (ROSA, 2020, s. p.).

Essa proposta pedagógica está muito bem explicitada no PPP da escola, ainda na sua apresentação, que diz que todo ele foi estruturado com a participação de todos os profissionais da escola, professores, equipe diretiva, equipe pedagógica, funcionários e a comunidade escolar através dos familiares dos educandos. Foi uma construção coletiva com a participação de todos estes sujeitos. E o seu caráter está expresso na apresentação do PPP (2016, p. 6):

> Compreendendo a importância do papel da educação no desenvolvimento dos seres humanos, baseado no desenvolvimento integral das pessoas, dentro de um enfoque humanista freireano, onde se parte dos saberes populares da comunidade escolar e se (trans)forma os saberes, na ação-reflexão-ação, a fim de se desenvolver uma educação contextualizada com a realidade da comunidade, considerando as raízes, cultura, possibilitando os educandos ampliarem sua visão de mundo, para que possa ser uma pessoa capaz de promover seu próprio desenvolvimento e transformar o meio em que vive. Neste sentido, advém a necessidade de a escola construir seu Projeto Político-pedagógico, dando enfoque às suas necessidades.

Pelo que está proposto no PPP da Escola Rui Barbosa, vê-se uma sintonia muito forte com a trajetória da sua comunidade escolar, a história dos educandos e familiares, com intuito de se compromissar com a formação adequada à realidade e cidadania destes, preparando-os para viver e conviver numa comunidade cooperativada e de defesa de uma sociedade democrática.

> Ao construirmos o PPP levamos em conta a realidade da comunidade escolar e as famílias de nossos educandos. Pois a realidade social dos educandos afeta a sua vida escolar e os dados levantados devem contribuir para orientar toda a escola, transformando-a em currículo, objeto de planejamento e potencial de aprendizagem (PPP, 2016, p. 7).

Toda esta construção apresenta uma lição importantíssima para o pensamento pedagógico: "não se esquecer dos sujeitos da ação educativa, de seus processos formadores. Não vê-los como destinatários passivos de propostas" (ARROYO, 2004, p. 12). Que esse campo não passe de apenas um lugar mais distante da cidade, mas que traga em si uma afirmação desses processos como espaço de particularidades e voltado à formação humana na sua complexidade.

Por isso, a escola tem como filosofia, expressa no PPP, "buscar formar educandos conscientes de seus direitos e deveres, críticos, participativos, responsáveis e capazes de refletir sobre seus valores e princípios, suas realidades e origens" (2016, p. 8). Sua finalidade é ser um centro de cultura, um exemplo de cooperação, companheirismo e organização, visando sempre reforçar a identidade do homem do campo. Na educação básica do campo para os educandos da escola também estão previstas ações pedagógicas que priorizem as peculiaridades da vida no campo, através dos conteúdos e metodologias apropriadas às reais necessidades e interesses dos educandos da zona rural. Pude constatar este fato quando perguntei à diretora da escola sobre como são planejadas as práticas pedagógicas, tendo em vista ser uma escola do campo e ter vinculação com um assentamento que produz de forma sustentável baseado na agroecologia, e ela assim respondeu-me:

> Inicialmente nosso pensamento é que devemos aproveitar ao máximo este conhecimento que os pais têm. Com isso, através de atividades e do clube de ciências pensamos em temas geradores. No início do ano a escola é dividida em três grandes temas geradores, e todo o ano estes temas mudam. Os temas partem daquilo que percebemos como algum assunto que a escola está precisando resolver, ou tema mais tocante e prioritário do momento. Então, embora tenhamos os conteúdos a partir dos livros, a gente sai na co-

munidade para ver como trabalhar estes conteúdos no ambiente real (GRELLT, 2019, s. p.).

Esta busca de combinação entre a reflexão teórica e a atuação prática no campo está bem destacada no Projeto Político-pedagógico da escola (PPP, 2016, p. 9), no que diz respeito aos seus objetivos. "Valorizar os saberes do campo e fortalecer a aproximação com a comunidade, os agricultores se tornando uma fonte de informação e parceiros da escola, buscando sempre uma maior aproximação com a realidade das crianças". Realidade essa salientada pela Diretora Camila Grellt:

> Os pais dos alunos e de ex-alunos mantêm um grande vínculo com a gente. Vieram nos contar da sua história e da própria escola. Para os pais, a escola tem um significado grande de luta, porque quando eles chegaram ao assentamento a escola estava fechada e foi com muita luta deles que conseguiram fazer com que ela fosse reaberta em 1992. Então foi muito lindo os pais virem contar esta história que eu acho ser o ponto principal da escola. Nós professores temos muito que aprender com a comunidade. Eles têm muito de história oral pra nos ensinar, especialmente sobre os meios de produção, como eles trabalham a relação que eles têm com a natureza e que podemos aproveitar para darmos a partida para as nossas aulas (2019, s. p.).

Perguntei para o pai de uma aluna, o assentado Julcemir, se a sua filha conversa sobre o que ela aprende na escola, se trocam ideias, e o que ele avalia do crescimento dela em relação aos estudos:

> Ela fala muito da escola e participa muito de atividades inclusive fora da escola, como foi na EXPOINTER, na Feira multidisciplinar do município, no SICREDI e outras escolas para conhecer experiências. Então tem sido nos últimos anos uma escola diferencial, e a prova eu percebo nas minhas duas filhas, onde a primeira estudou muito tempo atrás e a Jamile que está hoje. É nítida a diferença no aprendizado de uma e outra, e

com certeza isso vem da escola e da forma de se ensinar (2020, s. p.).

Esta mudança começou, segundo o pai da Jamile, quando a "diretora fez um curso de educação do campo na UFRGS (Universidade Federal do Rio Grande do Sul), e trouxe todo o conhecimento para a escola e botou em prática, como o estudo dos temas geradores. Daí surgiu os projetos que eles têm lá como o galinheiro ecológico, o banheiro orgânico, o saneamento básico, a cooperativa escolar e o clube de ciências" (JULCEMIR, 2020, s. p.).

Percebi, no decorrer da convivência e da observação, um ambiente acolhedor, de respeito e de afetividade entre todos os que lá convivem, que contribui para a construção de um senso coletivo, o da escola. "Compreender a cidadania como participação social e política, assim como o exercício de deveres e direitos políticos, civis e sociais, adotando no dia a dia, atitudes de solidariedade, cooperação e repúdio às injustiças e de respeito com o outro" (PPP, 2016, p. 13). Esta é uma visão pedagógica de quem vê a educação como um ato político, como afirma Freire (1996, p. 105): "discutir esses princípios e posturas pedagógicas, tudo isso é política. A educação é tanto um ato político quanto um ato político é educativo. Não é possível negar, de um lado, a política da educação e, de outro, a educabilidade do ato político".

Quando busquei saber se o PPP da escola contemplaria a proposta de produção do assentamento, que é baseada na produção orgânica e na sustentabilidade, a orientadora educacional disse o seguinte:

> Sim, ele foi todo refeito e pensado numa escola do campo, levamos mais de um ano para elaborar e finalizar. Iniciamos em 2016 e terminamos no início de 2017. Agora a gente entende o que quer dizer esta

escola DO e NO campo. Adquirimos todo este conhecimento e aprofundamos todo este saber, discutindo com todos os professores para que tivessem este comprometimento do que, de fato, é uma escola DO e NO campo, e assim transformar todo o ensino desta escola a partir da realidade deste lugar, deste território (PEREIRA, 2019, s. p.).

A própria diretora confirma isso quando fala de como foi o processo de discussão na elaboração do PPP, que levou em torno de um ano para ser finalizado, pela metodologia adotada com os conhecimentos adquiridos neste curso de Educação no Campo realizado na URFGS, que mudou completamente sua concepção em relação à forma tradicional de construção dos PPPs: "Normalmente o PPP é um copia e cola. Um faz a partir de um modelo, vai copiando e colando e acrescentando umas frases aí que se acha legal, muda os dados da escola e manda de volta. O Conselho de Educação olha, e como está parecido com os outros aprova" (GRELLT, 2019, s. p.).

Esta constatação, que é uma prática constante na realidade das escolas, foi importante para a Escola Rui Barbosa, através de sua direção e professores, mudar a concepção e partir para uma construção diferente, de estudos e reflexão, como a continuação da fala da diretora expressa:

> Precisávamos que este documento fosse a cara da nossa escola. Então ficamos um ano estudando, pedaço por pedaço, parte por parte. Como foi: primeiro fizemos uma assembleia geral, conversamos com os pais, sistematizamos algumas perguntas que deveriam responder e nos trazer, tipo: o que é a escola pra eles, qual a importância que ela tem para os filhos e a vida da comunidade? Até o tipo de atividade que eles gostariam que tivesse na escola. A partir dessa sistematização fomos estudando a parte metodológica e a parte pedagógica e cruzando com os apontamentos que a comunidade foi fazendo. Já organizados e sistematizados porque aí se

sabe como e com quem fazer. Por exemplo: vamos trabalhar solo, já vai ter aí quem virá da comunidade para poder contribuir, qual a propriedade que podemos pegar como parceira. Então sempre no início de cada ano fazemos um planejamento do que a gente quer como gestão, do que os professores precisam fazer. Na reunião de pais se fala muito de tudo, do que eles esperam e que depois se aproveita. Tudo isso nos ajuda a ir se organizando (GRELLT, 2019, s. p.).

Esta fala revela toda uma concepção pedagógica de aprender a fazer e buscar um novo saber, com os sujeitos do processo de ensino-aprendizagem partindo de sua realidade, de um conhecimento do senso comum, como falou Paulo Freire aos sem-terra em 25/05/1991 no Assentamento Conquista da Fronteira, em Bagé/RS:

> Eu disse num desses livros que eu escrevi que ninguém sabe tudo, nem que ninguém ignora tudo. Todo mundo sabe alguma coisa e todo mundo ignora alguma coisa. O direito de saber melhor o que já se sabe, significa ultrapassar os níveis de conhecimento que eu tenho hoje sobre o mundo. Esse saber que me faz dizer que o sol nasce e o sol se põe é um saber que a gente chama o saber do senso comum, do sentido comum. O saber do sentido comum é muito importante. Há certos acadêmicos que desprezam o saber popular, são reacionários, ou seja, ignorantes inocentes. O saber do sentido comum, esse que a gente diz, eu penso que isso é assim, esse saber que não tem rigorosidade, esse saber que toma meu corpo e meus sentidos sobre os quais eu não exerço certa vigilância. Esse saber é importante, mas não é o suficiente. Então o povo tem o direito de ter o outro saber que vai corrigir este, mas que deve partir dele. Que deve partir para não ficar com ele. Tem que partir, porém, dele. É esse ir mais além desse primeiro saber que existe só pelo fato de que eu estou vivo e, estando vivo, eu trabalho, eu transformo o mundo, esse outro saber que eu tenho, é um direito ter esse saber que

eu ainda não tenho que é o saber que a ciência ainda pode nos dar (MST, 2020, p. 109).

Esta ênfase numa pedagogia da autonomia a partir da forma de ensinar que valoriza os saberes do senso comum numa perspectiva de tornar os educandos sujeitos de transformação de sua realidade em busca de um protagonismo melhor na convivência em comunidade e na sociedade também é evidenciada pela diretora da escola:

> Não queremos ensinar aos alunos apenas conteúdos de livros, mas também que eles sejam educados para a autonomia e a cidadania, que eles tenham facilidade de chegar aos lugares e se expressar, de falar, de saberem procurar o que eles querem. Que eles tenham esta desinibição e capacidade. Então através destas práticas a gente vai promovendo isso, e ao promover isso vamos trabalhando aquilo que precisa ser trabalhado como escola mesmo. Partimos da realidade do educando, ver de onde ele vem, quem são estes sujeitos, com quem nós estamos falando, com quem estamos fazendo esta troca. É esse olhar principal da escola (GRELLT, 2019, s. p.).

Percebe-se toda uma concepção freireana de que não se pode educar senão dentro de uma realidade concreta. Este educando caminha com o mundo que o circunda e por meio dele torna-se um ser consciente e crítico da realidade, preparando-o melhor para ser um ser humano realizado. Ao educador cabe abrir os horizontes humanos que, por natureza, os possui e goza destes direitos. Com esta base ele passa a fazer suas escolhas de valores despertando os sentimentos de amor, de liberdade, de capacidade de raciocínio, de sua tarefa em querer transformar a sua realidade e o mundo. Quando estas possibilidades e energias se canalizam como resultado de uma concepção de educação, os sinais aparecem no indivíduo, na família e na comunidade.

E isso se confirma na Escola Rui Barbosa, quando se considera o depoimento de uma mãe quando instigada sobre a vinculação da escola com a comunidade:

> Há um elo entre elas porque a escola vai até a comunidade e a comunidade vai até a escola, há uma relação intrínseca entre ambas, estão casadas. E outra coisa legal é que as professoras estão participando da vida da comunidade, vêm aqui comer churrasco, participando das festas, dançando. Passaram a conhecer as crianças, as mães e os pais, toda a família. Isto é sinal que existe alegria no trabalho, trabalhar não está sendo um fardo (ROSA, 2020, s. p.).

Fazer isso é educar, é educar-se, trazendo um resultado de evolução do educando percebido pelas famílias, como relata esta mãe:

> Sem dúvida, percebo isto no crescimento da Eduarda, minha filha, e nas outras colegas delas porque percebo que elas chegam da escola juntas, brincam juntas, estudam, pesquisam e fazem trabalhos juntas. Usam coisas da casa para fazer experiências. É sem dúvida o fato do coletivo, por elas estarem aqui também cooperativadas, elas estão num laboratório de aprendizagem. A minha filha que fez 11 anos[27] agora já pode se associar na COOPAN e começar a trabalhar nela (ROSA, 2020, s. p.).

---

27. Os filhos das famílias que fazem parte da COOPAN recebem acompanhamento pedagógico e vivencial em turno integral na Ciranda (creche comunitária instalada ao lado da sede da agrovila). As refeições do meio-dia acontecem na cozinha e refeitório comunitário. É um momento de encontro diário de quase todas as pessoas, crianças e adultos que fazem parte da comunidade. O mesmo local serve de vivências festivas e convívios nos finais de semana, serve também no trabalho [Disponível em www.coopan.com.br]. Portanto, não se trata de trabalho infantil, mas de trabalho educativo, de um empreendimento que aceita crianças como sócias para que exercitem os direitos e os deveres do trabalho cooperativado. Ao se associarem as crianças se tornam mais iguais aos seus familiares. Elas não têm jornada de trabalho definida, nem têm responsabilidade civil segundo o Estatuto da Criança e do Adolescente que a COOPAN observa e valoriza.

Portanto, a função da educação é fazer do educando um descobridor de suas potencialidades e dirigi-las para uma finalidade que promova a sua dignidade humana. A educação deve criar condições favoráveis para tanto. "A educação será como uma luz que ilumina os horizontes para os quais nós queremos livremente seguir. A educação é a alavanca do progresso" (FREIRE, 1976, p. 15).

4.2 As práticas pedagógicas vinculadas à realidade dos educandos

A pesquisa de campo que estamos apresentando ocorreu na EMEF Rui Barbosa, onde os educandos, como já foi dito, são oriundos de famílias assentadas da reforma agrária e organizadoras da Cooperativa de Produção Agropecuária Nova Santa Rita Ltda. – COOPAN. Ali se desenvolve um projeto de vida e de produção para sustento das famílias a partir de um projeto de sustentabilidade, isto é, baseado numa agricultura familiar com produção agroecológica e diversificada. Partindo deste contexto pesquisei junto à direção, ao corpo docente e aos educandos algumas categorias que pudessem indicar se as práticas pedagógicas contribuíam ou não para este projeto de vida e de sustentabilidade destes educandos e famílias do assentamento vinculadas à COOPAN assim classificadas:

a) Como planejam e se dão as práticas pedagógicas levando em conta a realidade dos educandos;

b) Se conhecem as famílias dos alunos assentados e a impressão que têm do Assentamento Capela e a Cooperativa COOPAN;

c) As evidências e resultados das práticas pedagógicas no processo educativo dos educandos vinculadas ao modo de vida no assentamento;

d) Se os pais participam da vida da escola;

e) Quais são os referenciais teóricos que utilizam para trabalhar os conteúdos;

f) Como deve ser a educação de uma escola do/no campo;

g) Quais as dificuldades e limitações entre aquilo que se planeja e o que se põe em prática.

A seguir, será tratado sobre cada ponto observado e classificado anteriormente:

a) Como planejam e se dão as práticas pedagógicas levando em conta a realidade dos educandos

Em relação a esta primeira categoria de como se dá o "planejamento" das práticas pedagógicas a Profa. Sabrina Silveira (2019, s. p.) nos disse: "São preparadas conforme o currículo da escola e conforme o trimestre. Para cada trimestre tem os eixos temáticos e planejamos e trabalhamos a partir dos eixos temáticos, conforme o tema da semana, datas comemorativas e o que está previsto no trimestre com mais esta questão das datas". Posição corroborada também pela Profa. Andressa Rodrigues:

> A gente trabalha durante o ano com três eixos temáticos. Estes eixos temáticos é que vão nortear nossas atividades tanto em sala de aula como no clube de ciências. Todas as quintas-feiras nos reunimos no clube de ciências com todos os alunos da escola. Este ano trabalhamos o tema das galinhas. Fizemos a pergunta para eles do que eles queriam saber sobre as galinhas, as curiosidades deles, e a partir disso sentamos todas as professoras e separamos de acordo com o assunto que cada uma se identifica mais. Trabalhamos um tema como esse e fizemos as relações com a comunidade na medida em que desperta interesse em poder ir ver *in loco* como as coisas são, para assim aproveitar o conhecimento que os alunos trazem de seus pais (2019, s. p.).

A Profa. Cátia Szortika fala que, quando chegou à escola em 2013, o PPP era completamente diferente, "não tinha nenhum vínculo em relação ao entorno, isto é, não considerava nada o entorno da escola e da vida dos alunos, por isso foi feito toda uma discussão nova e reescrevemos um novo PPP levando em conta a origem e a realidade dos alunos" (2019, s. p.). E acrescenta: "Por isso, o PPP foi construído como deve ser, com a participação de todos, assim é que dá certo, não é só um papel protocolar para atender as exigências legais" (2019, s. p.). Com mais elementos e detalhes a Profa. Andriara Oliveira descreve:

> A partir daquilo que vem dos pais e alunos a escola se reúne e planeja levando sempre em conta o currículo e o PPP. Então fazemos uma visita nos locais com todos os professores para conhecer as suas realidades e ver quais são os assuntos que precisam ser mais trabalhados para cada uma das situações. Com isso fizemos o planejamento anual definindo coletivamente os temas geradores que vão definir os conteúdos e as práticas. Entendemos ser fundamental conhecer a realidade com quem a gente vai trabalhar partindo deste contexto onde eles estão inseridos (2019, s. p.).

Convergindo no mesmo entendimento diz a Diretora Camila Grellt (2019 s. p.): "para o planejamento se parte da realidade do educando, ver de onde eles vêm, quem são estes sujeitos, com quem nós estamos falando, com quem estamos fazendo esta troca. É esse olhar principal da escola". Na mesma sintonia está a orientadora pedagógica, a Janaina Pereira: "Tanto a escola como o PPP, durante este processo de reformulação, trazem muito sobre a importância do planejamento coletivo que a gente conheceu lá na cooperativa, e aqui no clube de ciências. Tudo isso traz e faz a gente entender o que é essa educação do campo, o que eles fazem na COOPAN e que nós aprendemos e aplicamos" (2019, s. p.).

Em relação à escola também nem sempre foi assim como está hoje, do ponto de vista do planejamento e das práticas voltadas à realidade, como fala a Profa. Cátia Szortika:

> Mas é bom frisar que nem sempre foi assim, pois peguei a escola em outra época que não se tinha esta visão e nem esta concepção de educação voltada à realidade dos alunos. Hoje planejamos as aulas sempre em função da realidade dos alunos. E o mais importante é que não só se planeja como também se consegue pôr em prática, pois sabemos que no meio pedagógico existe muito planejamento, muito papel e muitas vezes poucas práticas. Aqui não conseguimos pôr em prática com este olhar do entorno e da realidade que também nos favorece (2029, s. p.).

Ficou demonstrado pelas falas unânimes das professoras que todo o processo de ensino e aprendizagem parte da realidade dos educandos. De este ouvir e conhecer de onde vêm os educandos se faz o planejamento, define-se a teoria e organiza-se a prática.

b) Se conhecem as famílias dos alunos assentados e a impressão que têm do Assentamento Capela e a Cooperativa COOPAN

Sobre a relação que a escola tem com o assentamento e as famílias, se as conhecem e qual a impressão do assentamento e da COOPAN, Sabrina da Silveira comenta:

> Eu vejo que a cooperativa é muito estruturada, convivo com eles nas atividades que ocorrem fora, mas sabemos bem o estilo de vida que os alunos têm com seus pais, e que trazem desde pequenos a preocupação de um cuidar do outro, os maiores cuidar dos menores etc. Nós temos também atividades fora que a gente convive com eles, aonde se descobre muita coisa. Esta semana, por exemplo, descobri que eles não têm feriados e nem fins de semana, eles trabalham direto, claro que tem escala e assim todos têm seus dias de

folga. Participamos das atividades sociais e de festas que eles organizam. Temos uma relação muito integrada (2019, s. p.).

Esta visão positiva de todo o corpo docente em relação aos assentados da reforma agrária e sua organização não era assim no início, como relata a Profa. Andressa Rodrigues:

> Eu não tinha um entendimento do que era um assentamento, até tinha certo preconceito, e depois que eu cheguei aqui eu mudei essa minha visão do que é um assentamento e passei a ter um orgulho de poder trabalhar nesta escola e de ver a organização deles. A produção toda orgânica sem nenhum uso de agrotóxico. Toda a história deles de sem terra, de quando moravam debaixo da lona e ao chegar aqui como foi a organização desde como se deu o sorteio dos lotes e das casas, da distribuição do trabalho em equipes e por alternância de funções, da organização das crianças no processo, de cada um cuidar do outro, os mais velhos cuidando dos menores. Então é muito fantástica a organização deles, e agente vê também a questão de "pertencimento" nas crianças, que não é em qualquer lugar este sentimento de pertença, tanto da escola como do lugar, eles têm orgulho da escola onde eles moram, eles falam com carinho, e são umas crianças politizadas, que sabem o que está acontecendo na sociedade e no mundo (2019, s. p.).

Essa mudança no olhar sobre os sem-terra e assentados tem a ver com a disposição de fazer uma escola do campo partindo da realidade e convívio dos educandos e de uma visão pedagógica em que estes educandos são os principais sujeitos do processo de ensino e aprendizagem, e esta metodologia fez aproximarem escola e comunidade, como descreve a Profa. Cátia Szortika:

> Nesses anos de escola e que mudamos a forma de trabalhar mudando o PPP e o currículo, tivemos que ir conhecer o assentamento e a forma deles trabalhar, especialmente a COOPAN. Fomos olhando como era a

vida deles e também no entorno, onde existem outras comunidades com suas características que tivemos que visitar e conhecer a fundo para poder planejar um trabalho que trouxesse mais representatividade pra eles, vindo ao encontro com a nossa proposta pedagógica (2019, s. p.).

Conhecer o assentamento, conviver com os assentados, saber como as famílias e os educandos da escola vivem lá é uma política da escola para buscar uma prática pedagógica em consonância com aquela realidade. Há, portanto, um estreito vínculo entre a Escola Rui Barbosa, o assentamento. O modo de produção e de vida das famílias, tal como expressa a Diretora Camila Grellt:

> Sabíamos que os alunos eram filhos de assentados, mas não sabíamos como eles viviam, o que produziam, qual era a relação com as famílias e a escola. Hoje a gente conhece, sabe onde moram todos os alunos, sabemos quem são os pais. Este estreitamento fez com que as famílias se aproximassem mais da escola. Então é um assentamento organizado numa cooperativa onde os cooperativados produzem arroz orgânico, suíno, leite, hortifrutigranjeiros, pães e bolachas orgânicas. E têm também os pequenos agricultores não cooperativados que trabalham no modelo de agricultura familiar e que fornecem nas escolas as hortaliças e outros produtos, todos orgânicos, onde todos têm ligação direta com a escola (2019, s. p.).

Também a orientadora pedagógica da escola faz questão de afirmar que conhece o modelo de produção do assentamento e como as famílias dos alunos assentados vivem lá na comunidade:

> Sabemos do modelo, do que eles produzem, eles vivem aí da produção de suínos, leite em pó, arroz orgânico, verduras. São 36 famílias que fazem parte da COOPAN, e nós fomos várias vezes lá, inclusive para a gente formar o currículo da escola. Desde a produção até o lugar em si, pois eles têm também apicultura lá.

Então a gente pretende partir daquele espaço, construir o nosso currículo em cima daquela realidade para dali tirar os conteúdos (PEREIRA, 2019, s. p.).

Os depoimentos evidenciam muito claramente este vínculo e conhecimento da escola, seu corpo docente, do assentamento, da COOPAN, do que lá se produz e do modo de vida das famílias assentadas. Há uma troca e um esforço mútuo para que todos atinjam seus objetivos

c) As evidências e resultados das práticas pedagógicas no processo educativo dos educandos vinculadas ao modo de vida no assentamento

Quando abordei sobre o resultado e as evidências das práticas pedagógicas no processo de ensino-aprendizagem obtive respostas bastante significativas. A Profa. Cátia Szortika fala que a prática pedagógica que utiliza em sala de aula vem muito dessa vivência deles, "mas também aquilo que está no currículo que temos que trabalhar que são os conhecimentos gerais que precisam ser passados. Mas sempre se pensa o que é bom pra eles, ou melhor, todos os projetos que são pensados na escola sempre se avaliam o que vai ser bom e aproveitável para a vida deles" (2019, s. p). E cita o exemplo do início do ano de 2019:

> No início do ano, que a escola estava em obras com reformas nós pensávamos o que trabalhar com o concreto, o significativo, com o que está no entorno, como a construção do galinheiro, da fauna e da flora, a higiene. Então esta visão daquilo que vai ser útil pra eles e a sua formação foi nossa prioridade. Isto eu considero um diferencial deste nosso grupo no contexto que a Escola Rui Barbosa está inserida (2019, s. p.).

Este princípio da educação popular encontra-se na pedagogia freireana, porque parte da realidade dos educandos tendo em vista que ninguém sabe tudo e ninguém sabe nada, que não há sabedoria absoluta, nem ignorância absoluta. A Profa. Cátia Szortika relata fatos precisos de como se dá esta relação educacional na Escola Rui Barbosa:

> Aprendi muito com eles, lembro que tinha um aluno que sempre falava do cachaço e eu não tinha ideia do que se tratava. Fui conhecer o cachaço quando da visita, onde ele explicou que era o porco reprodutor, então aprendemos muito com este conhecimento empírico que os alunos trazem da sua vivência e que nós da cidade não temos muita noção (2019, s. p).

Andressa Rodrigues reforça esta metodologia e diz que no pensar e elaborar o currículo tudo isso já é contemplado:

> Na montagem do currículo também procuramos relacionar com a realidade deles, como foi quando trabalhamos o tema do saneamento básico, de onde que vem a água, pra onde ela vai. Vocês que moram no campo de onde vem a água que vocês consomem? Do poço. Como é esse poço? E daí se faz um comparativo com a cidade. Não ficamos presos só aqui na realidade do campo, fazemos sempre um link com a cidade comparando como é no mundo todo (2019, s. p.).

A Profa. Andriara de Oliveira também confirma que as práticas pedagógicas que ela utiliza em sala de aula para construir o conhecimento e realizar o ensino daquilo que é necessário para a idade deles vêm da realidade e da vida dos educandos:

> Este ano trabalhamos muitos temas relacionados à agroecologia, dando ênfase à horta escolar, que foi sugestão deles a partir de como se organiza uma horta e que tipos de plantações se fazem em cada época do ano. Com isso trabalhamos com eles o calendário do plantio, a época de plantio de cada hortaliça e como os pais faziam em casa e o que podia ser melhorado. Foi dessa forma que conseguimos organizar nossa horta e mostrar para os alunos que mesmo num pequeno pedaço de terra dá para organizar uma horta e

ter produtos orgânicos sem uso de agrotóxicos. Isso nos desafia para que tenhamos que ir pesquisar. A eles também nós atribuímos tarefas de pesquisa e o resultado é que as aulas se tornam melhor ainda, muito boas. Na nossa metodologia há sempre uma relação direta entre a teoria e a prática (2019, s. p.).

Quando instigada a falar sobre o resultado destas práticas, daquilo que já se produziu em termos de projetos e do próprio crescimento dos alunos do ponto de vista da sua aprendizagem, a Profa. Andriara de Oliveira aponta novamente para a relação intrínseca entre a escola e a comunidade, ou o local de vida dos educandos:

> Por exemplo: quando iniciamos o projeto da horta, muitos não tinham horta em casa. Com esta prática e o aprendizado eles puxaram este tema em casa e os pais passaram a fazer horta também. Quando iniciamos estas práticas eles começaram a ter outro olhar da escola. Então a partir do que eles estudaram aqui conseguiram puxar em casa uma iniciativa que fosse dar incentivo para as famílias melhorar o nível de vida (2019, s. p.).

Posição essa confirmada pelo pai de aluna, o Julcemir Marcon, quando questionado se o que é ensinado na escola para os seus filhos ajuda e reforça o projeto do assentamento que é baseado na agroecologia:

> Este trabalho se reforçou bastante nos últimos anos, onde a escola está muito mais ligada à comunidade do que antigamente. Hoje eles passaram a fazer trabalhos com as crianças de conhecer e aprofundar os ensinamentos de uma educação do campo em consonância com aquilo que produzimos aqui. Hoje temos uma relação muito próxima aonde a escola vem até a comunidade e a comunidade também participa lá na escola. E as crianças se interessam muito por isso, gostam dessa forma de ensinar, tanto é que lá na escola os alunos formaram a sua própria cooperativa, e vieram

aqui onde eu os recebi para dar informações e ajudar a eles entender como funciona uma cooperativa e para que serve (2020, s. p.).

O resultado desta visita deu segurança aos educandos na proposta de criação da Cooperativa Escolar que logo depois se concretizou com a participação dos pais e da COOPAN assim descrita por Julcemir Marcon:

> Foi maravilhosa a experiência, porque cada um veio com uma perguntinha, e quando terminou de cada um fazer a sua pergunta, ficamos muito mais tempo respondendo outras que surgiram desta primeira conversa organizada. Percebe-se assim que as crianças estão muito envolvidas e engajadas em aprender coisas concretas que vai ajudar na vida delas depois, além de aprender trabalhar em equipe de forma coletiva. É uma coisa deles, alunos(as), onde as professoras só observam e auxiliam naquilo que eles precisam de apoio, mas eles têm total autonomia em relação aos professores e direção (2020, s. p.).

Sintetizando um pouco quais seriam estas práticas pedagógicas que são aplicadas na Escola Rui Barbosa e que contribuem para o projeto de sustentabilidade e produção agroecológica do assentamento e da COOPAN, sobre essa questão a Diretora Camila Grellt afirma:

> Primeiro a horta que toda hora dialoga e se conversa com as famílias, trabalhamos muito a alimentação saudável, onde temos a parceria com a prefeitura que nos manda material para trabalhar a questão da agricultura familiar e a produção orgânica. Temos o galinheiro pedagógico, a questão das nossas saídas indo nas propriedades para ver como eles fazem, tipo o biofertilizante, vamos lá para aprender fazer remédios caseiros, sal temperado, hortaliças sem agrotóxicos. Depois vai se testando aqui e, quando não dá certo, voltamos lá pra ver por que lá dá certo e aqui não. É assim que fazemos porque entendo que a escola não pode se limitar

a este espaço aqui da escola física e temos que aproveitar estes outros espaços educativos, e também para poder aproveitar espaços da comunidade que sempre são muito maiores do que aqui (2019, s. p.).

Percebe-se uma ideia mais precisa de como devem se organizar os diferentes tempos educativos, reforçando um dos princípios da pedagogia do MST em que a escola não é só lugar de estudo para onde se vai apenas para ter aula. É também um lugar de formação técnica e humana, onde se contempla as várias dimensões destes educandos.

d) Se os pais participam da vida da escola

Pelas falas já mencionadas percebe-se que há uma via de duas mãos entre a escola e o assentamento, se a escola vai até a comunidade como já foi demonstrado; por outro lado, a comunidade, através dos pais e da própria cooperativa, também tem uma participação importante na vida da escola. Vejam-se os depoimentos da direção e docentes:

> Participam, sim, das nossas atividades. Oferecem os espaços físicos deles para nós fazer atividade que aqui não é possível, como no ano passado que organizamos um galeto e que a comunidade além de ceder o espaço ajudou assando e servindo o almoço. Também fizemos o Intereducampo que são jogos das escolas do campo que eu coordeno, e que foi feito lá no espaço da COOPAN, que tem uma estrutura muito boa além do ginásio. Então nós procuramos sempre que possível estar lá. E a comunidade sempre que é solicitada eles vêm e participam aqui na escola (SILVEIRA, 2019, s. p).

Portanto, a escola e a comunidade estão integradas nos seus objetivos, como diz a Profa. Cátia Szortika: "Eu vejo isso pelas práticas em que eles conhecem mais, às vezes tentamos trazer outras formas mais tradicionais e eles resistem, mas a participação é bem boa, e isto nos ajuda" (2019, s. p). Opinião também expressada pela Orientadora Pedagógica Janaina Pereira de como se dá a participação dos pais na vida da escola, e como acontece esta relação escola e comunidade:

> Sempre que precisamos fazer alguma coisa eles vêm na escola, como quando precisamos fazer a horta, o galinheiro, também se precisamos algum maquinário, como trator ou outro. Fazemos pesquisa com eles de qual é a melhor época de plantar determinado produto ou hortaliça. Geralmente mandamos para eles por escrito ou, às vezes, vem um pai aqui falar. Por exemplo, mandamos o que era possível fazer pra acabar com as formigas, e eles nos enviaram várias receitas. Como podíamos acabar com as formigas sem prejudicar o meio ambiente. Na verdade, como se podiam afastar elas sem matar (2019, s. p.).

O tema gerador "formiga" mobilizou a comunidade escolar para a "construção de um formigueiro artificial para a aprendizagem conceitual, atitudinal e procedimental de conhecimentos relativos às Ciências da Natureza" (BARBOSA et al., 2019, p. 4). Em trabalho apresentado em evento científico, a Profa. Rosa refere-se à "construção e observação de um formigário" (ROSA et al., 2018, p. 159). Esta aproximação vai além da relação escola e pais, ela se estende para a vida da comunidade, na qual a escola ocupa os espaços do assentamento para realizar eventos: como em 2018 foi feito um galeto para angariar fundos para pagar uns documentos da escola, e os pais todos se envolveram e ajudaram.

> A COOPAN cedeu o espaço do ginásio e trabalharam junto com a gente, assando o galeto, servindo, as mães preparando a salada, lavando a louça e tudo mais. Nós apavoradas de como íamos fazer para servir 200 galetos e eles nos tranquilizaram dizendo que não era problema, e demonstraram uma organização e prática que foi tudo muito tranquilo, deu tudo certo (PEREIRA, 2019, s. p.).

e) Quais são os referenciais teóricos que utilizam para trabalhar os conteúdos

Procurei saber que autores e teorias pedagógicas as professoras utilizavam para planejar e escolher os conteúdos das suas aulas e primeiramente a Profa. Sabrina Silveira comentou:

> Pegamos autores das ciências e muito Paulo Freire. Paulo Freire nesta questão da autonomia, dos projetos, do social e do popular que ele traz, é muito dele. Paulo Freire pega um assunto e direciona a área dele para aquele assunto de forma incrível. E outros como Pedro Demo, Lev Vygotsky. Então os trabalhos que fazemos sempre têm Paulo Freire, especialmente sobre as etapas pedagógicas, mas claro, depende o que a gente vai trabalhar, mas, normalmente, são esses e o pessoal das ciências humanas que nos orientam (2019, s. p.).

Confirmando a mesma linha de autores e pensamentos, a Profa. Andressa Rodrigues diz:

> Desde a montagem do Currículo utilizamos Paulo Freire. Também a Alda Oliveira, pelas aprendizagens significativas. Estamos iniciando com eles como pesquisar, embora temos limitações por falta de computador e internet, a intenção é desde já ensinar de como saber fazer a pesquisa de fato, buscando os vários autores que falam do tema que estamos estudando (2019, s. p.).

A Profa. Cátia Szortika também ressalta o nome de Freire: "Paulo Freire é a raiz axial de tudo. É o nosso principal autor que nos referenciamos" (2019, s. p).

f) Como deve ser a educação de uma escola do/no campo

É muito significativa a compreensão e clareza por parte das docentes sobre o que é e como deve ser o ensino numa escola do/no campo. Observe-se, por exemplo, o relato da Profa. Sabrina da Silveira:

> Acredito que estamos no caminho. Hoje já temos propriedade para dizer o que se trata e como se faz, que é partindo da realidade do aluno, porque este educando tem conhecimento que não podemos ignorar, eles têm um saber, que a comunidade também tem. Por isso, eu preciso saber o que eu tenho que ensinar e também tenho que aprender. Então aprendemos com eles e vem muita coisa deles (2019, s. p.).

Esta forma de ensinar e também aprender tem consistência na pedagogia freireana que diz que "procurar o tema gerador é procurar o pensamento do homem sobre a realidade e sua ação sobre esta realidade que está em sua práxis" (FREIRE, 1980, p. 32). A Profa. Sabrina Silveira acrescenta:

> Partimos, então, disso e dos conhecimentos prévios que Moreira nos diz que temos que partir daquilo que o aluno já sabe para ele ter uma aprendizagem significativa. Então buscamos trabalhar a partir destas coisas que eles já têm vivências, como as galinhas, as formigas, a horta, o ovo, os dinossauros que eles gostam desse assunto. Então tem coisas que eles nos desafiam a estudar porque percebemos que não sabemos tudo o que eles querem aprender, como foi o caso do cooperativismo. Por isso, eu digo, quando vou pra a aula eu me sinto um fio de nylon puxando a escola, porque o que eu aprendo lá é para ajudar aqui. Não estou fazendo mestrado para ser professora universitária e sim para me capacitar a ser uma boa professora aqui. Para ter embasamento teórico com conhecimento de causa (2019, s. p.).

Percebo nestes depoimentos uma reflexão e uma visão de educação do campo como ferramenta utilizada na transformação social inserida na prática pedagógica pautada no cotidiano do educando:

> Para uma educação do campo temos que ver primeiro o que é esse campo, conhecer a realidade dele. Porque tem escola que são do campo, mas não trabalham

> aquele DO e NO campo, identificando-se apenas como escola rural. Acho que pra ser do campo tem que valorizar as origens desse povo. Fazê-los entender a importância do trabalho deles na sociedade e no mundo, que as pessoas da cidade precisam deles no campo, e pra isso é importante criar atrativos para que eles fiquem no campo e a educação é fundamental dentro desta questão maior (RODRIGUES, 2019, s. p.).

Vê-se neste depoimento, como nos demais, esta clareza de como deve ser uma escola de assentamento e qual é sua finalidade, que possa contemplar o MST naquilo que ele tem de diretrizes para a educação no campo: "deve preparar as crianças para o trabalho no meio rural; capacitá-las para a cooperação; ajudar no desenvolvimento cultural; o ensino deve partir da prática e levar ao conhecimento científico da realidade; e a Escola deve refletir e qualificar as experiências de trabalho produtivo das crianças dos assentados" (MST ESCOLA, 2005, p. 39).

> A partir desta realidade deles lincando com o que ocorre no mundo, mas sempre valorizando esta raiz deles. Porque sempre se ouviu falar que as famílias do campo querem vir pra cidade, que as do interior querem vir para a capital, este movimento social existiu muito nas últimas décadas, até meu pai veio do interior, e estas famílias todas que vieram do interior não tiveram grande êxito ou sucesso na vida urbana, então ver eles que conquistaram a terra e estão bem, mostra que viver no campo também é bom, e a educação tem que ajudá-los a valorizar a raiz deles para que eles não queiram sair daí e assim deixar pra trás toda esta organização que já conquistaram e que o coletivo trouxe para a convivência deles. E assim possam se orgulhar disso porque de fato é motivo para se orgulhar (SZORTIKA, 2019, s. p.).

Há uma consonância sobre o modo de ver esta educação do campo segundo a qual a escola não pode ter uma finalidade em si mesma. Tem que refletir o seu tempo histórico colocando-se a serviço das necessidades concretas de seus educandos e de seu grupo social. Assim estará preparando cidadãos para o presente e o futuro, além das condições para que possam, se desejarem, permanecer produzindo e tendo uma vida digna no campo.

Em resumo, portanto, o processo educativo apresenta ações desenvolvidas na prática pela metodologia da educação do campo com as necessárias reflexões e estudos envolvendo o diálogo em várias dimensões do conhecimento segundo a visão de Paulo Freire. Essas propostas de ações visam oferecer condições para a construção de uma educação para liberdade enfatizando a importância da avaliação dialógica e mediadora como formas de favorecer o ser humano com a autonomia. As docentes julgam necessário um confronto entre a teoria e a prática, porque dá voz àqueles que sempre foram silenciados pela pedagogia do opressor, "na medida em que os homens tomam uma atitude ativa na exploração de suas temáticas, nessa medida sua consciência crítica da realidade se aprofunda e anuncia estas temáticas da realidade" (FREIRE, 1976, p. 32).

Procurei também ouvir alguns pais sobre a impressão que eles têm acerca das professoras e como, de fato, elas e a escola atuam em relação ao que significa uma educação do campo e se as crianças dominam os conteúdos de conhecimentos inerentes às formas de vida e de produção do assentamento:

> Mesmo não sendo professoras vinculadas à organização MST, aqui só tem uma professora filha de assentada, elas têm procurado estudar e se qualificar nesta área da educação do campo. Vieram de cabeça aberta para aprender. Eu lembro que na primeira vez que elas vieram conhecer a COOPAN quem explicou como era e como funcionava foram os alunos (GIACOMELLI, 2020, s. p).

Emerson Giacomelli, pai de um aluno do 5º ano, acrescenta de forma muito convicta esta relação da comunidade da escola dentro de uma pedagogia na qual a ação de um reforça a ação do outro.

> E a nossa escola abraçou esta ideia e participa sempre do Sem Terrinha. Então a escola é o conjunto, mas neste sentido os professores são muito importantes. Para se ter uma ideia, no início, não tinha professor para vir dar aula. Muito porque ninguém queria pelo preconceito ou mesmo pela distância. O município para resolver isso fazia contrato emergencial com pessoas da própria comunidade. Hoje os pais procuram a escola para pôr seus filhos nela. Conquistamos a pré-escola ou Educação Infantil de turno integral. Foi uma conquista nossa, do assentamento que hoje atende toda a comunidade e não só o assentamento. Foi uma série de coisas que nós conquistamos enquanto assentamento, mas que se transformou numa conquista para a comunidade. E hoje a escola dá unidade política ao conjunto do assentamento, ela que congrega a todos nós. Então ninguém se nega a ajudar, a participar (2020, s. p.).

E completa quando perguntado se tudo aquilo que é ensinado na Escola Rui Barbosa a caracterizaria como uma escola do campo: "Sim, já faz um bom tempo que tem esta concepção" (2020, s. p.). Outro pai também afirma com convicção que aquilo que é ensinado na Rui Barbosa contempla a educação do campo naquilo que se concebe hoje sobre tal modalidade da educação brasileira:

> Com certeza, um dado interessante, a escola é de turno integral e mesmo sendo o dia inteiro as crianças gostam de ir para a escola, diferente do nosso tempo. Mas se percebe que elas se sentem bem lá, quando a gente vai lá, vê a diferença de uns anos atrás aonde eu ia lá e era uma bagunça meio geral de gritaria e tudo mais, hoje eu vou lá as crianças estão numa paz, numa serenidade, sem algazarra desproporcional, atentas a tudo o que as professoras falam, concentradas naquilo que estão fazendo sem ninguém precisar chamar a atenção (MARCON, 2020, s. p.).

Ouvi também uma mãe de aluna sobre sua opinião a respeito do que é ensinado na Escola Rui Barbosa tem relação com o modo de vida das famílias no assentamento, se a escola ajuda e contribui para o projeto de vida na comunidade do Assentamento Capela:

> Eu me surpreendi nos últimos tempos com a evolução da escola. Tem uma equipe que buscou conhecimento para de fato saber o que é uma educação do campo. Buscaram conhecer valorizando o conhecimento da realidade das crianças. Eu sinto isso porque minha filha chega da escola sempre entusiasmada e sempre com vontade de voltar. Aí eles começaram se desafiando, foi onde começou o estudo a partir da realidade. Eles com a escola fizeram visita, vieram conhecer a cooperativa, o assentamento, a vilinha aí do lado (ROSA, 2020, s. p.).

Um dos princípios pedagógicos do MST destaca que o trabalho e a organização das crianças na escola tenham uma ligação com a vida do assentamento.

> A escola é um lugar de estudo, trabalho e organização. É também um lugar para aprender democracia. Este aprendizado não se faz estudando sobre o que é democracia. Aprende-se ela através dos relacionamentos diários dos alunos com os alunos, dos alunos com os professores, dos professores com eles mesmos e da escola como o assentamento (MST ESCOLA, 2005, p. 35).

A escola que o MST defende e deseja não parte do conteúdo, parte das experiências vividas pelas crianças. Experiências que são buscadas no seu meio de trabalho, de organização e relacionamentos, como faz a Escola Rui Barbosa, assim descrito pela mãe Elaine Rosa:

> A escola se interessou em saber quem eram as crianças quem lá estudava, e esse vínculo começou a se fortalecer. Logo depois veio a ideia do cooperativismo,

> aonde o SICREDI também veio participar e muitos daqui passaram a ir à escola contar como era o assentamento e a vida das crianças aqui e a história do MST. Minha filha ficava muito interessada, um dia ela estava dando corante azul para uma formiga para ver se a bunda da formiga ficava azul, daí eu a ouvia entusiasmada falar do trabalho coletivo das formigas, das abelhas. Logo depois deste episódio surgiu a ideia de criar a cooperativa escolar envolvendo o nosso pessoal da COOPAN e do SICREDI. O que eu achei muito interessante foi a forma que a escola achou para criar a cooperativa que foi o trabalho das formigas. O símbolo da cooperativa que veio através de um concurso foi de um trabalho coletivo realizado. Este vínculo que a Escola Rui Barbosa faz entre a teoria e a prática é o que mais me chama a atenção, eles estão fazendo ciência na escola e isto é extraordinário (2020, s. p).

Há um entendimento comum entre MST e a Escola Rui Barbosa de que a Escola ao mesmo tempo em que é um lugar de estudo, também é um lugar de trabalho, para que as crianças além das aulas se envolvam em atividades formativas do mundo do trabalho e assim aprendam o valor e o amor pelo trabalho. Neste sentido a mãe Elaine Rosa destaca a criação do clube de ciências na escola como um instrumento pedagógico na relação ensino e trabalho:

> Embora o clube de ciências seja para isso, vinculando a teoria à prática, isto é, no momento que eles estudaram as formigas eles foram a fundo da história delas, como também quando estudaram os dinossauros, o ouriço, sempre foram entender todas as suas histórias com o resto do mundo animal e humano. Eles colocaram as galinhas na horta para comer os bichinhos, e se aparecessem algum outro inseto as professoras pediam aos alunos para perguntar em casa como os pais combatiam este inseto, qual era a receita. Então esta relação que a escola fez com a realidade e o cotidiano

da escola tem tudo a ver com o que eu acredito de uma educação do campo, e que considero adequada aos nossos filhos (2020, s. p.).

Esta concepção de educação do campo deve ser uma educação adequada ao modelo de produção agroecológica defendida pelo MST e necessária ao enfrentamento e superação dos problemas ecológicos, vindo ao encontro e confirmando a posição do MST, como falou Stédile da coordenação nacional:

> Nossa linha geral é que devemos adotar as diretrizes pedagógicas de uma educação libertadora, seguindo os ensinamentos de diversos pensadores clássicos, tanto em nível mundial como aqui no Brasil, nosso querido Paulo Freire. Em linhas gerais, queremos que sejam instaladas escolas, em todos os níveis, desde a pré-escola, que chamamos de cirandas infantis, Ensino Fundamental e Ensino Médio, em todos os assentamentos. Claro que, às vezes, temos um assentamento isolado, que não tem alunos suficientes para uma escola de Ensino Médio, mas neste caso pode-se aglutinar com outras comunidades rurais próximas. Ainda que não sejam assentamentos. O principal é o princípio: a escola tem que estar aonde o povo mora, e não ao contrário. Hoje a maioria dos prefeitos quer transportar os alunos do meio rural para a cidade. Que é um crime, até de saúde pública contra as crianças que, às vezes, têm que ficar horas, todos os dias, dentro de kombis e ônibus escolares (2020, s. p.).

Observo, assim, que a Escola Rui Barbosa busca incessantemente estar alinhada com os princípios pedagógicos que o MST defende. O trabalho é importante, mas não é tudo, pois entendem que a escola não deve apenas formar a "cabeça" das crianças. Além do trabalho e da organização coletiva, é preciso aprender a cuidar do corpo e da saúde, a cultivar e expressar seus afetos em cada gesto, descobrindo e desenvolvendo um sentido mais pleno da vida, que são valores imprescindíveis na formação do caráter e da convivência fraterna e solidária. Essa concepção é defendida em todos os níveis da formação escolar, da Educação Infantil ao Ensino Superior, como expressa Stédile:

> Também defendemos que no caso do Ensino Superior sejam cursos na forma de alternância, para que os jovens do campo não percam o vínculo com suas comunidades e famílias. Defendemos que as escolas do campo precisam utilizar pedagogias e metodologias de ensino adequadas aos estudantes e à realidade agrária que eles vivem. Para isso precisamos formar os educadores com uma nova visão pedagógica, naquilo que assumimos como Pedagogia da Terra[28]. E neste sentido conseguimos organizar em vários estados do Brasil cursos superiores de Pedagogia, com essa linha educacional, para formar nossos pedagogos das escolas de assentamentos. Isso inclui, também, a necessidade de materiais didáticos adequados a essa realidade, e práticas pedagógicas relacionadas com a agroecologia, agroflorestal, que as escolas podem adotar no seu entorno seja na própria escola, como nas áreas do assentamento. Por fim, defendemos que a educação deve ser pública, ou seja, todas as escolas em todos os níveis têm que ser do estado. É a única forma de garantir a democracia, e a universalidade do conhecimento (2020, s. p.).

Toda esta visão de educação do e no campo está aprofundada em muitos cadernos que o setor de educação do MST produziu ao longo do período, onde expressam não só uma visão pedagógica própria, mas também uma política de educação comprometida com a realidade dos educandos, com seu modo de vida e com a transformação da sociedade, por isso uma educação libertadora.

---

28. Trata-se de uma "Pedagogia cheia de esperança, onde afloram os valores humanos fundamentais: a amizade, o respeito, a honestidade, a admiração, a ternura, a emoção, a solidariedade, a aproximação entre o simples e o complexo, a atenção, a leveza, o carinho, o desejo e o amor" (GADOTTI, 2013, p. 20).

Ao concluir este item das práticas pedagógicas vinculadas à realidade dos educandos, constato que a Escola Rui Barbosa contempla esse vínculo no seu currículo porque o mesmo é centrado na prática da vida destes educandos. Como é objetivo do MST na sua visão de educação do campo preparar para a prática, é coerente por parte da escola organizar suas atividades docentes em torno da prática e fazer dela o ponto de partida do ensino e da aprendizagem.

Objetivos da escola e interesses das famílias assentadas se conjugam na preparação destas crianças na participação, organizada e consciente, da história que já estão ajudando a conduzir. E partir da prática, segundo o MST ESCOLA (2005, p. 83), é "começar identificando os principais desafios e as necessidades da comunidade de que faz parte a escola. E fazer delas a matéria-prima básica para organizar as atividades pedagógicas de ensino e aprendizagem".

Então, são várias as alternativas ou fatos que ajudam a criança a partir da prática. Os educandos são a matéria-prima para organizar as atividades pedagógicas de ensino e aprendizagem. "Trazendo a vida para dentro da escola, as crianças se educam para entender e sentir melhor esta vida, participando da busca de soluções para os seus mais diversos tipos de problemas" (MST ESCOLA, 2005, p. 83). Como também afirma o pai de um aluno:

> Eu vejo que a escola tem sido muito importante pra criar esta pertença ao local onde a criança mora e vive. Portanto, existe uma relação muito forte entre a escola com a comunidade e da comunidade com a escola. Principalmente porque aqui na Rui Barbosa temos uma equipe de professores muito boa. Eles abraçaram a escola e este tipo de educação. Gostam da escola, do local e se sentem parte da comunidade e há, por parte da comunidade, esta percepção, este

sentimento, e por isso uma troca permanente (GIACOMELLI, 2020, s. p.).

Há um entendimento claro de que não é possível separar essas duas experiências criadoras, a da prática de um lado e da teoria do outro. Nem a prática sozinha, nem a teoria sozinha. "A prática sozinha sem a teoria termina por não se saber a si mesma. Termina por provocar a perda dos endereços dos que praticam. A teoria sozinha sem a incursão até o concreto, se perde numa coisa que a gente chama de 'blá, blá, blá'. É preciso que juntemos as duas constantemente" (FREIRE, 2020, p. 110). Trata-se da clássica dialética entre ensinar e aprender.

Paulo Freire insistiu muito, lá naquela oportunidade, junto aos sem-terra no Assentamento Conquista da Fronteira em Bagé, hoje município de Hulha Negra, no dia 25 de maio de 1991, nesta pedagogia segundo a qual não há prática sem teoria e não há teoria sem prática, bem como não há teoria que não se submeta ao ajuizamento da prática. E que, portanto, a experiência vivida pelos assentados tinha que se transformar num centro de formação de cultura, um centro de produção do saber, e não apenas produção econômica. Salientava que ambas deveriam caminhar juntas, já que não seria possível só a produção do saber sem a base econômica, pois este saber já nasceria alienado, feneceria. E complementa:

> Mas se a produção se mete apenas no domínio do econômico, se perde dos endereços espirituais, dos valores culturais e humanizantes de que nós precisamos. Aqui, e é este o grande apelo que eu faço a nós todos, porque eu me sinto agora tanto quanto vocês também um membro deste assentamento. É um apelo que eu vos faço, que este assentamento se fortaleça como produtor de cultura, como produtor de liberdade, como produtor de democracia, como produtor de saber (FREIRE, 2020, p. 110).

Esta ênfase que Freire dá é para esclarecer bem seu conceito de que partir da prática é fundamental, mas é só o início do processo de aprendizagem. É preciso que esta prática gere novas culturas, novas formas de viver e conviver com liberdade e democracia, produzindo saber. Acompanhando ao longo dos anos a história de luta e organização dos assentamentos do MST e do setor de educação, sou testemunha da busca permanente dessa diretriz político-pedagógica, e que a Escola Rui Barbosa assimilou como metodologia de ensino, como foi confirmado pela Profa. Andriara Oliveira:

> A partir daquilo que vem dos pais e alunos a escola se reúne e planeja levando sempre em conta o currículo e o PPP. Levamos muito em conta a realidade de onde vêm os alunos. Tudo isso é sempre feito no início do ano. Entendemos ser fundamental conhecer a realidade com quem a gente vai trabalhar partindo deste contexto onde eles estão inseridos (2019, s. p).

Nas diversas falas, tanto das professoras como dos alunos(as) está sempre implícita esta visão de que, quando a escola trabalha a partir das necessidades concretas, ela se torna muito mais significativa e útil para as crianças e a comunidade como um todo. A necessidade real é o motor da aprendizagem.

> As crianças aprendem muito mais facilmente os conteúdos que têm a ver com sua vida prática. Aprender uma conta de matemática apenas porque a professora está dizendo que isso é importante é muito diferente do que aprender esta mesma conta para resolver um problema real. As crianças, assim como os adultos, só aprendem de verdade aquilo de que necessitam para viver melhor (MST ESCOLA, 2005, p. 84).

Encontrei essa mesma visão no depoimento da aluna Eduarda Marcon Rosa quando da pergunta sobre como as professoras trabalham os conteúdos e os conhecimentos para e com os alunos(as):

> No início as professoras explicam o que vamos estudar, mas elas fazem a gente pesquisar, oportunizam que os alunos também falem daquilo que conhecem para os outros alunos. E assim fica mais fácil, já que nos reunimos todos numa sala e depois de elas falarem inicialmente tem o tempo para nós falar e fazer perguntas (2020, s. p.).

No que foi complementada pela aluna Jamile Marcon sobre o que é ensinado se tem a ver com o que eles(as) vivem no assentamento: "Sim, tem muita troca onde as professoras trazem conhecimentos das cidades e nós levamos o conhecimento do campo" (2020, s. p.).

E quando perguntei se elas (a Eduarda e a Jamile, alunas do 4º ano) achavam que os professores se preocupavam em ensinar aquilo que depois iriam precisar para viver no assentamento, veio a confirmação de toda esta construção de práticas pedagógicas fundamentadas na relação teoria e prática:

> Sim, por exemplo, ao aprendermos formar uma cooperativa, e nós administrarmos ela, depois vamos usar este conhecimento para poder continuar tocando a cooperativa daqui que é a COOPAN (EDUARDA, 2020, s. p.).

> Ao começarmos a trabalhar aqui no assentamento já vamos saber várias coisas, como funciona o cooperativismo, como contar e cuidar do dinheiro, saber como ocupar um cargo sabendo que ninguém é mais importante do que o outro. Tem que ensinar a nós fazer na prática, assim a gente não esquece, é o que aprendemos aqui (JAMILE, 2020, s. p.).

Percebi que na Escola Rui Barbosa se desenvolvem práticas pedagógicas que subvertem a forma escolar clássica, na qual a sala de aula é o espaço de referência para a organização dos agrupamentos de estudantes, nos quais o professor exerce sua autoridade com tudo já planejado. Busca-se lá uma nova forma escolar, condizente com os objetivos formativos da proposta pedagógica do município e da escola, em que a sala de aula ou o espaço da escola é também um lugar de socialização e aprendizagem do conhecimento sistematizado, onde as relações pedagógicas possibilitam uma aprendizagem menos autoritária e mais dialógica.

> A forma escolar somente pode ser definida no seu contexto sócio-histórico em sua relação entre o modo de socialização e as resistências encontradas. Como modo de socialização, a escola é espaço onde se estabelece formas específicas de relações sociais, pois "ao mesmo tempo em que transmite saberes e conhecimentos, a escola está fundamentalmente ligada a formas de exercício de poder" (VICENT; LAHIRE; THIN, 2001, p. 17).

Portanto, pensar a realidade escolar como faz a Escola Rui Barbosa em termos de forma escolar de relações sociais possibilita a relação entre grupos sociais e formas sociais. Está muito presente a proposta pedagógica do MST nesta escola que concebe a si mesma como espaço de formação da classe trabalhadora, e aponta matrizes educativas fundamentais, como trabalhos, cultura, luta social, história e organização coletiva, necessárias para movimentar o ensino e as relações sociais vivenciadas pelos educandos. Aliás, a pedagogia do MST destaca a organização coletiva destes sujeitos, permitindo a participação de todos por meio de instâncias locais, regionais, estaduais e nacional, tendo como princípios o estudo, a disciplina, o planejamento e a direção coletiva. Não se trata, segundo Caldart (2010, p. 68-69),

> de uma concepção particular de educação e de escola ou uma tentativa de criar uma nova corrente da pedagogia, mas sim como um jeito de trabalhar com diferentes práticas e teorias da educação construídas historicamente desde os interesses sociais e políticos dos trabalhadores, que têm a dinâmica do movimento como referência para construir sínteses próprias de concepção, igualmente históricas, em movimento.

Sobre esta participação coletiva, a mãe de aluna, a assentada e sócia da cooperativa, Sra. Elaine Rosa, nos deu o seguinte depoimento sobre quais as vantagens que vê no trabalho coletivo em relação ao individual:

> O trabalho coletivo organiza mais e melhor a vida das pessoas aqui na comunidade, traz mais segurança, traz o espírito de solidariedade de se preocupar com o outro. Aqui o filho de um é filho de todos, isso é bonito. Além das dificuldades se tornarem menores, e mais fáceis de resolver, isso se dá porque a coletividade consegue superar com mais agilidade e com mais planejamento e mais facilidade. Há um compromisso coletivo de pertencimento. Se der um problema com um dos setores de produção, tipo o do arroz, os outros setores abraçam este problema e se resolve todos juntos. Se você fosse um só, pequeno agricultor perdendo uma safra vai sofrer muito. Na cooperativa até podemos diminuir a distribuição das sobras, mas não vamos cortar tudo de vez, sempre tem alguma coisa para se manter. Então o coletivo que hoje está expresso na COOPAN nos dá a força para o individual diante de um mercado tão poderoso (2020, s. p.).

Portanto, as vantagens do ponto de vista econômico são inúmeras, graças ao espírito coletivo e de entreajuda praticado conscientemente a partir de valores que foram construídos e forjados na luta e na vida desta trajetória da conquista da terra e da viabilização no assentamento.

4.3 Os projetos da escola como resultado da proposta pedagógica

Nos primeiros contatos e conversas com professoras e alunos(as) já percebi se tratar de uma escola diferente das tradicionais pelos projetos concretos que lá existem, fruto de práticas pedagógicas que foram surgindo pelo debate, pela pesquisa, pela curiosidade em conhecer e descobrir, e pela relação com a prática vivida pelos educandos nas suas famílias e comunidade.

A Escola Rui Barbosa é uma escola de campo vinculada a um movimento de luta social. Embora sendo uma escola pública, municipal, ficou muito claro que sua gestão e orientação pedagógica se dão pela pedagogia do movimento, que, como visto antes, é um movimento de diversas pedagogias. Além disso, os projetos da escola são partes de uma destas pedagogias.

A fotografia de cada um dos projetos vigentes na escola ilustra a relação entre educação e movimentos sociais que é constitutiva da pedagogia moderna. No século XVIII, a pedagogia moderna surge para formar o povo para o exercício da cidadania que, como faces da mesma moeda, combinam conhecimento e vida produtiva. A pedagogia é inerente ao compromisso de pessoas adultas em relação às crianças. A educação expressa nestes projetos pressupõe, por um lado, a força do compromisso político e da organização social e, por outro, a fortaleza moral capaz de mobilizar e fortalecer a disposição das pessoas em favor das crianças. Para manter a organização e a motivação de pessoas envolvidas nestes projetos, as ações concretas de suas lutas parecem ter "importância crucial ao criar uma memória que, quando resgatada, dá sentido às lutas do presente. A experiência recria-se cotidianamente, na adversidade das situações que enfrentam" (GOHN, 2011, p. 336). Assim, essas pessoas superam suas limitações, mantêm sua mística que busca nas raízes de suas culturas, nas experiências vividas por outros grupos em outras épocas para construir o novo que poderá libertá-las. A compreensão desta concepção de educação que reforça o vínculo das práticas pedagógicas com o modo de produção e de viver das famílias assentadas fica expressa no relato da Orientadora Pedagógica Janaina Pereira:

> Temos o clube de ciências, as aprendizagens que se dão através dele, trabalha bem a questão do lugar, do território onde eles moram, da vida deles, como a horta, o galinheiro, o banheiro orgânico, são algumas coisas que se traz da vida deles e que os alunos já trazem também um conhecimento de casa. Outros temas que também foram trabalhados, o saneamento básico, a metamorfose, os amiguinhos da horta, que são os insetos e bichos, que fazem bem para as plantas e não fazem mal. Os alunos fizeram todo o estudo e, inclusive, foi para a Feira de Ciências do município. Os chás e a importância medicinal de cada tipo de chá. O sal temperado para mostrar a importância de se ter uma hortinha em casa e usar os temperos que se tem naquela horta como algo saudável para a alimentação. A importância da água, de onde ela vem, pra onde que vai, por que temos que cuidar dela, o cuidado com o solo para não envenenar, porque depois com as chuvas vai pra água (2019, s. p.).

A Escola Rui Barbosa é uma instituição pública que se dispõe a fazer lugar para a movimentação destas pedagogias, desenvolvendo atividades neste sentido que levam em conta o conjunto das dimensões da formação humana. É uma escola que humaniza a quem dela faz parte. E isto se dá porque o ser humano, o educando, é o centro do processo de ensino e aprendizagem. Eles são os protagonistas, os sujeitos do ser em construção que os tornam seres conscientes de seus direitos e de sua dignidade.

Portanto, os projetos que ora vamos apresentar representam cada uma das dimensões que fundamentam a construção de novo jeito de ser da escola, quais sejam, a dimensão da estrutura orgânica, a do seu ambiente educativo, a do trabalho e da produção, e a quarta dimensão que é o estudo.

4.3.1 O clube de ciências

Figura 3 *Banner* do clube de ciências

Fonte: Foto captada pelo autor em 11/12/2019.

A interpretação hermenêutica aplicada aos dados obtidos pela pesquisa de campo tornou plausível considerar as experiências participativas existentes das quais se destaca o Clube de Ciências Saberes do Campo dentre os diversos projetos. A escola mantém o clube de ciências[29] em parceria com a Universidade Federal do Rio Grande do Sul – UFRGS, para refletir e elaborar toda esta possibilidade alternativa de educação comprometida com a vida e a realidade das famílias e da comunidade. No clube, os alunos realizam experiências e pesquisas que

---

29. O Clube de Ciências Saberes do Campo é desenvolvido na EMEF Rui Barbosa, no município de Nova Santa Rita. Atende 64 educandos do pré-escolar ao 5º ano em tempo integral. O mesmo foi criado em 2016, pelas professoras Janaina da Rosa Pereira, Andressa Luana Moreira e Camila Grellt, com a orientação do Prof.-Dr. José Vicente Robaina, coordenador deste projeto de extensão da UFRGS. O projeto tem por objetivo desenvolver atividades que desafiem os educandos a investigar e questionar os fenômenos do dia a dia, desenvolvendo o hábito e o prazer pela pesquisa e a ciência, aliado aos saberes da comunidade.

ajudam a compreender as ciências da natureza em seu ambiente real, desta forma fazendo um paralelo com os acontecimentos do dia a dia do campo. Seu objetivo é incentivar e oportunizar aos discentes a iniciação científica desde os primeiros anos do Ensino Fundamental, e assim contribuir com o acesso ao conhecimento científico de forma ativa e crítica, estabelecendo relações com sua realidade e o cotidiano.

Segundo a Diretora Camila Grellt, o "Clube de Ciências Saberes do Campo se trata do projeto carro-chefe da EMEF Rui Barbosa; a partir dele está se reformulando todo o currículo para que a escola seja um espaço de reflexão e construção de saberes para a compreensão de uma nova sociedade". Indo ao encontro da proposta pedagógica de fundamentar-se em uma prática reflexiva, investigadora e questionadora de novos conhecimentos. "O clube de ciências também está dentro do PPP da escola, tudo está documentado. A cooperativa também surgiu das discussões dentro do clube" (PEREIRA, 2019, s. p.).

Portanto, o C.C.S.C é um ambiente em que os alunos desenvolvem atividades extracurriculares, com ênfase no estudo das ciências e dos estudos científicos, essas atividades vão além de uma mera lista de conteúdos e da tradicional sala de aula. "Esses conteúdos serão levados para a vida de cada educando e suas famílias, assim também para as nossas vidas como educadores", completou a Diretora Camila Grellt (2019, s. p.). Em seu Trabalho de Conclusão para o Curso de Licenciatura em Educação do Campo: Ciências da Natureza, a então, professora relata sobre o processo de construção do clube:

> Aos poucos, fomos criando nosso espaço, sendo que este não tinha uma sala física e não estava baseado apenas em experimentos, mas sim mantinha estreita ligação com os saberes da comunidade, acontecendo diariamente no pátio da escola e buscando, através da

investigação de problemas e situações na comunidade escolar, aprofundar os conhecimentos, investigar e criar hipóteses, partindo da ação-reflexão-ação do processo de aprendizagem (GRELLT, 2018, p. 8).

O clube de ciências se reúne todas as quintas-feiras pela manhã, e todos os alunos de todas as séries fazem parte. Ele ocorre em diferentes espaços na escola e na comunidade, onde os alunos realizam experiências e pesquisas que ajudam a compreender as ciências da natureza e seu ambiente real, fazendo um paralelo com os acontecimentos do dia a dia do campo. O objetivo do clube de ciências é incentivar e oportunizar aos discentes a iniciação científica desde os primeiros anos do Ensino Fundamental, contribuindo para o aumento do interesse e também do acesso das crianças ao conhecimento científico de forma crítica e ativa na medida em que vão estabelecendo relações com o cotidiano de sua comunidade. Esta metodologia freireana, buscada no seu livro *Pedagogia do oprimido* (1987) que aborda os "temas geradores" é ratificada pela Profa. Grellt et al.:

> As temáticas do Clube de Ciências Saberes do Campo são discutidas mensalmente pelo coletivo educador da escola no planejamento coletivo, é um momento de debate, reflexão, estudo e conhecimento. A Escola Rui Barbosa trabalha por trimestre, e em cada um deles é pensado e discutido um tema gerador. A partir da escolha do tema é elaborado um cronograma de atividades, sendo que as mesmas podem sofrer alterações durante a realização das aulas por surgimento de uma outra problemática por parte dos educandos. Nesse sentido o cronograma é flexível (2019, p. 287).

Vimos que os assuntos que os educandos discutem no clube de ciências partem de sua realidade e de seu conhecimento prévio. Isto serve de ponte entre o que o aprendiz já sabe e o que ele deve saber, como: o ciclo de vida das borboletas, o processo de metamorfose que elas sofrem, o que é o meio ambiente e a importância de cuidá-lo para cuidar da saúde, a questão da água, do saneamento, da construção da horta, do galinheiro pedagógico, do banheiro ecológico, da organização da produção agrícola em forma de cooperativa, da produção de alimentos saudáveis etc.

> É preciso sair das quatro paredes da sala, andar, conhecer a comunidade e estreitar relações e ampliar os conhecimentos do mundo. Essa iniciativa de realizar horta na casa dos educandos surgiu de dentro da temática trabalhada no Clube de Ciências Saberes do Campo. Assim surgiu o trabalho de pesquisa para a Feira Multidisciplinar do município de Nova Santa Rita, que é conhecida como Feira de Ciências, com a temática "Cuidando e Preservando a Nossa Comunidade". E uma das ações trabalhadas dentro desse tema foi a criação de hortas nas casas dos educandos, como devemos cuidar no dia a dia, do lugar onde moramos (GRELLT et al., 2019, p. 2019).

Vê-se que a Escola Rui Barbosa tem procurado oferecer uma educação do campo buscando o que se tem de melhor naquele ambiente, tendo como carro-chefe a educação em ciências, fazendo um ensino de ciências articulado com a realidade e com o desenvolvimento da pessoa humana. Toda a reflexão teoria e prática se fundamenta sobre o meio físico e social, possibilitando à criança, desde as suas primeiras experiências escolares, observar, manipular e investigar conhecimentos científicos na construção de sua autonomia e cidadania, como reforça Grellt et al. (2019, p. 293):

> Visando objetivos da educação do/no campo com a intenção de exercitar o convívio com as atividades do meio em que nossos educandos vivem conhecer este meio e valorizá-lo, sair do sistema de memorização de conteúdo e passar para uma aprendizagem realmente significativa, para isso fundamos em 2016

> o Clube de Ciências Saberes do Campo, onde seus objetivos se fundem perfeitamente com os fundamentos da educação do/no campo. Com este projeto estamos refazendo e reformulando o currículo. [...] Nesse contexto, o C.C.S.C. é um ambiente em que os alunos desenvolvem atividades extracurriculares, com ênfase no estudo das ciências e estudos científicos, estas atividades vão além de uma mera lista de conteúdos e da tradicional sala de aula, esses conteúdos serão levados para a vida de cada educando e suas famílias, como também para as nossas vidas como educadoras.

Pelo que percebi através da observação *in loco*, e pelas falas dos educandos, esta experiência tem sido para eles(as) um despertar para a ciência, a pesquisa, uma excelente proposta de iniciação científica que trará grandes benefícios a estes alunos(as) nas suas jornadas educacionais ao longo do tempo.

4.3.2 Cooperativa escolar: alunos no poder

A Cooperativa Escolar – COOPERB é um dos projetos gestados no clube de ciências que surgiu de todos os alunos, quando estavam estudando as formigas e perceberam que elas vivem em cooperativismo, e daí vem a ideia de construir a cooperativa, como relata a presidenta, a aluna Eduarda Marcon Rosa:

> O ano passado [2018], quando voltamos das férias, tinha um monte de formiga no galinheiro e na horta. Aí começamos a estudar como poderíamos espantar as formigas sem matar elas. Fomos descobrindo uma série de coisas, como quantas espécies delas têm? Como elas vivem? E descobrimos que elas vivem em cooperativa. Então descobrimos que para espantar elas sem matar tínhamos que usar borra de café, laranja mofada e cinza. Também, as professoras foram lá numa cooperativa escolar de Ivoti e, em seguida, criamos a nossa aqui. Depois fomos procurar cooperativas que

Figura 4 Logomarca da Cooperativa Escolar – COOPERB

Fonte: Foto captada pelo autor em 11/12/2019.

> têm vínculo com escolas, a COOPAN aqui do nosso assentamento, que vieram aqui falar sobre cooperativismo, especialmente as vinculadas com a agricultura familiar (2019, s. p.).

A cooperativa tem uma diretoria composta por seis membros: Presidenta (Eduarda – aluna do 5º ano); Vice-presidente (Kauã – 4º ano); Secretária (Victória – 4º ano); Tesoureiro (Everton – 5º ano); Diretor de Cultura e Diretor de Consumo (dois alunos do 3º ano). A Presidenta Eduarda informa como se dá a eleição e o tempo dos mandatos dos gestores:

> De dois em dois anos é eleita uma nova diretoria com a participação de toda a escola. Primeiro a gente pede para os alunos(as) quem quer ser candidato ou

participar da diretoria. Aí depois se faz a votação e o aluno tem que ter boa nota. Só que para ser da direção tem que ser aluno(a) do 3º, 4º ou 5º ano. Mas para ser sócio pode ser de todas as séries. Só os alunos podem se associar, os professores e os pais não podem. Mas nós temos a Profa. Sabrina que é nossa coordenadora, que nos ajuda (2019, s. p.).

O principal objetivo da cooperativa conforme a aluna e secretária Victória, "não é para ajudar a escola ou nos ajudar, mas sim para aprender, porque com os produtos aprendemos a fazer a matemática, cuidar da natureza e outras coisas pra nossa vida" (2019, s. p.). Os temas e assuntos discutidos, que depois se tornam ações concretas, vão ao encontro da proposta pedagógica da escola e da metodologia referida anteriormente como se pode perceber na fala de Victória:

> Fizemos vários produtos, como sal temperado, sacolas recicláveis e também reciclamos as latas. Tentamos fazer sabonete, mas como faltou vinagre acabou não dando muito certo. Também tentamos fazer umas bolachas com manteiga, mas desistimos porque margarina faz mal e manteiga é muito cara. Daí não compensava. E quando estudamos sobre a alimentação saudável no ano passado descobrimos que as margarinas contêm ingredientes do plástico, é quase um plástico, e daí como íamos manusear um produto deste para depois vender para as pessoas! Aí fomos para o sal temperado que dá para usar menos, colocar pouco na comida e vai dar gosto igual, já que se usar muito vai provocar doenças como pressão alta, mal de Parkinson, Alzheimer (2019, s. p.).

Sobre o que é feito destes produtos produzidos na cooperativa o aluno Vice-presidente Kauã nos diz: "A gente participa dos eventos da escola e da comunidade e lá vendemos os produtos. O dinheiro depois é empregado na própria cooperativa" (2019, s. p.). Por sua vez, o sócio Nicolas do 3º ano, fala da vontade e da importância de participar da cooperativa: "É muito legal, a gente aprende bastante, como por exemplo, lidar com dinheiro, e agora tem a formação sobre cooperativas que a gente tem que aprender e também temos que explicar como funciona" (2019, s. p).

Chama a atenção a logomarca produzida pelos associados, conforme a foto acima; ela é significativa porque expressa bem os princípios do cooperativismo, e que é comentado pelo aluno Vice-presidente Kauã:

> Na "logomarca", têm as formigas por causa do trabalho, os dois pinheiros por causa do equilíbrio, das finanças e do social. E o Círculo. Tem 20 crianças, porque para se formar uma cooperativa tem que ter no mínimo 20 pessoas. E o *slogan* é SABOR DO SABER. Este nome surgiu porque a mãe da Profa. Andriele veio falar um pouco sobre cooperativismo e ao chegar aqui ela disse: nossa! esta escola tem o sabor do saber. Achamos muito lindo a frase e como estávamos construindo naquele período a cooperativa aproveitamos a ideia e colocamos este nome como lema da Cooperativa Escolar Rui Barbosa (2019, s. p.).

Sobre se a cooperativa ajuda na vida dos educandos em relação ao modo de produção vivido em casa, com os pais, e no assentamento, a aluna e Presidenta Eduarda Marcon Rosa diz ser um bom exemplo para formação deles: "porque aprendemos muitas coisas, a usar o dinheiro melhor, como devemos dar o troco para os clientes, como organizar o trabalho, como trabalhar em grupo de forma coletiva, tudo isso depois vamos utilizar no trabalho da COOPAN" (2019, s. p.). Isto também é confirmado pela Profa. Sabrina Silveira, que acompanha pela direção da escola o projeto da cooperativa escolar, do que ela visualizava nos educandos em termos de contribuição no processo de ensino-aprendizagem deles:

> Primeiro, que ninguém é mais importante que ninguém, dentro do processo todos são iguais. Percebe-se isso na fala deles como: não é porque eu sou o presidente que eu sou melhor que um associado ou alguém da diretoria. Então eles sabem que todos são importantes e que todos precisam da ajuda de todo mundo. E a outra é a questão do "esperar", porque as crianças são muito eufóricas, querem fazer valer o seu jeito e a sua opinião, e na cooperativa tem que esperar se todos vão decidir junto, qual é a vontade da maioria, o que a maioria deseja e quer. E a questão de sempre discutir os assuntos, nunca dizer "vai ser assim" (2019, s. p.).

Mesmo se tratando de uma cooperativa de crianças dentro de uma escola de Ensino Fundamental se respeita integralmente alguns princípios básicos do cooperativismo que são a autonomia, a democracia e participação igualitária:

> Nunca parte do professor, sempre eles que decidem aonde a gente vai, o que vai fazer, quem vai. Isto tem desenvolvido neles uma autonomia muito bacana. Inclusive na visita à EXPOINTER em função de valores da entrada. Aí eu e a diretora decidimos não ir, fui falar pra eles, mas não aceitaram, botaram em votação e decidiram ir, embora insistindo que não se tinha dinheiro eles assumiram a responsabilidade de dar um jeito e conseguiram. Então isso demonstra autonomia, capacidade de gestão. Veja que eles desenvolvem isso, e a gente só dá uma ajeitadinha ou aquele apoio necessário e o restante eles assumem. Botam a mão e as coisas acontecem, eles sabem aonde tem material, se auto-organizam; e com isso, quando precisam pegar as coisas só nos pedem autorização. Então isso é um aprendizado para a vida e eu nunca vou cobrar isso em prova (SILVEIRA, 2019, s. p.).

Para que este projeto saísse da teoria para a prática foi importante o apoio decisivo dos pais e da COOPAN como relata a Orientadora Pedagógica Janaina Pereira:

> Nós fomos um dia lá na COOPAN para saber dos fundos, de como eles fazem os investimentos da cooperativa, e um dos pais de uma aluna que também já está cooperativada, ele nos falou de uma coisa que me chamou muito a atenção: quando nós estávamos lá no acampamento da Fazenda Annoni nossos avôs já nos falavam do sonho de ter uma cooperativa e a gente quer muito que nossos filhos sigam neste sistema de cooperativa. Então, é muito importante a escola iniciar neles, os alunos, desde os pequenininhos, para entenderem como é a importância de um sistema cooperativista. Como formar uma cooperativa e como trabalhar em cooperativismo. Então, apesar deles terem muito mais experiência que nós que começamos a pouco tempo, eles nos dizem que ficam muito felizes de saber que a escola tem esta proposta e por isso sempre estão à disposição para nos ajudar. Isso tem sido bem bacana pra todos (2019, s. p.).

Toda esta organização e articulação para o entendimento de como deve funcionar uma cooperativa teve o apoio do Sistema de Crédito Cooperativo – SICREDI[30], tendo em vista que este banco tem uma parceria com os municípios. Assim, a Secretaria de Educação de Nova Santa Rita convidou todas as escolas do município que quisessem para uma formação visando à criação de sua cooperativa escolar, tornando-se dessa forma uma relação institucional via a Secretaria de Educação do município. A Profa. Sabrina Silveira detalha melhor este apoio do SICREDI:

> Foi através do SICREDI que descobrimos como fazer uma articulação e um financiamento para pegar dinheiro e construir o galinheiro que é outro projeto surgido no clube de ciências. Este ano eu consegui uma formação muito importante que foi a visita na cidade argentina de Sunchales, onde ficamos uma semana para conhecer e aprender toda a experiência deles. E eles

---

30. [Disponível em https://www.sicredi.com.br/site/home].

> nos deram uma formação de uma semana que foi patrocinada pelo SICREDI com transporte, alimentação, onde as professoras e orientadoras daqui foram pra lá ver e aprender esta experiência (2019, s. p.).

Outro destaque que é dado à cooperativa escolar e a importância que ela tem dentro do processo de ensino-aprendizagem foi nos relatado pela Profa. Andressa Rodrigues:

> Eu acho que a cooperativa é fundamental porque se trabalha de forma interdisciplinar dentro da cooperativa, porque se trabalha com cálculo quando se organiza as finanças dela, com aprender escrever ao fazer uma ata. Aprendem a falar em público, a fazer uma reunião, a fazer um protocolo. Saber calcular o quanto de produto foi comprado, quanto foi vendido, o lucro que deu e aprender a organizar as finanças. Isso tudo trabalha uma amplitude de conhecimento de várias disciplinas apenas dentro de um projeto. Enfim é o resultado de uma prática pedagógica que parte da vida deles. Então na minha visão se trabalha o aluno de uma forma completa, olhando o todo da formação deste educando (2019, s. p.).

A aluna Jamile também destaca esta importância quando fala do que ela gosta da escola como um todo: "Eu gosto da cooperativa e do clube de ciências, porque a gente aprende várias coisas, como sobre os dinossauros, as formigas, o uso correto da água. Na cooperativa também, porque somos nós que cuidamos dela, não são os professores, é nós que administramos e fazemos ela andar" (2020, s. p.).

Este princípio da cooperação cultuado como fundamental para a organização do MST e da produção nos assentamentos se reflete nas escolas dos assentamentos, como na Rui Barbosa, trazendo uma contribuição pedagógica no desenvolvimento da consciência crítica. Os educandos, já desde o Ensino Fundamental, vão identificando os fatores responsáveis por seus problemas;

identificam a má distribuição dos recursos na sociedade e tudo o que envolve as relações capital/trabalho e as classes sociais, proporcionando aos assentados a consciência organizativa para um planejamento sistemático da produção dentro de um modelo transformador, oposto àquele tradicional do pacote agroquímico, como identifica Martins e Fernandes (2004, p. 8), quando argumentam de que o campesinato pode, sim, constituir um modo de produção camponês na formação econômica e social antagônico ao modo de produção capitalista dominante:

> O campesinato é um grupo social que historicamente tem resistido à desterritorialização. Mas é um grupo social singular, porque sua subordinação ao capital não é total, como é o assalariado [...]. No caso do campesinato, a terra de trabalho é um território de resistência.

Isso já é possível perceber nos conflitos sociais no campo onde predominam os conflitos pela terra e defende o campesinato como modo de produção que se afirma como classe social, constituindo-se como um modo de viver e de produzir diferente do modo de produção capitalista.

Esta experiência da cooperativa, criada e vivida pelos educandos da Escola Rui Barbosa, nos traz alento no campo pedagógico e no da formação para a cidadania. O fato de já nos primeiros anos de ensino escolar a escola trabalhar práticas desta abrangência e magnitude é motivo de esperança de que é possível, sim, se fazer educação para a prática da liberdade e da democracia.

4.3.3 Banheiro ecológico

Este é outro projeto que parte das condições de vida dos educandos para, através das metodologias significativas, se produzir um conhecimento capaz de superar uma necessidade

Figura 5 Maquete do banheiro ecológico

Fonte: Foto captada pelo autor em 11/12/2019.

básica das famílias dos educandos, como descreve a Profa. Andriara Oliveira:

> Em 2016 estávamos trabalhando no clube de ciências sobre o saneamento básico e daí percebeu-se que as crianças não sabiam o que era o saneamento básico. Os alunos que são oriundos de uma vilinha de sem tetos disseram que lá eles iriam ao mato fazer as necessidades fisiológicas, não tinham banheiro. Percebemos que não conhecíamos bem a realidade de onde esses nossos educandos estão inseridos. Ao não conhecer quem são eles, a partir disso, conjuntamente, passamos a repensar o PPP, e ao visitar a Vilinha e constatar *in loco* que eles não tinham saneamento básico nem banheiro se propôs a construção de um banheiro ecológico. Então, a partir de uma aula que se estava dando veio o questionamento das crianças e deste diálogo surgiu a demanda. Fizemos uma visita de campo com os alunos na casa do Olímpio, que é um agricultor assentado e tem este tipo de banheiro, um projeto onde a teoria e a prática se juntaram e uma reforçou e aju-

dou a outra a se tornar um processo de ensino-aprendizagem partindo da realidade conforme aprendemos com Paulo Freire (2029, s. p.).

Ao visitar e entrevistar o agricultor assentado Olímpio Vodzik, que é onde está instalado o banheiro ecológico, ele nos descreveu o que é e como foi feito este banheiro ecológico:

> É um banheiro seco, desidratado, sem uso de água. Nós aqui tínhamos problema de água no verão e também por isso adotamos este tipo de banheiro. Precisa ter uma posição para pegar bastante sol, aliás, no verão é quando o sistema melhor funciona, porque onde ficam os dejetos tem uma entrada e saída de ar para acontecer a desidratação. Depois de cada ano eu tiro os resíduos totalmente secos que é um composto orgânico que utilizamos no pomar. O banheiro é feito de tijolo a vista e atrás tem o depósito dos dejetos que pelo sistema de respiração não dá nenhum cheiro. A Escola Rui Barbosa trouxe os alunos aqui para uma aula de educação ambiental e ver como funcionava o banheiro e saber por que é importante do ponto de vista ecológico. As crianças acharam muito interessante, e daqui levaram a ideia para colocar na comunidade dos alunos da vilinha e nas famílias carentes que não tinham acesso a água encanada (2020, s. p.).

4.3.4 O galinheiro pedagógico

O Projeto do Galinheiro Pedagógico é mais uma das práticas pedagógicas produzidas de forma coletiva a partir das necessidades que a escola identificou como adequada para promover a valorização do meio do qual os educandos são oriundos. Ao abraçar a ideia, a diretora, em nome da escola, foi designada a contactar algum pai para dar concretude ao projeto. Um dos pais construiu a estrutura física e os alunos trouxeram as galinhas. A implementação do galinheiro, no entanto, foi meio de improviso. Os docentes e os educandos constataram vários pontos negativos, tais como: às vezes não tinha comida porque ninguém cuidava no fim de semana; as galinhas fugiam e destruíam as hortaliças da horta. Enfim, tiveram que repensar todo um novo projeto de galinheiro, de como ter um galinheiro com galinhas na escola e que fosse positivo para a escola, para as galinhas e para o processo de aprendizagem dos educandos.

> Fizemos então um Projeto de Galinheiro Pedagógico para o SICREDI e fomos contemplados. Aí montamos uma aula para os alunos sobre os pontos negativos da primeira experiência, e perguntamos pra eles o que queriam saber sobre as galinhas? E houve uma chuva de ideias: queriam saber por que as galinhas eram parentas dos dinossauros? Quem veio primeiro, o ovo ou a galinha? Quando elas surgiram etc. A partir destas questões dos educandos, as professoras estruturaram as aulas do clube de ciências. Aliás, tiveram que reestruturar já que tinha um cronograma anterior, e nessa discussão das galinhas vieram questões deles de como as galinhas surgiram, se foi antes dos dinossauros, como se formou a terra? Por que ela é redonda? Como tinha fogo e depois teve vida? Como surgiu o homem? Como surgiu vida na água? Aí sentamos de novo e percebemos que tínhamos que trabalhar desde este início da aula que tu viste hoje (referindo-se à minha presença como observador), como tudo iniciou, a terra, os períodos até chegar aos dinossauros e o homem. E assim que passarmos por isso vamos retomar o tema das galinhas e o galinheiro (GRELLT, 2019, s. p.).

Nesta observação percebemos a aplicação de uma pedagogia popular que reconhece o saber dos educandos e permite a fala destes para que, ao complexificá-la, possam surgir desafios para novos conhecimentos que os educadores nem sempre dominam e precisam buscar para se atualizarem. A orientadora pedagógica assim interpreta essa concepção teórica e prática do diálogo como método de ensino e aprendizagem:

Inclusive por conta do que eles levantam muitos assuntos nós temos que estudar para poder dar conta. Então tu viste hoje que eles levantaram uma questão que nós não soubemos responder e ficou como tarefa para todos, deles e nós pesquisar pra trazer na próxima aula. Por que tem questões que são de outras áreas que não as nossas e por isso temos sempre que buscar novos conhecimentos para dar conta (PEREIRA, 2019, s. p).

Fica demonstrada uma prática que dá significado à pedagogia aplicada, não se trata apenas de uma técnica de ensino, mas de um princípio epistemológico. Aliás, como vimos em FREIRE (1983, p. 102):

> As técnicas só se encarnam quando o princípio é respeitado. Se o educador está disposto a viver com o educando uma experiência na qual ele diz sua palavra ao educador, e não apenas escuta a palavra do educador, a educação se autentica, tendo no educando um criador de sua aprendizagem. Esse é um princípio fundamental.

O galinheiro pedagógico tem essa finalidade, de permitir aos educandos a fala, a curiosidade da origem das coisas e dos seres vivos, o aprendizado do cuidado, despertar a consciência da percepção da realidade, como descreveu a Profa. Andreali Oliveira:

> No projeto do galinheiro se começou a partir do debate no clube de ciências sobre quem veio primeiro: o ovo ou a galinha. E também do "Cuidar", nós queríamos que tivéssemos uma experiência onde os alunos pudessem colocar em ação a prática do Cuidado aqui na escola. E surgiu a ideia da construção de um galinheiro. Inicialmente veio um pai e fez um galinheiro que não funcionou muito bem. As galinhas fugiam e iam pra horta e comiam tudo o que se plantava, e então partimos para este projeto atual através da cooperativa escolar, onde o SICREDI nos ajudou fazendo a planta

e nos ajudando com recurso para a construção do galinheiro. Então os alunos fazem escala para cuidar, cada dia tem uma turma para cuidar, como recolher os ovos, dar comida e água, limpar. Agora está bem organizado e bem melhor do que era antes (2019, s. p.).

Figura 6 Galinheiro pedagógico na Escola Rui Barbosa

Fonte: Foto captada pelo autor em 11/12/2019.

4.3.5 Síntese dos projetos

A educação oferece os meios que capacitam indivíduos e grupos para identificarem seus interesses, para realizarem seus objetivos, para desenvolverem suas plataformas de luta e sustentarem suas posições políticas e pedagógicas. Assim se estabelece uma relação dialética entre a qualidade da educação e a vitalidade dos movimentos sociais. Uma força gera e reforça a outra. Ou de outro modo, a teoria qualifica a prática, e esta, por sua vez, busca na teoria uma ação mais eficiente.

Compreendendo o ato educativo a partir dos ideais e valores da cidadania, da democracia e em favor da promoção e defesa dos direitos humanos. A educação é condição para essa conquista e garantia. Pratica-se na Escola Rui Barbosa uma pedagogia da cooperação[31], defendida pelo MST, que se concretiza nos projetos que geram conhecimento a partir da experiência, de envolvimento de toda a comunidade escolar, na relação teoria e prática que permite aos educandos e aos educadores a se lançarem no desafio da prática cooperada, que sempre exigirá um contínuo avaliar e refazer-se.

Constatei na Escola Rui Barbosa que esta pedagogia está alicerçada nos princípios do trabalho cooperado, que leva em conta os valores da classe social do alunado, a auto-organização das relações educativas, e que o conhecimento se dá como forma de produção social e de reeducação das relações interpessoais e coletivas.

Para os educandos da Escola Rui Barbosa entenderem o que significava a cooperação agrícola não era suficiente apenas

---

31. "Pedagogia da Cooperação é permitir que a ajuda mútua e a ação cooperada perpassem as atividades da escola, e que desenvolva uma metodologia de cooperação que vá rompendo com as práticas pedagógicas opressivas" [...]. É dar-se conta de que o sujeito da ação coletiva e da educação não é o indivíduo, mas o conjunto de pessoas que participam do processo, uma vez que os problemas da vida e da prática social são discutidos e avaliados coletivamente, com a finalidade de reorganizar a ação cooperada" (MST ESCOLA, 2005, p. 182).

pesquisar e discutir sobre o tema. Fez-se necessário oportunizar-lhes uma prática real, refletida, teorizada, de trabalho coletivo. Só assim, através dos projetos da escola, foi possível atingir os objetivos de desenvolver uma mentalidade propícia à cooperação agrícola existente e vivenciada no seu meio.

Ao mesmo tempo em que os educandos estão vivendo a experiência do trabalho coletivo na escola, eles também estão abrindo os horizontes para novas pesquisas e desafios para novos projetos. Isto é possível, como ficou demonstrado. Ao realizar o ensino a partir de temas geradores, outros novos conhecimentos se faziam necessários, como foi o caso dos estudos sobre a saúde como tema gerador. A partir do tema saúde se descobriu a importância da alimentação saudável, e dela surgiu o projeto da horta orgânica. Isto está em plena consonância com os objetivos do MST em relação ao que querem e esperam de uma educação no campo, especialmente de uma escola pública que atende às crianças e adolescentes do assentamento, como vimos (MST ESCOLA, 2005, p. 86):

> A escola deve fazer junto com a comunidade, incluindo as crianças, uma leitura/análise das principais necessidades ou problemas sociais que afetam o assentamento. Discutir sobre as prioridades do envolvimento da escola, levando em conta: as condições objetivas da comunidade, as características e objetivos das crianças, e os objetivos da comunidade em relação à preparação/capacitação destas crianças. Saber desafiar as crianças. Um objeto nasce da realidade, mas ele somente se constitui como objeto gerador quando as crianças decidem que determinada prática deve acontecer. A escola deve ser criativa o bastante para transformar as necessidades do coletivo em necessidade de cada criança.

Concluímos que os projetos da escola são frutos desta concepção pedagógica de objetos geradores, e que por isso os conteúdos devem ser organizados e selecionados em função destes temas geradores, que a princípio são teóricos, mas também ligados às necessidades das crianças e do conjunto do assentamento. Como diz a proposta de educação do MST ESCOLA: "É preciso juntar o estudo com o trabalho. É preciso preparar as crianças e os jovens para a cooperação. Educá-los dentro do mundo da produção. Conhecer a caneta e a enxada, afinando estudo e trabalho, aprendendo teoria e prática, nova forma de aprendizado" (2005, p. 89).

5

A educação escolar da EMEF Rui Barbosa, o trabalho agroecológico da COOPAN e as práticas sociais do Assentamento da Reforma Agrária Capela: o inédito viável

Para visualizar este modelo de escola, tanto em sua estrutura física como também na organização do seu trabalho escolar e pedagógico, deve-se ter presente a Escola Rui Barbosa como um caminho de muitas marcas, oriundas de acampamentos do MST, isto é, de áreas de conflitos, mas que tem se destacado por suas práticas pedagógicas e por ser uma escola pública da Educação Infantil e dos anos iniciais do Ensino Fundamental que mantém forte vínculo com a prática social, principalmente quando acompanha as mobilizações e outras lutas do MST e do assentamento.

Buscando identificar o inédito viável desvendado pela pesquisa de campo, a abordagem metodológica se caracterizou como de natureza qualitativa, tendo como base nas estatísticas disponíveis no âmbito dos bancos de dados públicos, no âmbito da própria pesquisa de campo realizada, bem como no âmbito das gestões da EMEF e da COOPAN. Com esta base empírica, este capítulo discute – a partir de um caso concreto e da teoria pedagógica do MST – a clássica relação entre educação e movimentos sociais. Foi possível realizá-la a partir dos dados do IBGE (2014) sobre Nova Santa Rita[32], cuja população estimada é de 25.293 habitantes. Houve um crescimento significativo da população conforme podemos verificar, pois segundo o Censo do IBGE de 2000 a população do município era de 15.750 habitantes e no Censo seguinte de 2010 a população atingiu 22.716, distribuídos numa área territorial de 217.870km². O crescimento populacional do município, portanto, na década de instalação do assentamento foi de 44,2%. A população gaúcha, no mesmo período, cresceu apenas 4,96%. O texto analítico do Plano Municipal de Educação do município ressalta a importância demográfica, econômica e social dos assentamentos:

> No município existem quatro assentamentos, com aproximadamente 3 mil pessoas, entre assentados-titulares, dependentes e familiares. Com produção de hortifrutigranjeiros, piscicultura, arroz, leite e suínos. Sendo que desta produção, boa parte abastece as escolas do município na alimentação escolar. Priorizando assim o consumo de alimentos orgânicos, sem uso de agrotóxico (PME, 2015, p. 12).

A situação educacional, conforme os censos escolares do INEP[33] e o banco de estudos sobre Conselhos Gestores de Políticas Públicas mantido pelo IPEA[34].

---

32. IBGE Cidades [Disponível em https://cidades.ibge.gov.br].
33. Disponível em https://www.qedu.org.br/cidade/344-nova-santa-rita/censo-escolar?year=2018&dependence=0&localization=0&education_stage=0&item=
34. Disponível em http://www.ipea.gov.br/participacao/outras-pesquisas-2/348-estudos-sobre-conselhos

Tabela 4 Escolaridade da população

Pessoas com 10 anos ou mais	Sem instrução e Fundamental incompleto	Fundamental completo e Médio incompleto	Médio completo e Superior incompleto	Superior completo
Branca	8.749	3.857	3.805	558
Preta	264	86	118	23
Parda	18	-	20	-
Amarela	966	323	137	24
Indígena	10	-	-	-
Total	10.008	4.266	4.079	605

Fonte: IBGE Cidades. População indígena desconhecida. Acesso em jun./2020.

Verificamos e analisamos as convergências e divergências entre os documentos pedagógicos do MST e a proposta educativa da Escola Rui Barbosa. O que o MST expressa e o que a escola do sistema municipal de ensino se predispõe a fazer em seu projeto político-pedagógico. Confrontamos essas convergências e divergências com a proposta pedagógica de Paulo Freire, visando a estabelecer teoricamente a relação entre a pedagogia de Freire e as demandas educacionais da reforma agrária popular proposta e praticada pelo MST e o seu projeto de sustentabilidade produtiva. Utilizamos a triangulação dos dados levantados na pesquisa de campo (dados dos professores, alunos, e também dos pais através da realização, transcrição e seleção de trechos das entrevistas), no que se refere às práticas pedagógicas e ao projeto de sustentabilidade produtiva, buscando dar maior validade ao estudo.

5.1 Educação e produção agrícola sustentável: a relação da escola com o assentamento e a COOPAN

Este item pretende desvelar as formas pelas quais a escola Rui Barbosa se vincula ao modo de vida e ao modo de produção dessa peculiar comunidade que construiu sua identidade desde a resistência coletiva contra a expulsão da terra, até a conquista da terra e a organização da produção para, atualmente, consolidar sua inserção econômica como a mais importante da América Latina na produção orgânica de arroz baseada no modelo agroecológico.

Aprofundar aquilo que já apresentamos no capítulo anterior em termos do que é ensinado na escola reforça e ajuda o modo de vida dos educandos lá na comunidade, isto é, demonstra pelas falas e pelas experiências dos sujeitos pesquisados o vínculo ou a desconexão entre o que é ensinado na escola e o modo de vida no assentamento em relação à produção agroecológica. Estes fatores são essenciais no sucesso do assentamento como vimos na fala do Stédile:

> Para a reforma agrária dar certo e o assentamento prosperar precisa de terra, crédito e educação. Ou seja, reforma agrária sem este tripé ela não se concretiza. Não tem nenhuma chance. Fomos concluindo isso pela nossa vivência na prática, já que não tínhamos outra experiência anterior elaborada. Por isso, no último congresso do MST (2014) é que consolidamos essa elaboração teórica que nós chamamos de Programa de Reforma Agrária Popular. Parece uma palavra simples, mas não, porque agora a reforma agrária não é mais um programa e um problema só dos camponeses, mas agora ela tem que interessar todo o povo brasileiro, especialmente o consumidor, por que onde está o seu interesse? Na comida saudável, na proteção das águas que compete ao camponês fazer isso (2020, s. p.).

O interesse da pesquisa foi ver se este tripé, em especial a educação, está correspondendo à expectativa da escola e do assentamento. Iniciei a interpretação a partir da fala de uma das professoras: "Reforça em muito, ainda mais agora com esta bagagem da direção, com o comprometimento de todo o nosso grupo que não ocorre em todas as escolas. É o que eu sempre digo: aqui se encontrou uma energia positiva vindo de todos os lados para que o trabalho fluísse melhor" (RODRIGUES, 2019, s. p.).

Preparar estes educandos da Escola Rui Barbosa para o mundo do trabalho com autonomia e cidadania é o principal objetivo e o grande desafio da direção e do corpo docente da escola. Desenvolver o princípio educativo do trabalho e o caráter de um projeto formativo do ser humano tem sido a busca constante e conjunta da escola e das famílias assentadas vinculadas à COOPAN.

> Então a relação com a comunidade é fundamental. Vamos lá, por exemplo, estudar quantas tetas tem a porca, fomos *in loco* conferir isto, e já se aproveita para ver todo o entorno, a questão de vida deles. Assim a aula passa a ser muito mais importante que dez aulas só teóricas, porque aí que entendemos que a escola se torna significativa. Que eles aprendam realmente, e a gente estuda muito para poder dar conta de tudo aquilo que eles trazem. Tem muita coisa que não se sabe, tanto é que às vezes trazemos um pai para iniciar aquele determinado tema com a sua experiência empírica e depois estudamos o que ficou como questões e trazemos o conhecimento científico, teórico sobre o tema (GRELLT, 2019, s. p.).

Se o trabalho é educativo, precisa-se trazê-lo para dentro da escola. Esta não pode apenas se preocupar com o estudo, deixando o mundo do trabalho seguir sua própria lógica. Para o MST, duas razões básicas justificam a proposta de que a escola se junte com o trabalho:

> a) Pela potencialidade do trabalho. Se nada há de mais educativo do que o trabalho, por que a escola não se valer deste poderoso instrumento? b) A escola pode ajudar a tornar o trabalho dos alunos mais plenamente educativo. Ou seja, é o local próprio para unir teoria e prática; para provocar o estudo e a reflexão sobre as

questões do mundo do trabalho; para planejar situações pedagógicas onde os alunos vivenciam certos tipos de relações de trabalho, que em sua família talvez não chegassem a vivenciar; para ajudar as crianças a se darem conta dos trabalhos que fazem na família, no assentamento. Por que fazem, como fazem e para que fazem (MST ESCOLA, 2005, p. 93).

Educar através do trabalho, portanto, não é só fazer uma horta na escola para as crianças trabalharem. Uma pedagogia do trabalho ou a implementação desta relação entre escola e trabalho tem que levar em conta a função social da escola, que lhe é peculiar, pois diz respeito à socialização e à produção de conhecimentos científicos necessários à vida pessoal e à vida social. A escola não pode ser só teoria e nem só prática. A teorização deve ser sobre práticas sociais concretas nas quais os alunos estejam envolvidos. Visões que são descritas pela Diretora Camila Grellt:

> Então, muitas vezes estamos programados para estudar uma determinada aula e no decorrer dela temos que parar e nos reorganizar para dar conta daquilo que surgiu no debate. Como quando fomos estudar a origem da galinha tivemos que no meio parar, nos reorganizar e estudar para responder todas as questões que surgiram, isto é, fomos estudar a evolução da terra, do homem e dos animais para chegarmos a tal da galinha. Como íamos saber este conhecimento sem ter saído aí da curiosidade deles de querer aprender. Precisávamos dar estas respostas sem pular lá pro final (2019, s. p.).

Importante ressaltarmos que o MST defende em sua proposta de educação que todas as escolas de assentamentos sejam escolas de trabalho, onde o princípio educativo fundamental esteja no trabalho. "O MST enquanto organização dos trabalhadores que lutam pela reforma agrária precisa ter na escola um instrumento a serviço dos desafios que esta luta coloca para todos nós. A escola também precisa ajudar para que o assentamento dê certo. Como também precisa ajudar para que a organização avance" (MST ESCOLA, 2005, p. 94).

Por isso, o vínculo do assentamento com a escola tem sido intenso e se efetiva nas práticas e nos projetos concretos, como relata a orientadora pedagógica:

> Assim que a gente pensou em viabilizar os estudos a partir da realidade da comunidade a gente trouxe muito a participação deles dentro destas atividades. Sempre manda questionários para eles responderem, a gente convida eles para vir aqui participar das atividades, então a gente acha que a comunidade está muito presente na escola, trabalhamos muito com os saberes deles. Eles vêm muito aqui dar depoimento, como na parte da cooperativa eles vieram dizer aqui como funcionava a Cooperativa COOPAN, os alunos foram até lá ver o funcionamento e a organização. Portanto, há sim uma interação muito intensa entre escola e comunidade (PEREIRA, 2019, s. p.).

Sobre a COOPAN, a fala do Presidente Nilvo Bosa demonstra que a parte organizativa e administrativa de como se dá a divisão do trabalho e dos lucros contém elementos educativos deste novo jeito de viver e conviver:

> O trabalho é dividido por setor. Nós temos dois grandes setores, que é o da carne e o do arroz. E dentro do arroz tem a produção e a industrialização. Na carne também temos a produção que é a criação de suínos e o abatedouro que é a indústria que depois coloca no mercado. Esta ideia de agroindústria também aprendemos na organização da luta que é para poder agregar valor naquilo que produzimos. Estas são as duas grandes linhas. E tem também a parte administrativa, que envolve a comercialização, manutenção do maquinário e meios de produção. Este setor administrativo nós chamamos de Setor Social da Cooperativa, que trabalha ciranda, refeitório, parte cultural e outras

coisas. Tem o setor do leite, mas é só para o sustento das famílias e algumas outras atividades que são só de sustento, como horta, galinhas etc. Então o trabalho é organizado por setor, onde cada um tem um coordenador que faz parte do Conselho da Cooperativa que se reúne uma vez por semana para planejar e tocar todos os trabalhos. No sábado de manhã se reúne o conselho com os coordenadores de setor para avaliar o que foi feito e ver o que deve ser tocado na semana seguinte. Desde daquilo que ficou pra trás, do que é mais urgente e a rotina semanal, tudo isso é planejado na reunião do sábado de manhã (BOSA, 2019, s. p.).

Outro fator é o modelo de produção baseado na agroecologia adotado na última década depois de perceberem a necessidade de avançar numa nova perspectiva, tendo em vista que na forma tradicional de produção rural não seria possível viabilizar o assentamento do ponto vista econômico. Sobre isso, o assentado e Deputado Federal Dionilso Marcon enfatiza que além da conquista da terra o desenvolvimento econômico e social também valeu a pena:

> O assentamento faz parte da sociedade, onde existem pessoas bem de vida, outras remediadas e outras nem tanto. O assentamento faz parte desta conjuntura, mas aqui posso afirmar que 80% das famílias estão bem, uns 18% das famílias estão razoavelmente e 1 ou 2% que estão um pouco pior, mas ninguém passando fome. A maioria tem carro, casa boa, os filhos que moram com os pais trabalham aqui e alguns que já casaram não moram mais com os pais, mas moram no assentamento e alguns trabalham fora na Grande Porto Alegre (2020, s. p.).

A Sra. Elaine Rosa, mãe de aluna, ao falar sobre a produção orgânica que é feita no assentamento, perguntada se considera mais viável e mais rentável do que a tradicional com o uso de agrotóxicos, destaca as vantagens e dificuldades de se produzir de forma sustentável:

> A opção de um projeto de vida que é a produção orgânica é ainda um grande desafio, o que mais me intriga é que a gente produz para um público que ainda tem dinheiro, isto é, nossa produção limpa que é sinônimo de vida saudável ainda é para quem tem mais poder aquisitivo e não para o trabalhador, já que o produto é mais caro. Isto é complicado. A produção sem veneno tem um custo maior, precisa ser disputada no mercado porque hoje não se consegue pôr o nosso arroz orgânico em todos os mercados, o tempo de durabilidade dele na prateleira é diferente do outro. Outra dificuldade para nossa comercialização é o fato de carregarmos a marca do MST, isto em muitos mercados tem resistência. Então eu acho que pelo fato da COOPAN, MST ter esta identidade sem terra, que nós fazemos questão de levar adiante e defender, isso a gente vê em muitos lugares uma resistência muito grande (ROSA, 2020, s. p.).

Sobre se a escola ajuda os educandos compreenderem este modelo de vida, e se o que eles aprendem na escola reforça esta proposta de produção agroecológica e a forma de se viver no assentamento, o pai de aluno Emerson Giacomelli diz:

> Um exemplo é quando falamos para meu filho de irmos morar em outro lugar ele diz que não quer de jeito nenhum, gosta muito de morar aqui. Tanto é que já com 11 pra 12 anos vai se associar na COOPAN. Mesmo com esta idade a gente já faz questão que eles se associem, até porque tem uns graus de iniciação e integração quando um novo sócio entra na cooperativa. Ele também tem conhecido muitas experiências como a ter ajudado na escola formar a cooperativa escolar, e com isso ter tido oportunidade de receber aula de cooperativismo na escola. Ele foi eleito tesoureiro na cooperativa. Aí chegou em casa e me perguntou para comprar uma tesoura porque ele precisava, já que tinha sido eleito tesoureiro da cooperativa, mas ao mesmo tempo me perguntou o que um tesoureiro fazia. Então veja o grau e a importância que isso teve pra ele, e foi a escola que proporcionou a ele e não a COOPAN ou nós em casa (2020, s. p.).

Vimos que vários princípios que o MST defende e a escola utiliza em suas práticas se conjugam como o de educar para a cooperação agrícola, que é um desafio de todo o MST, para poder avançar nas formas de cooperação e de viabilização da produção nos assentamentos, preparando estes educandos para uma nova cultura de convivência e de vivências coletivas. Para tanto utilizam várias técnicas de trabalho manual e intelectual que apontam para o avanço da produção no meio rural. Já desde a 5ª série esta iniciação técnica tem mais ênfase, tendo em vista a preocupação de canalizar habilidades e conhecimentos para futuras áreas de especialização que os educandos queiram ou necessitam se aprofundar.

> Precisamos formar trabalhadores que valorizem o que fazem. Desenvolver o amor pelo trabalho, e pelo trabalho no meio rural. Que queiram contribuir e se aperfeiçoar cada vez mais para o aumento da produção coletiva de riqueza e consequentemente melhoria das condições de vida para os trabalhadores, mesmo que isso exija muito esforço, até sacrifícios. Precisamos que nossos filhos queiram permanecer no campo e que saibam lutar para que esta permanência seja com dignidade e com muita alegria de viver (MST ESCOLA, 2005, p. 95).

Significa ir de encontro a toda uma lógica do sistema de produção no campo, que prioriza o êxodo rural, a produção em larga escala, baseada no uso intensivo de pesticidas, inseticidas e agrotóxicos. A escola tradicional é estimuladora desse modelo, seja pela supervalorização da cultura urbana ou pela omissão em relação aos problemas da realidade rural. Foi e está sendo necessário uma preparação e um planejamento próprio do MST para poder fazer frente a estes desafios, especialmente na educação.

> Na área da educação, no tempo do governo Lula, construímos e conquistamos os cursos alternativos

> para formar agrônomos, veterinários, e outros cursos, de origem camponesa. Até porque precisávamos formar uma nova geração de agrônomos com esta concepção de agricultura agroecológica, porque não existiam profissionais com esta capacitação e entendimento nas universidades oficiais. Estas conquistas já deram frutos e muitos estão trabalhando nas cooperativas dos assentamentos de reforma agrária (STÉDILE, 2020, s. p.).

Por isso, a escola dos assentamentos e para os assentados tem que ser diferente, tem que demonstrar as experiências de trabalho real, socialmente útil, cientificamente fundamentada para assim cultivar o valor do trabalho. Isto desperta no educando a necessidade de aprender, porque vê o sentido daquilo que está sendo ensinado para sua vida. Ao colocar o educando em atividades concretas, com sentido real, vai despertá-lo para criar necessidades de novas aprendizagens.

> Queremos uma escola em movimento, em ação. Onde todos estejam envolvidos em algum tipo de trabalho, criando, inovando, conhecendo e pesquisando. Onde a cada dia os alunos tenham mais pressa de voltar, de continuar aprendendo. E onde os professores também façam do seu trabalho um permanente aprender e reaprender. É assim a nossa escola do trabalho. O MST precisa de sujeitos sabidos, criativos, ágeis (MST ESCOLA, 2005, p. 95).

Na esteira desta compreensão destaco o testemunho de um pai sobre como ele descreve o processo de ensino-aprendizagem de seu filho em consonância com esta orientação do MST de preparar novas gerações para as necessárias mudanças de produção, sociais e culturais.

> Meu filho era muito tímido, não falava em público, nem na aula, não gostava de se expor, dar opinião, hoje ele vai a muitos locais representar a cooperativa escolar, fala, expõe, debate, apresenta os trabalhos.

> Então, além do conhecimento há um crescimento da autoestima, de participar, ajudar. Eu vejo que a escola tem sido muito importante pra criar esta pertença ao local onde a criança mora e vive. Portanto, existe uma relação muito forte entre a escola com a comunidade e da comunidade com a escola. Principalmente porque aqui na Rui Barbosa temos uma equipe de professores muito boa. Eles abraçaram a escola e este tipo de educação. Gostam da escola, do local e se sentem parte da comunidade, e há por parte da comunidade esta percepção, este sentimento, e por isso uma troca permanente (GIACOMELLI, 2020, s. p.).

Esta relação da Escola Rui Barbosa com o modo de produção agrícola sustentável do assentamento é resultado de uma história dentro da história de luta pela terra que, com o passar do tempo, o MST tomou consciência da enorme importância que isso tinha, ao ser um eixo fundamental para o sucesso dos assentamentos. Esse modo de produção agroecológico, no entanto, tem encontrado muitas dificuldades em sua implementação, tendo em vista o pouco apoio dos governantes, de políticas de crédito e programas específicos de manejo de solo e controle de pragas, entre outras variáveis. Embora a população prefira consumir produtos orgânicos, os problemas persistem segundo o Emerson Giacomelli:

> Por causa do modelo de produção baseada nos agroquímicos, que na verdade domina o poder político do país. É um modelo baseado no agronegócio de uso de agrotóxicos e que é hegemônico no mercado. Então, todos os programas de compra de produtos orgânicos do governo terminaram, todos os programas de assistência técnica terminaram, como também os de investimentos, pesquisas, todos terminaram e hoje só tem dois pilares que estão nos sustentando que é o PNAE (merenda escolar), que em muitos locais é sustentado pela merendeira, a nutricionista que gosta deste nosso produto e o outro porque a sociedade quer este

produto. Mas do ponto de vista de políticas públicas está sendo tudo terminado e não se tem incentivo nenhum. Tudo é direcionado ao agronegócio e o pacote de agroquímicos (2020, s. p.).

O presidente da COOPAN, Nilvo Bosa, também aponta as dificuldades e os desafios da COOPAN para continuar produzindo nesta perspectiva da produção orgânica e da sustentabilidade:

> A maior dificuldade é a crise da economia capitalista que está afetando a nós também. Nosso desafio é viabilizar as agroindústrias para poder nos tornar competitivos com o mercado. Porque em época de crise o difícil é fazer investimento, e nós, para nos manter, precisamos ter capacidade de investimento nessas agroindústrias que vai dar vida para a cooperativa sobreviver. Porque a cooperativa tem que trazer uma série de benefícios para o associado, como lazer, qualidade de vida, bem-estar, conforto, saúde, educação e também renda. Dependemos da juventude destas crianças que hoje estudam na Escola Rui Barbosa para mantê-las aqui. Então nosso gargalo, nosso desafio é manter as agroindústrias para manter postos de trabalho, emprego para nossos filhos, manter os postos de trabalho para as mulheres e estes filhos que na medida em que fizer 16 anos possam se associar e ter trabalho (2019, s. p.).

Já o assentado e cooperativado Mário Lill, quando perguntado sobre os desafios e dificuldades para a produção orgânica e a manutenção do projeto de sustentabilidade cooperativado, aponta para uma posição mais otimista:

> Hoje estamos num cenário de crescimento, nossos jovens estão optando por ficar no assentamento e se associar na cooperativa porque gostam de estar aí. Estão estudando para ajudar a nós. Já tem filho de assentando formado em Agronomia que está tocando a lavoura. Outro formado em Contabilidade ajudando tocar

a parte administrativa da cooperativa. Outros estudando Engenharia de alimentação para contribuir no processo de indústria, e outras frentes também. Deste ponto de vista do público e das pessoas a perspectiva é boa, do ponto de vista econômico da produção nosso grande desafio é fazer esta transição de modelo, sair deste modelo de produção que exige o uso dos agrotóxicos (2019, s. p.).

Mesmo assim, percebemos ao longo da pesquisa muitos desafios para fazer dar certo e prosperar o modelo de produção agroecológica. O assentado e Deputado Federal Marcon chega a apontar a possibilidade de fracasso caso não se consiga avançar em elementos essenciais como:

> A primeira coisa é avançar na pesquisa, depois nos equipamentos, no modelo de trabalhar. Precisamos avançar nisso senão as pessoas irão desistir, pois não basta ter só a consciência política, precisa-se ter também dinheiro no bolso. O custo da produção é ainda alto, porque se precisa trabalhar em dobro, a mão de obra é escassa, a produção é baixa e a lavoura é contemplada com tudo o que é tipo de inseto, erva daninha e isto é difícil de controlar. Outra dificuldade é a forma de recuperar a terra, estamos fazendo este debate aqui agora em relação ao plantio de arroz. Precisa que EMBRAPA faça esta discussão. Mas já se está fazendo um bom debate e algumas experiências com esterco de galinha, de peru, só que precisa deixar de um ano pra outro, isto obriga a se fazer rodízio de lavouras. Situações que o pacote agroquímico não enfrenta. Porque os venenos e adubos resolvem tudo e a produção é muito maior. Então o modelo convencional em termos de produtividade e tecnologia está anos-luz na frente, e eles têm crédito do governo. Nosso modelo agroecológico neste sentido está apenas engatinhando e sem apoio dos governos (2020, s. p.).

Nesta perspectiva, lutar por uma escola de boa qualidade, capaz de dar respostas adequadas aos desafios do novo tipo de vida nas terras conquistadas é prioridade das prioridades para o MST. Por isso, houve muitas lutas e "brigas" para a criação de escolas oficiais nos assentamentos e pela direção política e pedagógica da escola: "Queremos mostrar que existe uma relação direta entre esta trajetória e a própria dinâmica evolutiva da luta pela terra como um todo: à medida que mudam as concepções e estratégias gerais do MST, muda também o tipo de discussão e reivindicação que se faz em relação à educação e à escola" (MST ESCOLA, 2005, p. 11). E a Escola Rui Barbosa é um destes resultados como descreve o presidente da COOPAN:

> Esta escola é a que no município mais trabalha a realidade dos assentados e do assentamento. Pra se ter uma ideia, já tem na escola formada pelos alunos uma cooperativa e também influenciada pela nossa cooperativa. Então nosso relacionamento é muito bom. Seguido eles vêm aqui na COOPAN, e se eles precisam que alguém de nós vá lá ajudar em algum tema ou projeto nós vamos. Com este trabalho influencia sim na vida aqui, como o de ajudar o jovem depois continuar morando aqui já sabendo fazer as coisas. E nós damos como contraponto as práticas da cooperativa para ajudar no ensino deles lá na escola. Pelo que eu conheço é a melhor escola do campo ligada aos assentamentos com professores tão bem afinados com o nosso projeto de sustentabilidade e modo de vida. E a escola que mais participa das atividades do assentamento e da pedagogia do Movimento Sem Terra (BOSA, 2019, s. p.).

A educação oferecida na Escola Rui Barbosa supera a concepção ingênua de que a luta pela terra é apenas pela conquista de um pedaço de chão para produzir. Nas práticas pedagógicas adotadas fica claro uma questão mais ampla, que é a busca pela cidadania do trabalhador rural sem terra, na qual está incluído também o direito à escola e à educação de qualidade voltada ao seu meio. Por isso, faz-se necessário uma revisão das formas tradicionais de pensar, dizer e fazer a educação popular. Evidenciando na prática quem são os sujeitos das mudanças. Por isso, para o MST, a base alternativa para os assentamentos está na relação entre a escola e a produção.

> Todos os alunos que já saíram da Escola Rui Barbosa e fizeram curso superior todos estão trabalhando aqui na cooperativa. Não forçamos para que se alguém quer sair que o faça, mas já temos vários jovens daqui que se formaram veterinários, agrônomos e administração, estão todos aqui trabalhando. Então os jovens estão se formando e ficando aqui porque tem lazer, tem cultura, qualidade de vida e por isso se sentem bem ficando aqui morando e trabalhando. A cooperativa também incentiva, ajudando financeiramente os estudos, garantindo trabalho, ajudando a eles fazer uma casa no assentamento, e se forem sair sabemos que vão defender o cooperativismo, a produção agroecológica, defender a classe trabalhadora que é isso que importa (BOSA, 2019, s. p.).

Em cada fala vai se confirmando que, de fato, há um modo de vida diferente no projeto dos assentamentos, dentro de uma perspectiva integrativa entre as pessoas, a natureza, a comunidade através dos valores culturais, e de se sentir bem mesmo com todas as dificuldades que surgem constantemente, como demonstra o assentado da Fazenda Annoni, Mário Lill:

> Do ponto de vista geral, a perspectiva do assentamento e da cooperativa é boa, porque além destas frentes de trabalho e produção, no espaço onde moramos tem sido um espaço bom de viver e conviver. Onde eu moro é o melhor lugar do mundo pra viver. Porque ali eu tenho trabalho, eu tenho renda, eu tenho lazer, tenho convivência sadia com todas as famílias em volta, tenho conforto que toda a pessoa merece, tenho acesso à comunicação, estradas, saúde, educação. Então eu tenho o que um ser humano precisa para ter dignidade. Pra ter uma ideia, lá na agrovila mora um casal de médicos, moram lá porque é um lugar bom de morar, porque gostam (2019, s. p.).

Além deste casal de médicos, outros filhos de assentados hoje são médicos, que através do MST foram fazer Medicina em Cuba e hoje estão engajados na luta da reforma agrária e ajudando nos postos de saúde dos municípios onde tem assentamentos. Um deles é o Marco Tiarajú Correa da Silva, que destaco porque foi a primeira criança que nasceu no acampamento da Fazenda Annoni em 1985. Coube a mim levar a mãe e o pai para o hospital de Passo Fundo numa madrugada chuvosa. Meu fusca tinha um furo no assoalho onde, ao passar nas poças de água, molhava os pés e pernas do carona. Ao voltar no acampamento ainda sem nome, os pais propuseram que fosse escolhido de forma coletiva, mediante votação em uma assembleia com quase 10 mil pessoas, e que depois foi batizado numa missa campal celebrada pelo Pe. Arnildo Fritzen, de Ronda Alta.

O nome "Marcos", porque se tratava do nascimento da primeira criança em uma ocupação do movimento. "Tiarajú", em homenagem ao indígena Guarani Sepé Tiarajú, que liderou seu povo em uma guerra contra os colonizadores na América do Sul. Filho da histórica militante Roseli Nunes[35]. Marcos Tiarajú nasceu, como ele mesmo define, "embaixo da lona preta".

Marcos Tiarajú nasceu sem terra, perdeu sua mãe lutando pela terra e o pai ganhou o seu lote. Em 2006, foi estudar Medicina em Cuba, retornando ao Brasil em setembro de 2012.

---

35. Roseli Nunes, mãe do Marcos Tiarajú, veio a falecer em 1987, atropelada por um caminhão quando de um protesto dos agricultores familiares junto ao trevo da BR 383 em Sarandi/RS. Com ela faleceram também mais outros dois agricultores. Uma CPI foi instalada na Assembleia Legislativa presidida pelo Deputado Adão Preto e eu era o seu chefe de gabinete, onde por todos os depoimentos e evidências foi uma ação deliberada do caminhoneiro articulada pelos latifundiários da região. A Roseli também inspirou o nome do filme *Terra para Rose*, de Tetê Moraes, com narrativa da atriz Lucélia Santos, sobre a Fazenda Annoni (Fonte: depoimento do autor).

Atualmente trabalha em três postos de saúde da rede municipal de Nova Santa Rita, município de 24 mil habitantes, e que possui quatro assentamentos do MST. O médico mantém sua consciência de classe conforme falou em entrevista ao jornal *Sul 21* em 9 de setembro de 2013: "Já nasci embaixo da lona preta, como parte de uma classe social excluída de um dos bens mais importantes, que é a terra".

Muito significativa é a sua descrição quando fala dos pais, especialmente da militância de sua mãe e seu protagonismo enquanto mulher numa luta de dominação do latifúndio e do preconceito com os pobres do campo.

> Minha família era similar a todas que se organizavam em torno desta luta. Era uma família pobre, com filhos para criar, sem acesso à alimentação, ao trabalho e à terra. Minha mãe assumiu um papel protagônico. Era uma mulher, mãe de dois filhos – antes de eu nascer –, que ingressou na luta e assumiu um papel de liderança. Ela dizia que a reforma agrária ajudaria a transformar a sociedade. Era uma camponesa sem um grau elevado de estudo, mas possuía a consciência social de que era necessário lutar. Queria mostrar para a sociedade porque a luta pela terra se desenvolvia e sabia exatamente de quem cobrar: o Estado brasileiro. A Constituição reconhece que toda a terra que não cumpre sua função social deve ser destinada para fins de reforma agrária (MÜLLER; OLIVEIRA, 2013, s. p.).

Tiarajú é um cidadão e médico forjado na dureza da luta, foram muitos anos de sofrimento para chegar à condição de hoje, como nos relata: "Muitas vezes, para nos alimentarmos, íamos para o lixo de um supermercado recolher as mercadorias vencidas. Cresci nesta realidade, com muitos questionamentos na cabeça e muita angústia. Eu não compreendia por que a vida tinha que ser daquela forma" (MÜLLER; OLIVEIRA, 2013, s. p.).

A história do hoje médico Tiarajú é importante ser trazida no contexto desta análise que estamos fazendo entre luta pela terra, educação e produção agroecológica, porque ela demonstra que o sonho dos assentados em construir um projeto de vida que indique um novo paradigma para o campo e para a sociedade, apesar de inédito, é viável, é possível, como ele próprio nos descreve:

> Nunca tinha pensado em estudar Medicina. Até porque, geralmente, nossa cabeça pensa onde nossos pés pisam. Qual o sonho do filho de um pequeno agricultor sem terra? É trabalhar na terra. Não acredito que exista vocação ou destino. O que determina essas coisas é o *status* social da família que precede o indivíduo. Eu nunca havia sonhado em fazer Medicina, mas já havia compreendido que para modificar a sociedade não bastava só lutar, só estar organizado e protestar. Era preciso buscar o conhecimento, a educação e elementos que ajudassem a compreender o funcionamento da sociedade e, através disso, assumir uma posição social e dizer: "é a este grupo que eu pertenço, é por esse grupo que eu vou lutar e é por essas melhorias que dedicarei a minha vida". Eu queria estudar, me dedicar a algo e buscar conhecimento para ajudar na luta da reforma agrária e, de forma geral, ajudar a transformar a sociedade brasileira (MÜLLER; OLIVEIRA, 2013, s. p.).

Este compromisso foi assumido assim que retornou e validou seu diploma no Brasil, conforme suas palavras:

> Fui para Cuba na condição de militante do movimento que retornaria depois com o compromisso de atuar nas áreas de maior necessidade. Debatemos isso com o MST, junto com outro companheiro que se formou comigo, durante três meses. Visitamos várias comunidades e assentamentos. Vendo as diferentes condições, acabamos decidindo coletivamente que iríamos trabalhar no município de Nova Santa Rita. É um município onde existem quatro assentamentos do MST e

onde boa parte da população vive na zona rural e ainda é desassistida em termos de atenção médica (MÜLLER; OLIVEIRA, 2013, s. p.).

Estas formas de luta e organização e de trabalho dos assentados estão produzindo uma nova pedagogia, isto é, um novo modo de fazer e pensar a educação para poder responder às necessidades do modo de produção do assentamento. O MST vem construindo sua identidade histórica que se pretende culminar com a necessidade de um projeto consciente e organizado de educação das novas gerações, que pode tornar a possibilidade histórica de transformação educacional da sociedade como um todo. Por isso, a educação que estes jovens recebem ajuda e contribui para o projeto de produção e da forma cooperativa de produzir, como ouvimos do Mário Lill:

> Sem dúvidas, esses jovens que estudam Veterinária ou Agronomia estão lá para depois qualificar o nosso processo interno. O que está estudando Engenharia de Alimentos foi uma opção dele, mas nós também nos debates que fazemos apresentamos as demandas que a cooperativa tem e precisa, mas quem decide o que fazer são eles. Todos são para qualificar o processo produtivo. O psicólogo é pra ajudar a melhorar as condições e situações de convivência das famílias. Então a educação tem um papel decisivo e fundamental nisso tudo. Ela vai ajudar a resolver problemas que a nossa geração não teve a possibilidade de estudar. Nós temos um saber acumulado pela experiência e pela vida social que tivemos, mas há questões, como as técnicas modernas de gestão de uso das tecnologias, que nós não temos conhecimento e que eles podem sim vir dar uma contribuição decisiva no processo de consolidação da cooperativa (2019, s. p.).

Esta nova pedagogia não se trata de um modelo idealizado, mas é fruto das exigências que o contexto da luta pela terra e a produção trouxe. Esta nova teoria pedagógica foi forjada na prática concreta, e que está devolvendo a eles a essência do ato educativo, como afirma Freire:

> A leitura do mundo precede a leitura da palavra, daí que a posterior leitura desta não possa prescindir da continuidade da leitura daquele. Linguagem e realidade se prendem dinamicamente. A compreensão do texto a ser alcançado por sua leitura crítica implica a percepção das relações entre o texto e o contexto (1986, p. 113).

5.2 Vínculos e incongruências das práticas pedagógicas da Escola Rui Barbosa com o modo de vida e de produção das famílias dos educandos

No Assentamento Capela está montado um moinho para o beneficiamento e a embalagem de arroz orgânico. Ele e os outros assentamentos se tornaram os maiores produtores de arroz orgânico da América Latina. Segundo Martins (2019, p. 23), "as famílias assentadas na região metropolitana de Porto Alegre produziram na safra 2016-2017 mais de 374 mil sacas de arroz, em 3.993 hectares, envolvendo 483 famílias". Pelos dados atualizados da Cooperativa Central dos Assentados do Rio Grande do Sul – COCEARGS, de março de 2019, atualmente há 363 famílias do MST produzindo arroz ecológico em 15 assentamentos e 13 municípios (Charqueadas, Capela de Santana, Eldorado do Sul, São Jerônimo, Canguçu, Manoel Viana, Tapes, Arambaré, Nova Santa Rita, Viamão, Capivari do Sul, Guaíba e Santa Margarida do Sul). "Na última safra de 2018-2019, a área plantada foi de 3.433 hectares e a colheita de 16 mil toneladas" (RAUBER, 2019, p. 4, 08-22/03. A maior parte do arroz orgânico produzido pelo MST é destinada ao Programa de Aquisição de Alimentos – PAA, e ao Programa Nacional de Alimentação Escolar – PNAE. Desse modo, além de abastecer o Rio Grande do Sul, o alimento chega a São Paulo, Minas Gerais e Paraná. Só na capital paulista o MST entregou, em 2019, 2 milhões de quilos de arroz. O arroz pode também ser adquirido em supermercados e em mais de 40 feiras ecológicas da região metropolitana de Porto Alegre, no Mercado Público da capital gaúcha, na Feira Latino-americana da Economia Solidária de Santa Maria, na Exposição Internacional de animais, máquinas e produtos agropecuários (EXPOINTER), e na Feira Nacional da Reforma Agrária, em São Paulo.

Ainda segundo o jornal citado, além de abastecer o mercado interno, o MST exporta arroz orgânico. A primeira experiência ocorreu em 2008, para os Estados Unidos. Posteriormente, o grão foi para a União Europeia, Portugal, Holanda, Alemanha, Espanha, Uruguai e Venezuela. Atualmente, há buscas de novos mercados na Grécia, Emirados Árabes, Argentina, China, Haiti, Jamaica, Costa Rica, Itália, Peru, entre outros países. Além da produção de arroz existe também a produção de aves, suínos, hortifrutigranjeiros, entre outros. Uma realidade que se iniciou bem diferente, como descreve a mãe de uma aluna na sua entrevista:

> Quando se chegou aqui não tinha comida, não tinha meio de produção, só tinha a terra e muita vontade de trabalhar. Ao nos organizar em cooperativa recebemos recursos e utilizamos para conseguir os meios de produção e fazer render. Isto permitiu logo após organizar as casas de moradias, a comunidade, o lazer, tanto é que hoje temos uma COOPAN fortemente organizada para o trabalho cooperativo, para o lazer e a vida social. Outra coisa a ser destacada, foi que nas famílias da COOPAN sempre houve uma forte motivação para o estudo, e os jovens depois da educação básica saíram para fazer um curso superior e voltaram

e outros estão estudando para isso. Com essa capacitação voltaram e potencializaram a organização da produção. E a qualidade de vida da COOPAN hoje é extraordinária comparada com muitos outros lugares que se vive em pequena propriedade. Sabendo que quando aqui se chegou se brigava por um prato de feijão e arroz. Hoje a luta é outra, é por abrir novos mercados, ver qual a melhor forma de se fazer a comercialização, potencializar a estrutura, sem esquecer e deixar de participar na luta pela terra, pelos excluídos e mais pobres. Então a identidade Sem Terra aqui continua muito forte (ROSA, 2020, s. p.).

A cooperativa expressa um modelo de produção agroecológica totalmente diferente do tradicional, baseado nos agroquímicos e que, numa sintonia de relações permanentes com a Escola Rui Barbosa, busca para os filhos das famílias cooperativadas garantirem uma educação que fortaleça esta visão de produzir e conviver com a natureza de forma mais harmoniosa, como afirma Mário Lill:

> Cabe a nós produzir na pequena propriedade alimentos e de qualidade. Então as áreas de assentamentos têm que produzir comida, mas não só volume, têm que produzir com qualidade, sem venenos e agrotóxicos, uma alimentação saudável. Na nossa área não se produz nada transgênico, estamos num processo de transição da produção sem agrotóxicos para a produção orgânica, mas numa região onde tudo isso é muito forte enfrentamos enormes dificuldades (2019, s. p).

Afirmo, com base no acima exposto, que as práticas pedagógicas da escola vão ao encontro desta expectativa dos pais e alunos do assentamento e da COOPAN, como quando perguntei como a escola, através da direção e dos(as) professores(as), acha que os pais percebem a escola:

> Os pais afirmam e aprovam o nosso trabalho, porque eles veem o crescimento das crianças, dos seus filhos

> na questão da autonomia, pessoal, de organização em casa e com os colegas. Eles vêm e nos relatam isso de como a escola nos aproximou, quanto o meu filho cresceu, está mais desinibido. Então nestas falas a gente se motiva pra seguir neste rumo. Isso só foi possível porque mudamos o olhar em relação a eles (alunos) e de onde eles vivem na sua comunidade. Não viemos aqui só dar uma aula, a gente conhece eles, sabe quem eles são, quem são as famílias, tem uma aproximação em que as crianças têm confiança em nós e por isso tem esta abertura toda. Quando eles vêm conversar comigo eu vejo não só eles, mas toda a família e as suas histórias de vida, toda a relação daquela família com este ambiente e com a escola (GRELLT, 2019, s. p.).

Esta visão de educação não pode ocorrer só na graduação de um curso superior, precisa iniciar no berço do pensamento organizado e da ampliação do conhecimento que já ocorre nos primeiros anos da alfabetização como falou Freire (2020, p. 109): "A alfabetização é algo muito sério, não só sério, mas profundo, político, muito mais do que um puro exercício linguístico do comando da linguagem. É mais do que fonemas, é mais do que sons. É história mesmo. É vida". Para tanto se faz necessário um conhecimento teórico, mas com consciência, de saber relacionar a teoria com a prática e de como se dão estes processos de compreensão do mundo e das mudanças que precisamos ir construindo para uma vida melhor e mais humanizada.

> Mas eu espero que a Escola Rui Barbosa nos ajude a ir além desta luta e do material pedagógico, temos que ir sempre à prática que é o mais difícil. O que a Roseli Caldart sempre nos fala; teoria-prática-teoria-prática. E a Escola Rui Barbosa está nesse caminho (PEREIRA, 2019, s. p.).

O setor de educação do MST sempre teve esta preocupação da importância da prática na aprendizagem das crianças, sempre foi uma prioridade no debate de como deve ser a educação e as escolas dos assentamentos. Sempre lutaram para que as escolas ajudassem a preparar as crianças dos assentados para agir, refletir, para resolver problemas, para transformar a realidade.

O MST, quando fez a discussão do que queria com as escolas dos assentamentos, afirmou-se que um dos objetivos da proposta de educação é preparar militantes para o conjunto dos movimentos e lutas sociais: "para ser militante só discurso não basta. Só ativismo político também não é suficiente. Ser militante é ser sujeito de práxis, ou seja, ter clareza de objetivos, consciência organizativa, conhecimento teórico e ter competência prática. É esse o futuro que pretendemos para nossas crianças" (MST ESCOLA, 2005, p. 83). Portanto, as escolas de Ensino Fundamental dos assentamentos já têm como linha política ser um instrumento de transformação social e de formação de militantes do MST e de outros movimentos sociais que tenham o mesmo projeto político: "Desenvolver uma proposta de educação que proporcione às crianças conhecimento e experiências concretas de transformação da realidade, a partir dos desafios do assentamento, preparando-se crítica e criativamente para participar dos processos de mudança da sociedade" (MST ESCOLA, 2005, p. 29).

Este objetivo do MST incorporado pelas famílias assentadas tem feito com que as crianças desde esta fase da escola, ainda no Ensino Fundamental, participem, organizada e conscientemente, da história que já estão ajudando a conduzir. Para estes educandos partir da prática é começar identificando os principais desafios e as necessidades da comunidade em que a escola faz parte. Esse objetivo pode ser ilustrado com o depoimento da aluna Jamile Marcon:

> Nós temos o clube de ciências onde aprendemos além dos dinossauros sobre a origem do mundo, como

> cuidar das galinhas, de como formar a cooperativa, como trabalhar em conjunto, de forma coletiva, aprendemos sobre fotossíntese e outros conteúdos de português e matemática e como cuidar da horta o que plantar nela. Então no clube se aprende várias coisas e se traz isso para nossas vidas (2020, s. p).

Procurar entender a identidade destes educandos a partir da história dos pais e a luta que enfrentaram para conquista da terra tem sido uma preocupação da escola e seu corpo docente, como bem frisa a Profa. Andriara Oliveira:

> A organização na forma do coletivo, onde tudo se organiza de forma coletiva, faz com que eles mantenham os filhos com esta identidade do MST e morando no assentamento. Então todos têm esta metodologia de se organizar e trabalhar em forma de cooperativa, e isto trás reflexo direto aos próprios filhos deles que vêm pra dentro da nossa escola. Este modo de se organizar faz com muitas coisas que aqui na escola é feita parte deles, muitas sugestões e propostas vêm deles a partir de suas famílias (2019, s. p.).

E quando indagamos se aquilo que é ensinado na escola reforça e ajuda o modo de vida deles lá na comunidade do assentamento, a resposta da Profa. Andressa Rodrigues foi muito afirmativa:

> Com certeza, como por exemplo: o galinheiro ecológico, a horta orgânica e a cooperativa escolar, estes três projetos estão diretamente vinculados à vida deles nas famílias e no modo de produção que a cooperativa defende que é a sustentabilidade baseado na agroecologia. Mas é uma via de duas mãos, já que a participação deles nos ajuda muito a desenvolver estes projetos. Para implantarmos eles aprendemos muito com eles (2019, s. p).

Posição essa expressada também pela Profa. Sabrina Silveira:

> A gente vê no protagonismo deles, como foi no dia da inauguração do galinheiro. Na apresentação destes projetos são os alunos que fazem, pois eles têm autonomia pra falar. Percebe-se também um crescimento na própria fala deles, quando passam a fazer comparativos daquilo que viram em outros lugares. Percebe-se na fala deles que eles absorveram o conteúdo e que eles conseguem fazer links a partir disso e dos conteúdos que eles já trabalharam (2019, s. p.).

Em todas as perguntas dirigidas às professoras sobre se estas práticas ajudam ou não a reforçar o modelo de vida que os alunos têm junto com seus pais no assentamento e na COOPAN, como a produção agroecológica, os valores que eles vivenciam enquanto comunidade, as respostas de todas sempre foram consistentes em afirmar que sim. Justificaram essa resposta positiva com elementos e fatos concretos, como disse a Profa. Andressa Rodrigues: "Sim, quando se trabalha com um currículo vivo, a partir da realidade dos educandos, penso que se está valorizando estes saberes deles, como da família e da comunidade. Ao trabalhar dessa forma com certeza vai ajudá-los no modo de vida que eles levam em casa e na comunidade, sempre valorizamos as origens dos alunos" (2019, s. p).

As professoras, mesmo não sendo oriundas do meio rural, incorporaram estes saberes do campo e compreendem bem o modelo de vida que os assentados vivem do ponto de vista da produção, da comunidade e dos aspectos sociais. Como forma de viver e conviver das famílias assentadas, como testemunha a Cátia Szortika:

> Eu tinha outra forma de ver, ou melhor, não tinha opinião formada nenhuma antes de vir pra esta escola, mas depois de conhecer a cooperativa e a comunidade fiquei muito surpreendida com relação à organização deles, à forma de vida, à sustentabilidade. As crianças

> aqui refletem esta vida em cooperativa, do que é o cooperativismo, elas aprendem desde o berço, até porque os que estão aqui eles não viveram as lutas do início, lá do acampamento para conquistar a terra, eles já nasceram numa comunidade mais organizada e eles mantêm esta questão do "ajudar", "é nosso", isto é muito latente e eu vejo que é por isto que aqui na escola os projetos dão certo, estas práticas. Aliás, a gente se reúne uma vez por mês para o planejamento coletivo (2019, s. p.).

Há uma troca de conhecimentos e saberes, e assim como os educadores ensinam os educandos, estes também educam os educadores, como constatamos na fala da Profa. Cátia Szortika:

> Aqui é uma união de fatores que se encaixam pra dar certo, e o que mais me surpreendeu ao conhecer a comunidade foi esta vida ou esta noção de organização social, do bem comum, que é um bom exemplo pra todas as comunidades. Acho que este é um papel importante que devemos ter como multiplicadores de um conhecimento real, e não de forma muitas vezes preconceituosa ou ideologizada. Saber distinguir o que de fato é a reforma agrária com as formas de luta como a ocupação. São coisas diferentes e eu tenho este cuidado para não generalizar (2019, s. p).

Os dados das entrevistas nos apontam que os professores da Escola Rui Barbosa são sujeitos integrados na organização e interesses do assentamento, havendo uma vinculação com as práticas pedagógicas da escola com o projeto de produção agroecológica e de sustentabilidade do assentamento, como fala a Andrealli Oliveira: "não tem dúvida, está tudo vinculado, porque fomos até a COOPAN, conhecemos como eles trabalhavam e produzem organizados, e trazemos de lá a experiência para implantar aqui como vimos fazendo. Então a escola está muito vinculada com a comunidade neste processo e intercâmbio entre ambas" (2019, s. p.).

Isso não se dá por espontaneísmo, mas por uma metodologia baseada na concepção dialética do conhecimento. O próprio clube de ciências é um exemplo disso, onde ocorre uma produção coletiva com base em conhecimentos científicos mínimos e necessários para ajudar avançar a organização e a produção do assentamento. Constata-se uma procura constante entre escola e comunidade para que se amplie e fortaleça esta relação entre a escola e o assentamento, bem como da escola com o MST.

O MST destaca como muito importante que o trabalho e a organização das crianças na escola tenham uma ligação com a vida do assentamento, e definem isso na frase: "todo o assentamento na escola e toda a escola no assentamento" (MST ESCOLA, 2005, p. 35). Por isso, não é só os pais que discutem os rumos da escola, mas sim todo o assentamento. "Devem acompanhar os professores para ajudá-los na orientação do assentamento; devem conferir o que as crianças estão aprendendo; devem junto com a escola reivindicar melhorias; devem estar ligados iguais namorados: são dois, mas tão agarradinhos que até parecem um só" (2005, p. 35).

Esta realidade vivida entre escola e educandos assentados na prática tem suas dificuldades naturais, e por isso tem sido um processo de busca e de melhoramento permanente, como fala o pai de aluno Emerson Giacomelli:

> Sim, embora pela faixa de idade ainda menor das crianças, ainda não fica isso de forma tão evidente, mas vendo pelo meu filho eu vejo que houve um desenvolvimento muito significativo, e que a partir de agora (ele está com 11 anos) é que vai se enraizar ainda mais estas práticas. Mas claro que poderia ser melhor. Por exemplo, o intercâmbio, embora a gente participe, eu sou um que gosto disso, mas ainda temos uma cultura em todas as nossas comunidades de pouca participação. Ainda se espera da escola que ela faça

meio tudo pela educação de seus filhos. Mas a nossa é a mais participativa do município, fizemos mutirão de limpeza, reformas, instalação de móveis, rifas, enfim, uma série de atividades pra ajudar a escola, mas eu tenho uma avaliação que ainda podia ser melhor. Mas quanto mais se participa mais se começa a gostar. Quando se interage desperta o interesse pela participação, diferente de quando nunca se vai a nenhuma reunião tudo fica distante de ti (2020, s. p.).

Uma escola de assentamento tem estas características, mas está em constante construção, porque na concepção dialética os sujeitos, crianças, professores, pais, lideranças e todos os assentados discutem permanentemente para fazer uma escola diferente. Uma escola "que prepare estes educandos para o trabalho no meio rural; que os capacite para a cooperação; que a direção da escola seja coletiva e democrática; que os ajude no desenvolvimento cultural e social; que o ensino parta sempre da prática e o leve ao conhecimento científico da realidade; um lugar de viver e refletir sobre uma nova ética" (MST ESCOLA, 2005, p. 39).

Em todos os documentos e cadernos de estudos do MST está evidenciada a visão de que é preciso juntar o estudo com o trabalho, que é preciso preparar as crianças e os jovens para a cooperação e educá-los dentro do mundo da produção. A Escola Rui Barbosa vai buscar na pedagogia de Paulo Freire o método que auxilia e sustenta esta visão. Pois a educação deve responder ao desafio do contexto e ao mesmo tempo interferir no contexto, tem que ser eficiente e não apenas uma educação instrumental.

Por isto mesmo é que no método de alfabetização[36], tendo que conseguirmos as palavras chamadas gerado-

---

36. Este discurso de Paulo Freire aconteceu no dia 2 de abril de 1963, em Angicos, no encerramento do curso de alfabetização de adultos (40ª hora de aula). Esse texto é a transcrição do discurso extraído de: Angicos/RN: IFP, 02/04/1963. 8 p. Mimeografado. (Biblioteca IPF/SP) (FREIRE, apud MST, 2020, p. 28).

ras, a partir de que poderíamos deflagrar o processo de combinações fonêmicas com que faríamos o aprendizado da leitura e escrita, nós partimos de um levantamento do universo vocabular do grupo e da área que vai alfabetizar-se. Escolhemos então os elementos básicos que devem ser postos como palavras geradoras, criamos situações sociológicas típicas e da área que vai ser alfabetizada, e daí em diante começamos o trabalho que é, sobretudo, ativo e em que o homem é chamado ao diálogo e à análise das situações postas diante deles, como situações desafiadoras (FREIRE, apud MST, 2020, p. 28).

A intenção de Freire quando formulou essa primeira situação era exatamente levar pelo debate o grupo a perceber que o homem é, na verdade, um ser de relações, é um ser que trava relações com a sua realidade exterior, que existe mesmo e diante da qual ele está, mas, sobretudo "com" a qual ele está. "Esta preposição "com" eu faço questão de enfatizar, sugere exatamente este traço que há e que o homem tem, que todos temos com a realidade exterior que existe e que resulta um acrescentamento que o homem faz ao mundo da natureza ou a esta realidade exterior que está diante dele e ele não a vê" (FREIRE, apud MST, 2020). Será exatamente este outro mundo que o homem faz, a partir das relações que ele trava com a realidade exterior, que vai constituir o domínio da cultura. Isso permitirá uma educação que não seja "domesticadora" e sim libertadora, como nos ensina Freire:

> A educação é o procedimento no qual o educador convida os educandos a conhecer, a desvelar a realidade, de modo crítico. Assim, enquanto a educação domesticadora procura estimular a "consciência falsa" dos educandos, de que resulta mais fácil sua adaptação à realidade, a educação libertadora não pode ser um esforço pelo qual o educador impõe liberdade aos educandos. Na educação para a libertação não

há sujeitos que libertam e objetos que são libertados. Neste processo não pode haver dicotomia entre seus polos. Por isto, a educação para a "domesticação" é um ato de transferência de "conhecimento", enquanto a educação para a libertação é um ato de conhecimento e um método de ação transformadora que os seres humanos devem exercer sobre a realidade (FREIRE, apud MST, 2020, p. 65).

Portanto, para Freire, uma educação popular e verdadeiramente libertadora se constrói a partir de uma educação problematizadora, alicerçada em perguntas provocadoras de novas respostas, no diálogo crítico, libertador, na tomada de consciência de sua condição existencial. Tal investigação Freire chamou de "universo temático", um conjunto de "temas geradores" sobre os níveis de percepção da realidade do oprimido e de sua visão de mundo sobre as relações homens-mundo e homens-homens para uma posterior discussão de criação e recriação.

Freire reafirma ainda que o tema gerador se encontra somente pela relação homem mundo. "Ele não pode ser encontrado no homem isolado da realidade, nem tampouco na realidade separada do homem. De modo que, para ele, "investigar o 'tema gerador' é investigar, repitamos, o pensar dos homens referido à realidade, é investigar seu atuar sobre a realidade, que é sua práxis" (FREIRE, 1987, p. 115).

O caminho que Freire traça é o da conscientização da situação, da dialogicidade da educação. A conscientização é, antes de tudo, aquela "que prepara os homens, no plano da ação, para a luta contra os obstáculos a sua humanização" (FREIRE, 1987, p. 134).

Concluindo, vimos que as práticas pedagógicas da Escola Rui Barbosa estão bem fundamentadas na educação freireana que pensa a prática pedagógica como ato de criação, capaz de desenvolver outros atos criadores. Desenvolve a impaciência, a vivacidade, a procura, a invenção e a reinvenção de conceitos e significados. E tudo isso vai se concretizar na vida que estes educandos vivem no assentamento e no modo de produção destas famílias organizadas em cooperativa dentro de um projeto de sustentabilidade.

Considerações finais

> É exatamente a vida que, aguçando nossa curiosidade, nos leva ao conhecimento; é o direito de todos à vida que nos faz solidários; é a opção pela vida que nos torna éticos (FREIRE, apud MST, 2020, p. 7).

Pretendeu-se com este livro, através de uma pesquisa, identificar e descrever as contribuições pedagógicas de uma escola municipal do campo vinculada a um projeto de sustentabilidade produtiva de um assentamento de reforma agrária, de onde parte de seus educandos é oriunda, e que sua formação educativa e cidadã vincula-se com o mundo do trabalho e a prática social destes assentados produzindo e vivendo de forma cooperativada e agroecológica. Procuramos, desta maneira, estudar e analisar como se deu e vem se dando este processo de uma pedagogia eminentemente dialógica e de valorização da realidade, tendo como sujeitos educandos de uma escola de Ensino Fundamental dentro de um assentamento de reforma agrária.

O trabalho através da pesquisa de campo fez, tanto quanto possível, uma descrição pormenorizada deste vínculo inédito e ao mesmo tempo viável entre a educação escolar e o modo de produção agrícola agroecológico e economicamente relevante. Desafiei-me na busca dos dados junto à escola e ao assentamento para evidenciar de que modo tais práticas pedagógicas estão contribuindo para uma educação emancipadora destes educandos que vivem dentro de um projeto autonomista de sustentabilidade produtiva na produção responsável de alimentos saudáveis ou orgânicos.

Todo o trabalho fundamentou-se teoricamente na contribuição da educação libertadora para um projeto político-pedagógico de emancipação da agricultura familiar sustentável com a epistemologia de Paulo Freire, que nos indica o diálogo, a interpretação da realidade e a mudança de comportamentos e culturas para uma verdadeira revolução no âmbito da produção, do social, do cultural e do modo de viver e conviver. Já na *Pedagogia do oprimido* ele nos indicava a necessidade do diálogo corajoso com as massas, pois elas é que poderão levar a classe trabalhadora ao poder. Precisamos falar não só de seus acertos, mas também de seus erros e equívocos para ajudá-los a superar suas dificuldades.

Por isso, a grande referência teórica da escola e do MST é o educador Paulo Freire. Um homem sensível, aberto para o mundo, desde cedo cultivou a solidariedade, distanciada e desatrelada do assistencialismo. Ao escrever *Pedagogia do oprimido*, nos deixou um legado, regado de solidariedade para com os oprimidos, cuja miséria machuca, fere a dignidade humana. Que também de forma precisa Andreola (2015) ressalta este alerta de Freire com a ecologia e a educação, e que pela importância atual ambas têm que estar presentes em qualquer prática educativa de caráter crítico ou libertador. E acrescenta que deste apelo universal, de amor à casa comum e de amor a todos os seus moradores, Paulo Freire é um exemplo profético para todos nós.

Também trouxemos as diversas produções do setor de educação do MST que têm sistematizado uma pedagogia própria, onde se destacam as obras e escritos da coordenadora Roseli Caldart, com doutorado em educação. Descrevi na parte inicial da tese a história e o contexto do surgimento do Movimento Sem Terra e sua trajetória, e para tanto recorri aos vários autores que já registraram os fatos ocorridos desde os anos de 1980 quando da fundação do MST, bem como minhas próprias memórias como participante de alguns destes fatos.

Ficou demonstrado nos capítulos 5 e 6 em que os dados obtidos foram apresentados e analisados, que existe uma relação intrínseca e apoio mútuo entre a direção e professores da escola com as famílias assentadas e com o modelo de produção do assentamento baseado na agroecologia e no sistema cooperativo através da COOPAN. Os depoimentos da diretora, da orientadora pedagógica, das professoras e de alunos(as) convergem numa mesma direção: de que tudo é pensado, planejado e executado a partir da realidade dos educandos. A escola busca o diálogo permanente com os pais e as famílias do assentamento para conhecer, através de visitas e outras atividades, o modo de vida dos educandos, como se organizam, produzem e convivem.

Desta procura e deste diálogo foram surgindo projetos, como o clube de ciências, a cooperativa escolar, o banheiro ecológico, o galinheiro pedagógico, a horta orgânica. No caso da discussão e da intervenção no campo do saneamento básico para o cuidado com a água e o meio ambiente que materializam o inédito viável da prática pedagógica da Escola Rui Barbosa. Desse modo, os objetivos sociais da escola coincidem com o Projeto de Reforma Agrária popular defendida pelo MST que consiste na defesa e promoção do modelo da agricultura familiar através da produção agroecológica, que se baseia em produzir sem venenos, garantir remuneração mais justa da mão de obra, oportunizando que os jovens da comunidade permaneçam no assentamento para desenvolver a agroindústria.

Comprovamos com a observação das atividades na escola e pelas entrevistas que há uma formação em que se trabalha muito a questão da produção sem veneno. Os empenhos da escola e do assentamento reforçam a orientação da Secretaria de Educação do município que criou o selo da alimentação saudável, e faz o debate alertando os riscos do consumo de alimentos transgênicos. Esta diretriz político-pedagógica da prefeitura oportuniza trabalhar constantemente com os professores e com os profissionais, como as merendeiras, por exemplo, em parceria com a Secretaria de Agricultura. Há um conjunto de ações neste sentido que potencializam a merenda escolar com alimentos saudáveis, mudando a orientação anterior. Isso é um diferencial para as crianças que permanecem na escola de tempo integral com uma educação muito diferente da escola pública que tradicionalmente se conhece no país. Então todo este movimento que ocorre na Escola Rui Barbosa está dando efeito e já há um resultado visível expressado nas falas de gestores educacionais, docentes, alunos(as) e famílias.

Este esforço conjunto entre escola, assentamento e prefeitura tem se expressado na relevância econômica e pedagógica da produção agroecológica em Nova Santa Rita/RS. O presidente da COOPAN destaca esse fato dizendo que o arroz, além de ter a questão econômica, tem também uma questão social, que é a organização de toda a cadeia produtiva com o Movimento Sem Terra da região da Grande Porto Alegre e também do Estado. São 350 famílias que produzem arroz orgânico com certificado. O planejamento se dá com todas as famílias em diversos assentamentos, desde o plantio, os manejos que devem ser feitos para garantir que seja orgânico, bem como o seu beneficiamento através da secagem, embalagem e estocagem e também pelos procedimentos da distribuição e venda. Os dividendos são de todas estas famílias. Esta experiência da produção orgânica começou com poucas famílias e um grupo pequeno, e agora vem crescendo e gerando interesse de muitos que só passaram a produzir depois de comprovarem as vantagens econômicas e de saúde pública inerentes à alimentação saudável. Com isso, melhora também a comercialização pela divulgação, por ser orgânico e a população ver com bons olhos, já que além de alimentar é também saúde, com isso cada vez mais vai ganhando espaço na sociedade e no mercado.

Há uma consciência muito clara por parte dos agricultores assentados da importância da produção agroecológica, como se ouviu na fala de um dos agricultores, Sr. Olímpio Vodzik, que afirma que produz de forma orgânica porque aprendeu num curso que fez "que o alimento é o seu único remédio". Segundo ele, dá para sobreviver muito bem, embora aumente o custo de mão de obra, o custo dos insumos é menor e se consegue bons recursos. Cada vez mais o consumidor vai tendo consciência de que, embora às vezes o produto não seja tão bonito quanto o produzido com agrotóxicos, ele sabe que os orgânicos são muito mais nutritivos, têm mais sais minerais, menos metais pesados. "Então o fundamental são as propriedades de nutrientes, sais minerais e outros, como nas verduras, legumes e na própria proteína animal", conclui o agricultor Olímpio (2020, s. p.).

Apesar de a produção agroecológica ter muito pouco incentivo dos governos em termos de crédito e comercialização, com exceção da prefeitura local, os agricultores assentados o fazem por terem consciência da importância da alimentação saudável. Como dizem esses agricultores: "quem começa a plantar de forma orgânica não volta mais a plantar no modelo antigo". Afirmam que no assentamento os que melhor estão sobrevivendo são os que produzem de forma agroecológica. Mesmo sem incentivo dos governos tem sido uma forma de se manter.

Há, portanto, benefícios significativos do ponto de vista econômico e social, tanto para os assentados como para o município, pela geração de receita que a COOPAN e os demais produtores têm comercializado seus produtos. Além do retorno em forma de serviços e melhorias, como destacou o assentado e Deputado Dionilso Marcon, o acesso ao assentamento só tem asfalto por causa do assentamento, senão não tinha. "Aqui ninguém vai à prefeitura pedir cesta básica, ninguém ganha bolsa família, pelo contrário nossa comercialização gera imposto para o estado e o município". Aliás, o comércio da cidade, através da Associação Comercial Industrial, afirma que o Assentamento Capela é a terceira maior empresa do município por causa do movimento que gera retorno através das compras e comercialização. No assentamento se emprega muito mão de obra, e tudo se tira nota, tanto no abatedouro da agroindústria como do beneficiamento de arroz, enfatizou o Deputado Marcon. Estão também inaugurando um frigorífico onde vai empregar 70 pessoas. Isto vai permitir que nenhum jovem do assentamento precise sair para trabalhar, vai ter oportunidade lá dentro mesmo.

Necessário se faz ressaltar que a questão agroecológica, embora fosse um debate dentro do MST, o Assentamento Capela começou plantando pepino com o uso de muito veneno. Foi quando um dos agricultores que era técnico agrícola, o Julcemir Marcon, falou que se ele não podia comer aquilo que plantava por causa dos venenos, então eles não podiam plantar, e que aquele modelo não servia para eles. Foi desta constatação que se começou o debate da alimentação saudável, agroecológica, e hoje estão num patamar que serve de exemplo e referência, mas sabem que precisam avançar muito mais, pois os desafios do ponto de vista tecnológico e de incentivos são grandes e incidem, obviamente, sobre a educação, não apenas para a formação das futuras gerações de produtores de alimentos, mas também para a formação educacional dos consumidores.

Comprovamos, assim, a hipótese inicial da pesquisa de que a Escola Municipal de Ensino Fundamental Rui Barbosa, da cidade de Nova Santa Rita/RS, atende à definição específica da LDB porque suas práticas educativas vinculam-se ao projeto de sustentabilidade produtiva e da cidadania de estudantes assentados da reforma agrária. Essa relação entre uma escola regular e um empreendimento econômico agroecológico do MST bem-sucedido caracterizam um avanço qualificado desta fase da luta por mais dignidade humana dentro do ideário educativo, tanto da LDB quanto do MST, no que se refere ao vínculo entre educação e mundo do trabalho, um vínculo que é especialmente necessário para o modelo de produção agroecológica.

A pesquisa trouxe muitos elementos desta relação entre práticas pedagógicas da escola com o modo de vida e de produção do assentamento, ficando claro o vínculo por ações de parcerias, de projetos concretos, reforçando a relação necessária entre o saber popular e o conhecimento científico sistematizado. Tanto a escola quanto a cooperativa buscam, na prática e na teoria, a pedagogia da autonomia e da solidariedade. Valores imensuráveis do ponto de vista humano. O MST, através de suas escolas do campo, resgata e aponta para um novo projeto de sociedade e de produção alimentar. Uma nova forma de o cidadão e o produtor rural se relacionar com o seu meio e o meio ambiente como um todo, consciente de que é parte integrativa dele e que precisa cuidá-lo para possibilitar um futuro promissor às novas gerações.

Quando a sociedade cada vez mais valoriza o consumismo, a produção desenfreada com a devastação das matas, o envenenamento dos rios e mananciais de água, a poluição do ar e dos córregos, o MST na contramão deste processo nos aponta um novo caminho, do cuidado com a nossa casa comum, o Planeta Terra, vivendo de forma harmoniosa e integrada com ele, afirmando valores coletivos, de cooperação e solidariedade, como demonstrou recentemente ao distribuir aproximadamente 500 toneladas de alimentos orgânicos para famílias carentes das periferias da Grande Porto Alegre no período da pandemia do Coronavírus. No Brasil foram mais de 2.500 toneladas, segundo dados obtidos junto à Secretaria Nacional do MST.

A solidariedade é recorrente na história da humanidade e da pedagogia. É emblemática a narração dos evangelistas sobre como Jesus e os discípulos organizaram o povo faminto em pequenos grupos para viabilizar a multiplicação dos pães e peixes, porque ali havia fome entre as pessoas. Alimentar as pessoas é um valor que está presente em toda a pregação e prática de vida dos assentados. Organizar-se em grupos nas escolas e nas cooperativas vem muito desta raiz religiosa que os assentados trouxeram lá do acampamento e dos debates feitos com lideranças das Igrejas e dos sindicatos e cooperativas no período da luta pela conquista da terra. Debate que veio sustentar um novo modo de aprender a viver e a conviver. Assim como o milagre realizado por Jesus não foi um ato de magia, mas de sensibilização das pessoas para que se importasse com a fome do outro, e aprendessem sobre o desafio de partilhar o alimento que tinham. Jesus abençoa esse gesto e faz compreender a importância de organizar-se em pequenos grupos para distribuir a todos o pão e o peixe colocados em comum. Parece-me que este espírito os sem-terra procuram expressar através de ações concretas e que, no caso analisado, parece que se reproduz na educação escolar das gerações mais novas porque na escola se ensina, aprende-se e se pratica tais valores como pude observar e constatar na Escola Rui Barbosa e no Assentamento Capela.

Como ficou demonstrado nos depoimentos das professoras, seu maior referencial teórico é o Paulo Freire. Educador solidário com a dor e humilhação gerada pela opressão, Freire nos alertou para não nos iludirmos de que para sair da condição de opressão basta mover-se para o lugar do opressor. Somente a conscientização e a consequente mudança de práxis, sem vingança, irá nos libertar do vírus do ódio que habita tanto o opressor quanto o oprimido. Paulo Freire fazia tudo imbuído de amor e teimosa cristã na luta política pela solidariedade. Há indícios de que a cura e o perdão vêm pelos atos solidários.

Há uma compreensão de que, quanto mais cedo as crianças começarem a se engajar na construção deste novo projeto, mais amor pegarão por ele, e mais cedo a sociedade terá homens e mulheres atuando com autonomia e cidadania. O trabalho que se faz na Escola Rui Barbosa pelos dados colhidos, de reflexão com os educandos, explicando o porquê das coisas, trabalhando os sentimentos de conquista, contribuem para que não morram as lições da luta, de entusiasmo e de cooperação para o fortalecimento conjunto na superação dos desafios da vida.

A pesquisa mostrou que o desafio de uma educação libertadora a partir da realidade dos educandos numa perspectiva de um projeto autônomo que contraria a lógica do sistema meramente mercantil é possível desde que todos os sujeitos envolvidos caminhem na mesma direção e tenham a mesma compreensão de querer construir algo novo fora do atual modelo de escola capitalista. Isso vem acontecendo na Escola Rui Barbosa à medida que organizam a escola em tempos educativos; ressignificam o espaço da sala de aula; vivenciam a mística; mudam o processo de avaliação escolar; comunidade e escola trabalham juntas, sem abrir mão dos princípios da "atualidade" e "auto-organização dos educandos". Assim vão construindo a Escola dos Assentados da Reforma Agrária, que educa e que se deixa educar pelo contexto, às vezes contraditório, em movimento, e pela realidade, tantas vezes dura e cruel, mas sempre educativa por si mesma.

Portanto, a pesquisa traz modestamente esta contribuição de mostrar outro caminho de práticas pedagógicas nas escolas do campo, mas que precisa se investir muito em formação de professores, na definição de tarefas pedagógicas específicas na organização das suas práticas educativas para que elas, de fato, sejam alicerce para a construção de um projeto de sociedade que o MST alimenta através da emancipação social e humana de seus sujeitos.

Presenciamos nesta pesquisa um pilar da pedagogia do MST, que pode ser matriz para pensar a educação centrada no desenvolvimento do ser humano, e preocupada com a formação de sujeitos da transformação social e da luta permanente por dignidade, justiça e paz que fazem a essência desta pedagogia do Movimento.

Foi possível perceber junto aos assentados que o MST, através de seus assentamentos, busca e luta por uma identidade própria das escolas do meio rural, com um projeto político e pedagógico que fortaleça novas formas de produção e desenvolvimento no campo, baseadas na cooperação agrícola, no respeito à vida e ao meio ambiente e na valorização da cultura camponesa. Que esta escola não se limite a ver só os problemas e desafios da comunidade local, mas que mantenha um vínculo pedagógico mais amplo com a formação das futuras gerações de trabalhadores do campo.

Esta concepção foi sendo forjada na Escola Rui Barbosa desde a luta inicial de reabrir a escola, de garantir professores comprometidos com a causa dos assentados da reforma agrária, que combina a luta pelo acesso à escolarização com o processo de construção de uma pedagogia adequada aos desafios humanos e produtivos daquela comunidade. Uma escola que assuma o vínculo com a luta, a organização e a pedagogia do MST. Sempre respeitando as diferentes realidades e estimulando a reflexão criativa em torno de como implementar todos estes princípios na relação entre teoria e prática na formação educacional para a ação transformadora. Construção de um ambiente educativo que vincule a escola como processos econômicos, políticos e culturais, através de uma gestão democrática, de produção de conhecimento com estímulo à pesquisa como ficou explicitado no clube de ciências da escola.

Outro fator não menos relevante da pesquisa além de demonstrar o vínculo da escola, através de seu ensino, com o modo de produção do assentamento, são os desafios descritos pelos entrevistados em relação ao projeto de sustentabilidade agroecológico frente ou em contradição ao modelo agroquímico do agronegócio. Produzir de forma orgânica, em lavouras ilhadas por grandes plantações que sofrem a aplicação permanente de agrotóxicos e venenos, aponta para cenários de dúvidas em relação à possibilidade deste projeto se manter ao longo do tempo e das gerações de agricultores.

Aqui podemos apontar para possíveis novas pesquisas voltadas a estes problemas, como: Por que não há incentivo público para produção de produtos orgânicos? Por que inexiste pesquisa especialmente da EMBRAPA para apoiar este projeto? Há possibilidade de conviverem os dois modelos de produção juntos sem um atrapalhar o outro? Quais as possibilidades econômicas reais deste modelo de produção agroecológica se tornar hegemônico? Por que não há apoio de toda a sociedade, especialmente do poder público, para a produção de alimentos saudáveis? Como sistematizar de forma teórica consistente as práticas pedagógicas da Escola Rui Barbosa como fonte e matriz de uma proposta pedagógica mais ampla de toda a rede de ensino da educação do campo? Quais as limitações e insuficiências da pedagogia do MST no contexto da educação fundamental e básica brasileira? As agroindústrias como fator de agregação de renda no campo são suficientes para a independência econômica dos assentamentos?

Concluindo ressalto que, apesar de conhecer as entranhas do MST, dos assentados e da educação das escolas do campo dos assentamentos, pela minha história pessoal de membro assessor do MST, num primeiro momento, e depois militante da causa, foi com grande satisfação e surpresa ver os avanços obtidos por eles ao longo destes 40 anos. Poder constatar na Escola Rui Barbosa a prática daquilo que tinha conhecimento na teorização da educação do campo do MST, através de sua pedagogia própria, deixa-me realizado e contente por este trabalho árduo, mas que se compensa pelos resultados e pela manutenção da esperança. Esperança do verbo esperançar, como nos ensinou Paulo Freire. Do sonho de uma alma acordada que não se acomoda e sempre quer lutar. Porque lutar vale a pena, ainda mais quando se vislumbra perspectivas de mudanças e de novos horizontes para a comunidade e a sociedade em geral.

Referências

ABRAMOVAY, R. **Paradigmas do capitalismo agrário em questão**. 3. ed. São Paulo: Edusp, 2007.

ADAMS, T.; SRECK, D.R. Pesquisa em educação e colonialidade: os movimentos sociais e a reconstrução epistemológica. **Educação e Pesquisa**, São Paulo, v. 38, n. 1, p. 243-257, 2012.

ADAMS, T.; SRECK, D.R. **Pesquisa participativa, emancipação e (des)colonialidade**. Curitiba: CRV, 2014.

ALENCAR, M.F.S. Educação do campo e a formação de professores: construção de uma política educacional para o campo brasileiro. **Ciência & Trópico**, Recife, v. 34, n. 2, p. 207-226, 2010.

ALMEIDA, R.C.M. Movimentos sociais do campo e práxis política: trajetória de luta por uma educação do campo no Tocantins. In: SILVA, C. et al. (orgs.). **Educação do Campo, artes e formação docente**. Palmas: EDUFT, 2016, p. 25-52 [Disponível em: https://www.researchgate.net/publication/317318925_Educacao_do_Campo_Artes_e_Formacao_Docente_Rural_Education_Arts_and_Teacher_training – Acesso em em 24/10/2019].

ANDREOLA, B.A. Ecologia, ética e educação na obra de Paulo Freire. In: V CONGRESSO BRASILEIRO DOS PROFISSIONAIS DE EDUCAÇÃO. **Interfaces entre ética, ecologia e educação na formação de professores,** 2015.

ARAUJO, D.M.O. **A pedagogia do Movimento Sem Terra e relações de gênero**. Marília: Lutas Anticapital, 2019.

ARAUJO, L.E. **A questão fundiária na ordem social**. Porto Alegre: Movimento, 1985.

ARROYO, M. Políticas de formação de educadores(as) do Campo. **Caderno Cedes**, Campinas, v. 27, n. 72, p. 157-76, 2007.

ARROYO, M.; CALDART, R.S.; MOLINA, M. (orgs.). **Por uma educação do campo**. Petrópolis: Vozes, 2004.

ARROYO, M.G.; FERNANDES, B.M. **A educação básica e o movimento social do campo**. V. 2. Brasília: Articulação Nacional Por Uma Educação Básica Do Campo, 1999. Disponível em http://portal.mec.gov.br/secad/arquivos/pdf/educacaodocampo/edbasicapopular.pdf – Acesso em 24/10/2019].

BARBOSA, R. **Oração aos moços**. 5. ed. Rio de Janeiro: Fundação Casa de Rui Barbosa, 1997 [Disponível em http://www.casaruibarbosa.gov.br/dados/DOC/artigos/rui_barbosa/FCRB_RuiBarbosa_Oracao_aos_mocos.pdf – Acesso em 15/07/2020].

BARBOSA, R.A.; ROSA, S.S.; SCHWALM, F.; ROBAINA, J.V.L. A construção de um formigueiro artificial como proposta de Educação Ambiental para a Educação do Campo. **Revista Brasileira de Educação do Campo**, Tocantinópolis, v. 4, p. 1-16, 2019 [Disponível em https://sistemas.uft.edu.br/periodicos/index.php/campo/article/view/5739/15491 – Acesso em 10/08/2020].

BASTOS, E.R. **As Ligas Camponesas**. Petrópolis: Vozes, 1984.

BENJAMIN, W. **Obras escolhidas** – Magia e técnica, arte e política. V. 1. 7. ed. São Paulo: Brasiliense, 1994.

BERTAGNOLLI, G.L. Da colonialidade à descolonialidade: diálogos de ciências a partir de uma "epistemologia do Sul" – Uma análise de comunidades quilombolas. **Revista Grifos**, Chapecó, n. 38/39, p. 231-241, 2015.

BOBBIO, N. **A era dos direitos**. Rio de Janeiro: Elsevier, 2004.

BONAMIGO, C.A. **Pra mim foi uma escola**...: o princípio educativo do trabalho cooperativo. 2. ed. Passo Fundo: UPF, 2002.

BORSATTO, R.S.; CARMO, M.S. O MST e a edificação de uma proposta de reforma agrária baseada em princípios agroecológicos. **Retratos de Assentamentos**, Araraquara, v. 16, n. 2, p. 221-243, 2013 [Disponível em http://www.retratosdeassentamentos.com/index.php/retratos/article/view/148 – Acesso em 24/10/2019].

BOSA, N. Entrevista concedida a David Stival em 11/12/2019 [Gravada em MP3 player].

BOSI, A. Jacques-Chonchol: o Chile ontem e hoje. **Estudos Avançados**, São Paulo, v. 8, n. 21, p. 247-257, ago./1994 [Disponível em https://dx.doi.org/10.1590/S0103-40141994000200016 – Acesso em 24/10/2019].

BOURDIEU, P. **Escritos de educação**. Petrópolis: Vozes, 1998.

BRANDÃO, C.R.; STRECK, D.R. A pesquisa e a partilha do saber: uma introdução. In: BRANDÃO, C.R.; STRECK, D.R. (orgs.). **Pesquisa participante**: a partilha do saber. Aparecida: Ideias e Letras, 2006, p. 7-20.

CALDART, R.S. **Educação em movimento**: formação de educadores no MST. Petrópolis: Vozes, 1997.

CALDART. R.S. Escola é mais do que escola na Pedagogia do Movimento Sem Terra. Petrópolis: Vozes, 2000.

CALDART. R.S. **Pedagogia do Movimento Sem Terra**. 3. ed. São Paulo: Expressão Popular, 2004.

CALDART. R.S. Elementos para a construção do projeto político e pedagógico da Educação do Campo. **Trabalho Necessário**, Niterói, v. 2, n. 2, 2004 [Disponível em https://periodicos.uff.br/trabalhonecessario/article/download/3644/3444].

CALDART. R.S. Caminhos para a transformação da escola – Reflexões desde práticas da Licenciatura em Educação do Campo. São Paulo: Expressão Popular, 2010.

CALDART, R.S.; ALENTEJANO, P. (orgs.). **MST**: universidade e pesquisa. São Paulo: Expressão Popular, 2014.

CALDART, R.S. (org.); FETZNER, A.R.; RODRIGUES, R.; FREITAS, L.C. **Reflexões desde práticas da licenciatura em Educação do Campo**. São Paulo: Expressão Popular, 2011.

CALDART, R.S.; PEREIRA, I.B.; ALENTEJANO, P.; FRIGOTTO, G. (orgs.). **Dicionário da Educação do Campo**. 2. ed. Rio de Janeiro/São Paulo: Escola Politécnica de Saúde Joaquim Venâncio/Expressão Popular, 2012.

CALDART, R.S.; SAPELLI, M.L.S.; FREITAS, L.C. (orgs.). **Organização do trabalho pedagógico nas escolas do campo**: ensaios sobre complexos de estudo. São Paulo: Expressão Popular, 2015.

CALDART, R.S.; SCHWAAB, B. A educação das crianças nos acampamentos e assentamentos. In: GÖRGEN, S.; STÉDILE, J.P. (orgs.). **Assentamentos**: a resposta econômica da reforma agrária. Petrópolis: Vozes, 1991.

CAMINI, I. **Escola itinerante**: na fronteira de uma nova escola. Tese de doutorado em Educação. Porto Alegre: Universidade Federal do Rio Grande do Sul, 2009.

CARVALHO, H.M. A questão agrária e o fundamentalismo neoliberal no Brasil. **Raízes**, Campina Grande, v. 22, n. 1, p. 100-107, jan.-jun./2003 [Disponível em http://revistas.ufcg.edu.br/raizes/artigos/Artigo_108.pdf,. – Acesso em 24/10/2019].

CARVALHO, H.M. **A questão agrária e o fundamentalismo neoliberal no Brasil**, 2004.

CARVALHO, H.M. **A articulação das lutas sociais no campo contra o império**. Congresso da CPT. Goiás, 2005.

CARVALHO, H.M. **O campesinato no século XXI** – Possibilidades e condicionantes do desenvolvimento do campesinato no Brasil. Petrópolis: Vozes, 2005.

CASTRO, M. Entrevista concedida a David Stival em 28/06/2020 [Gravada em MP3 player].

CHONCHOL, J. Prefácio. Santiago do Chile, abr./1968. In: FREIRE, P. **Extensão ou comunicação?** 7. ed. Rio de Janeiro: Paz e Terra, 1983, p. 11-14.

CHONCHOL, J. A soberania alimentar. **Estudos Avançados**, São Paulo, v. 19, n. 55, p. 33-48, 2005 [Disponível em https://dx.doi.org/10.1590/S0103-40142005000300003 – Acesso em 24/10/2019].

CNE/CEB (Conselho Nacional de Educação/Câmara de Educação Básica). Resolução CNE/CEB, n. 1, 03/04/2002, que institui **Diretrizes operacionais para a educação básica nas escolas do campo**. Brasília; Ministério da Educação, 2002 [Disponível em http://portal.mec.gov.br/index.php?option=com_docman&view=download&alias=13800-rceb001-02-pdf&category_slug=agosto-2013-pdf&Itemid=30192 – Acesso em 21/07/2020].

CONGREGAÇÃO PARA A DOUTRINA DA FÉ / DICASTÉRIO PARA O SERVIÇO DO DESENVOLVIMENTO HUMANO INTEGRAL. **Oeconomicae et pecuniariae quaestiones** – Considerações para um discernimento ético sobre alguns aspectos do atual sistema econômico-financeiro. Roma, 2018 [Disponível em http://www.vatican.va/roman_curia/congregations/cfaith/documents/rc_con_cfaith_doc_20180106_oeconomicae-et-pecuniariae_po.html – Acesso em 24/10/2019].

CONTAG. **Campanha nacional pela reforma agrária**. Rio de Janeiro: Codecri, 1983.

COOPAN (Cooperativa de Produção Agropecuária Nova Santa Rita) [Disponível em http://www.coopan.com.br – Acesso em 24/10/2019].

DEISTER, J. Cresce o número de escolas fechadas no campo no Brasil. **Jornal Brasil de Fato**, Rio de Janeiro, 09/02/2018 [Disponível em https://www.brasildefato.com.br/2018/02/09/cresce-o-numero-de-escolas-fechadas-no-campo-no-brasil/ – Acesso em 28/07/2020].

DUPAS, G. **Economia global e exclusão social**: pobreza, emprego, Estado e o futuro do capitalismo. 2. ed. São Paulo: Paz e Terra, 1999.

DURKHEIM, É. **Lições de sociologia**. São Paulo: Martins Fontes, 2002.

DUSSEL, E. Europa, Modernidade e eurocentrismo. In: LANDER, E. (org.). **A colonialidade do saber**: eurocentrismo e ciências sociais: perspectivas latino-americanas. Buenos Aires: Clacso, 2005, p. 55-77.

ECKERT, K. **Movimento dos Agricultores Sem Terra no Rio Grande do Sul**: 1960-1964. Dissertação de mestrado em Sociologia. Rio de Janeiro: UFRJ, 1984.

Educação do campo – Proposta da Secretaria Municipal da Prefeitura de Nova Santa Rita, RS. 2017.

FALS BORDA, O. **Las revoluciones inconclusas em América Latina (1809-1968)**. 3. ed. México: Siglo Veintiuno, 1971.

FALS BORDA, O. **El reformismo por dentro em América Latina**. México: Siglo Veintiuno, 1976.

FALS BORDA, O. Aspectos teóricos da pesquisa participante: considerações sobre o significado e o papel da ciência na participação popular. In: BRANDÃO, C.R. (org.). **Pesquisa participante**. 8. ed. 3. reimp. São Paulo: Brasiliense, 2006, p. 42-62.

FALS BORDA, O.; MORA-OSEJO, L.E. A superação do eurocentrismo: enriquecimento do saber sistêmico e endógeno sobre o nosso contexto tropical. In: SANTOS, B.S. (org.). **Conhecimento prudente para uma vida decente**: um discurso sobre as ciências revisitado. São Paulo: Cortez, 2004, p. 711-720.

FERNANDES, B.M. **A formação do MST no Brasil**. Petrópolis: Vozes, 2000.

FERNANDES, B.M. et al. **Educação do campo**: campo, políticas públicas, educação. Brasília: Incra/MDA, 2008 [Disponível em http://nead.mda.gov.br/download.php?file=publicacoes/especial/por_uma_educacao_do_campo.pdf – Acesso em 24/10/2019].

FERREIRA, F.J.; BRANDÃO, E.C. Educação do Campo: um olhar histórico, uma realidade concreta. In: **IV Seminário Nacional Estado e Políticas Sociais**. Cascavel, 09-12/10/2011.

FERRETTI, M.S. Entrevista concedida a David Stival em 10/05/2020 [Gravada em MP3 player].

FLICK, U. **Uma introdução à Pesquisa Qualitativa**. Porto Alegre: Bookman, 2009.

FREIRE, P. **Educação como prática da liberdade**. Rio de Janeiro: Paz e Terra, 1976.

FREIRE, P. **Cartas à Guiné-Bissau**: registros de uma experiência em processo. 2. ed. Rio de Janeiro: Paz e Terra, 1978.

FREIRE, P. **Educação e mudança**. Rio de Janeiro: Paz e Terra, 1982.

FREIRE, P. **Extensão ou comunicação?** 7. ed. Rio de Janeiro: Paz e Terra, 1983.

FREIRE, P. **Pedagogia do Oprimido**. 17. ed. Rio de Janeiro: Paz e Terra, 1987.

FREIRE, P. **Educação na cidade**. São Paulo: Cortez, 1991.

FREIRE, P. Fala de Paulo Freire aos sem-terra. In: **Paulo Freire**: um educador do povo, 2001. Iterra, 1991, p. 20-25.

FREIRE, P. **Pedagogia da Autonomia**: saberes necessários à prática educativa. 34. ed. São Paulo: Paz e Terra, 1996.

FREIRE, P. Discurso em Angicos. In: CERIOLI, P.R.; KOLLING, E.J.; CALDART, R.S.; POMME, L. (orgs.). Paulo Freire e a pedagogia do trabalho popular. **Boletim da Educação (MST)**, São Paulo, n. 15, p. 27-31, mar./2020.

FREIRE, P. **Pedagogia da Indignação**: cartas pedagógicas e outros escritos. São Paulo: UNESP, 2000.

FURTADO, C. **Formação econômica do Brasil**. São Paulo: Companhia Editora Nacional, 1987.

GADAMER, H.-G. **Verdade e método**: traços fundamentais de uma hermenêutica filosófica. 2. ed. Petrópolis: Vozes, 1997.

GADOTTI, M. **Pedagogia da Terra**. São Paulo: Peirópolis, 2013.

GATTI, B.A. **Grupo focal na pesquisa em ciências sociais e humanas**. Brasília: Liber Livro, 2005.

GHEDIN, E. Hermenêutica e pesquisa em educação: caminhos da investigação interpretativa. In: SEMINÁRIO INTERNACIONAL DE PESQUISA E ESTUDOS QUALITATIVOS. **Anais**... Bauru: EDUSC, 2004 [Disponível em: https://arquivo.sepq.org.br/II-SIPEQ/Anais/pdf/gt1/10.pdf – Acesso em 24/10/2019].

GIACOMELLI, E. [Pai assentado]. Entrevista concedida a David Stival em 08/01/2020 [Gravada em MP3 player].

GOHN, M.G. Movimentos sociais na contemporaneidade. **Revista Brasileira de Educação**, Rio de Janeiro, v. 16, n. 47, p. 333-361, ago./2011 [Disponível em https://www.scielo.br/pdf/rbedu/v16n47/v16n47a05.pdf – Acesso em 21/08/2019].

GÖRGEN, S. **O massacre da Fazenda Santa Elmira**. Petrópolis: Vozes, 1989.

GÖRGEN, S. (org.). **Uma foice longe da terra**. Petrópolis: Vozes, 1991.

GRELLT, C.M. **O clube de ciências do campo**: caminhos para o diálogo dos saberes. Trabalho de Conclusão de Curso de Licenciatura de Educação do Campo da Universidade Federal do Rio Grande do Sul. Porto Alegre: UFRGS, 2018 [Disponível em https://www.lume.ufrgs.br/handle/10183/197715 – Acesso em 10/06/2020].

GRELLT, C.M. Clube de Ciências Saberes do Campo, um relato de experiências de uma prática de novos conhecimentos. In: SOARES, J.R. (org.). **Educação Brasil**. Chapecó: Livrologia, 2019 [Coleção Educação Brasil, 7].

GRELLT, C.M. Entrevisa concedida a David Stival em 13/11/2019 [Gravada em MP3 player].

GRITTI, S.M. **Educação rural e capitalismo**. Passo Fundo: UPF, 2003.

GUIMARÃES, A.P. **Quatro séculos de latifúndio**. Rio de Janeiro: Paz e Terra, 1981.

HEIDRICH, Á.L. **Migrações rurais e transformação da estrutura agrária no norte do Rio Grande do Sul**: contribuição ao estudo da evolução das oportunidades econômicas na agricultura. Dissertação de mestrado. Rio Claro, 1984.

HERMANN, N. **Hermenêutica e educação**. Rio de Janeiro: DP&A, 2002.

IBGE. **Classificação e caracterização dos espaços rurais e urbanos do Brasil** – Uma primeira aproximação: IBGE, Coordenação de Geografia. Rio de Janeiro: IBGE, 2017 [Disponível em https://www.ibge.gov.br/apps/rural_urbano].

INCRA. **Evolução da estrutura agrária o Brasil**. Brasília: MIRAD, 1987.

IPC-IG. Políticas públicas para o fortalecimento da agricultura familiar no Sul Global. **Policy in Focus**, Brasília, v. 12, n. 4, 2015 [Disponível em http://www.ipcundp.org/pub/port/PIF34PT_Politicas_publicas_para_o_fortalecimento_da_agricultura_familiar_no_Sul_Global.pdf – Acesso em 24/10/2019].

KAUÃ [Aluno]. Entrevista concedida a David Stival em 15/08/2019 [Gravada em MP3 player].

KOLLING, E.J.; CERIOLI, P.R.; CALDART, R.S. **Educação do campo**: identidade e políticas públicas. V. 4. Brasília: Articulação Nacional por uma Educação do Campo, 2002.

LAKATOS, E.M.; MARCONI, M.A. **Fundamentos de metodologia científica**. 5. ed. São Paulo: Atlas, 1993.

LICK, U. **Introdução à Pesquisa Qualitativa**. 3 ed. Porto Alegre: Artmed, 2009.

LILL, M. [Assentado]. Entrevista concedida a David Stival em 11/12/ 2020 [Gravada em MP3 player].

MARCON, D. [Deputado assentado]. Entrevista concedida a David Stival em 15/06/2020 [Gravada em MP3 player].

MARCON, J. [Pai assentado]. Entrevista concedida a David Stival em 08/01/2020 [Gravada em MP3 player].

MARCON, J. [Aluna]. Entrevista concedida a David Stival em 08/01/2020 [Gravada em MP3 player].

MARTINS, A.F.G. **A produção ecológica de arroz e a reforma agrária popular**. São Paulo: Expressão Popular, 2019.

MARTINS, J.S. **O cativeiro da terra**. São Paulo: Ciências Humanas, 1981.

MARTINS, J.S. **Os camponeses e a política no Brasil**. Petrópolis: Vozes, 1981.

MARTINS, J.S. **A militarização da questão agrária no Brasil**. Petrópolis: Vozes, 1984.

MARTINS, J.S. Regimar e seus amigos: a criança na luta pela terra e pela vida. In: MARTINS, J.S. (org.). **O massacre dos inocentes**: a criança sem infância no Brasil. São Paulo: HUCITEC, 1993, p. 81-116.

MARTINS, J.S. **O poder do atraso** – Ensaios de sociologia da história lenta. São Paulo: Hucitec, 1994.

MARTINS, J.S. Cultura e educação na roça: encontros e desencontros. **Revista USP**, São Paulo, n. 64, p. 28-49, dez./2004-fev./2005 [Disponível em http://www.revistas.usp.br/revusp/article/download/13388/15206].

MARTIN, J.-Y.; FERNANDES, B.M. Movimento socioterritorial e globalização: algumas reflexões a partir do caso do MST. **Revista Luta Social**, São Paulo, n. 173-185, 2004.

MASCHIO, J.; CURRO, L.; SÁ, X. Pistoleiros ajudaram polícia, diz secretário. **Folha de S. Paulo**, 11/08/1995 [Disponível em https://www1.folha.uol.com.br/fsp/1995/8/11/brasil/56.html – Acesso em 20/06/2020].

MELUCCI, A. **A invenção do presente** – Movimentos sociais nas sociedades complexas. Petrópolis: Vozes, 2001.

MÉSZAROS, I. **A educação para além do capital**. São Paulo: Boitempo, 2005.

MIRANDA, J.V.A. Experiência hermenêutica e pesquisa na formação docente. **Currículo sem Fronteiras**, v. 12, n. 1, p. 199-209, jan.-abr./2012 [Disponível em http://www.curriculosemfronteiras.org/vol12iss1articles/miranda.pdf. – Acesso em 24/10/2019].

MORAES, R. Uma tempestade de luz: a compreensão possibilitada pela análise textual discursiva. **Ciência & Educação**, Bauru, v. 9, n. 2, p. 191-211, 2003 [Disponível em http://www.scielo.br/pdf/ciedu/v9n2/04.pdf – Acesso em 10/08/2013].

MOREIRA, M.A. **Teorias de aprendizagem**. 3. ed. São Paulo: Ed. Pedagógica e Universitária, 2009.

MOREIRA, R.J. Críticas ambientalistas à Revolução Verde. **Estudos Sociedade e Agricultura**, Rio de Janeiro, v. 8, n. 2, p. 39-52, out./2000 [Disponível em https://revistaesa.com/ojs/index.php/esa/article/view/176/172].

MORETTI, C.Z.; ADAMS, T. Pesquisa participativa e educação popular: epistemologias do Sul. **Educação & Realidade**, Porto Alegre, v. 36, n. 2, p. 447-463, mai.-ago./2011.

MST. Reforma Agrária com os pés no chão. **Caderno de Formação**, n. esp., 1986.

MST. **Relatório Setor de Educação**. Guararema: ENFF, 08/06/2010.

MST (org. e ed.); CERIOLI, P.R. et al. Paulo Freire e a Pedagogia do Trabalho de Educação Popular. **Boletim da Educação**, São Paulo, n. 15, mar./2020.

MST ESCOLA (Dossiê). **Caderno de Educação**, São Paulo, n. 13, 2005.

MÜLLER, I.; OLIVEIRA, S. "Só me tornei médico graças ao processo revolucionário de Cuba", diz Marcos Tiaraju. **Jornal Sul 21**, Porto Alegre, 09/09/2013 [Disponível em https://www.sul21.com.br/entrevistas-2/2013/09/so-me-tornei-medico-gracas-ao--processo-revolucionario-de-cuba-diz-marcos-tiaraju/ – Acesso em 25/07/2020].

NICOLAS. [Aluno]. Entrevista concedida a David Stival em 15/08/2019 [Gravada em MP3 player].

OLIVEIRA, A.L. Entrevisa concedida a David Stival em 13/11/2019 [Gravada em MP3 player].

OLIVEIRA, U.F. Percurso metodológico para construções identitárias na formação de professoras e professores do campo no norte do Tocantins: reflexões a partir da experiência com o curso de Licenciatura em Educação do Campo com habilitação em Artes e Música, da UFT, Câmpus Tocantinópolis. In: SILVA, C. et al. (orgs.). **Educação do Campo, artes e formação docente**. Palmas: EDUFT, 2016. p. 105-121 [Disponível em https://www.researchgate.net/publication/317318925_Educacao_do_Campo_Artes_e_Formacao_Docente_Rural_Education_Arts_and_Teacher_training].

PALHANO SILVA, P.R. Por uma pedagogia libertadora: práticas educativas do MST. In: 1º ENCONTRO DE PESQUISAS E PRÁTICAS EM EDUCAÇÃO DO CAMPO DA PARAÍBA. **Anais...** João Pessoa: UFPB, 2011, p. 137-137.

PALUDO, C. Educação Popular como resistências e emancipação humana. **Cadernos CEDES**, Campinas, v. 35, n. 96, p. 219-238, mai.-ago./2015.

PALUDO, C.; MACHADO, C.L.B.; CAMPOS, C.S.S. (orgs.). **Teoria e prática da educação do campo**: análises de experiências. Brasília: MDA, 2008.

PEREIRA, J.R. Entrevisa concedida a David Stival em 15/08/2019 [Gravada em MP3 player].

PEREIRA, T.I. Epistemologia freireana e pós-colonialidade. **Realis**, Recife, v. 4, n. 2, p. 33-48, jul.-dez./2014.

PERIPOLLI, O.J.; ZOIA, A. Fechamento das escolas do campo: o anúncio do fim das comunidades rurais/camponesas. **Educação, Cultura e Sociedade**, Sinop, v. 1, n. 2, p. 188-202, jul.-dez./2011 [Disponível em http://sinop.unemat.br/projetos/revista/index.php/educacao/article/viewFile/435/273].

PME. **Plano Municipal de Educação, 2015-2025**. Nova Santa Rita: Prefeitura Municipal de Nova Santa Rita/Secretaria de Educação, Esporte e Cultura, 2015.

Projeto Político-pedagógico – A escola reconstruindo saberes. Nova Santa Rita: Escola Municipal de Ensino Fundamental Rui Barbosa, 2016.

QUIJANO, A. Colonialidade do poder, eurocentrismo e América Latina. In: LANDER, E. (org.). **A colonialidade do saber**: eurocentrismo e ciências sociais – Perspectivas latino-americanas. Buenos Aires: Clacso, 2005.

RAUBBER, M. MST é o maior produtor de arroz orgânico da América Latina. **Brasil de Fato**, Porto Alegre, 08-22/03/2019.

RIBEIRO, M. Desafios postos à Educação do Campo. **Revista HISTEDBR**, Campinas, n. 50, p. 123-139, mai./2013 [Disponível em https://www.periodicos.sbu.unicamp.br/ojs/index.php/histedbr/article/view/8640298/7857 – Acesso em 24/10/2019].

RODO, A.; ENDERLE, A.T. Educação do campo: um novo currículo com novas práticas pedagógicas. In: SEMINÁRIO DE EDUCAÇÃO DO CAMPO, UFSC. **Anais**... [Disponível em http://educampo.ufsc.br/wordpress/seminario/files/2012/01/Brod-Rodo-eTrichesEnderle1.pdf – Acesso em 24/05/2018].

RODRIGUES, A.L.M. Entrevista concedida a David Stival em 13/11/2019 [Gravada em MP3 player].

RODRIGUES, A.L.M.; GRELLT, C.M.; ROSA, S.S.; ROBAINA, J.V.L. Clube de Ciências Saberes do Campo, um relato de experiência de uma prática de novos conhecimentos. In: SOARES, J.R. (org.). **Educação Brasil 7**. Chapecó: Livrologia, 2019, p. 261-272 [Disponível em http://livrologia.com.br/anexos/1432/51941/educacao-brasil-7-1-pdf – Acesso em 10/08/2020].

ROSA, E. [Mãe assentada]. Entrevista concedida a David Stival em 08/01/2020 [Gravada em MP3 player].

ROSA, E.M. [Aluna]. Entrevista concedida a David Stival em 08/01/2020 [Gravada em MP3 player].

RUSCHEINSKI, A. **Terra e política**: o movimento dos Trabalhadores Rurais Sem Terra no oeste de Santa Catarina. São Paulo: PUC, 1989. Dissertação de mestrado em Sociologia. São Paulo: PUC/Programa de Pós-Graduação em Ciências sociais, 1989.

SACHS, I. **Desenvolvimento**: includente, sustentável, sustentado. Rio de Janeiro: Garamond, 2004.

SADER, E. **Quando novos personagens entraram em cena**. 2. ed. Rio de Janeiro: Paz e Terra, 1991.

SANTOS, B.S.; MENESES, M.P. (orgs.). **Epistemologias do Sul**. Coimbra: Almedina, 2009.

SANTOS, C.A. (org.). **Por uma educação do campo**: campo, políticas públicas, educação. Brasília: INCRA/MDA, 2008.

SANTOS, M.M. Entrevista concedida a David Stival em 10/05/2020 [Gravada em MP3 player].

SCHERER-WARREN, I. **O Movimento dos Trabalhadores Rurais no Sul do Brasil**: seu papel na democratização da sociedade. Florianópolis [Mimeo.], 1985.

SCHNEIDER, S. A presença e as potencialidades da agricultura familiar na América Latina e no Caribe. **Redes**, Santa Cruz Sul, v. 21, n. 3, p. 11-33, set.-dez./2016 [Disponível em http://dx.doi.org/10.17058/redes.v21i3.8390 – Acesso em 24/10/2019].

SDR. **Análise da Agropecuária 2017/18** – Censo agropecuário 2006. Porto Alegre, 2017.

SETOR DE EDUCAÇÃO DO MST. Dossiê MST Escola – Documentos e Estudos 1990-2001. **Caderno de Educação do MST**, Veranópolis, n. 13, ITERRA [Disponível em http://www.

reformaagrariaemdados.org.br/sites/default/files/CE%20(13).pdf – Acesso em 24/10/2019].

SILVA, C.S.M. Identidades e solidariedades – Educação popular e movimentos de mulheres. In: BRASIL. **Educação e Movimentos Sociais** – Boletim 3. Brasília: MEC, 2005, p. 27-33.

SILVA, M.S. Diretrizes operacionais para as escolas do campo: rompendo o silêncio das políticas educacionais. In: PARANÁ/Secretaria de Estado da Educação. **Cadernos temáticos**: educação do campo. Curitiba: SEED-PR, 2008, p. 55-57.

SILVA JUNIOR, A.F.; BORGES NETO, M. Por uma Educação do Campo: percursos históricos e possibilidades. **Entrelaçando** – Revista Eletrônica de Culturas e Educação, Cruz das Almas, v. 2, n. 3, p. 45-60, nov./2011 [Disponível em http://www2.ufrb.edu.br/revistaentrelacando/component/phocadownload/category/119?download=125 – Acesso em 24/10/2019].

SILVEIRA, S.R. Entrevisa concedida a David Stival em 13/11/2019 [Gravada em MP3 player].

SNYDERS, G. **Alunos felizes:** reflexão sobre a alegria na escola a partir de textos literários. Rio de Janeiro: Paz e Terra, 1993.

SOENTGENA, J.; HILBERTB, K. A química dos povos indígenas da América do Sul. **Química Nova**, São Paulo, v. 39, n. 9, 2016, p. 1.141-1.150 [Disponível em http://www.scielo.br/pdf/qn/v39n9/0100-4042-qn-39-09-1141.pdf].

SOUZA, A.L. **Experiências agroecológicas na agricultura familiar em assentamentos de reforma agrária do MST**: entre o ideal e o concreto/estudo de caso do Assentamento Ander Rodolfo Henrique. Dissertação de mestrado em Ciências Sociais. Toledo: UNIOESTE, 2017 [Disponível em http://tede.unioeste.br/handle/tede/2942 – Acesso em 24/10/2019].

STÉDILE, J.P. **Experiências históricas de Reforma Agrária no mundo** – V. 1: Categorias. São Paulo: Expressão Popular, 2019.

STÉDILE, J.P. [MST]. Entrevista concedida a David Stival em 17/02/2020 [Gravada em MP3 player].

STÉDILE, J.P.; FERNANDES, B.M. **Brava gente:** a trajetória do MST e a luta pela terra no Brasil. São Paulo: Fundação Perseu Abramo, 1999.

STÉDILE, J.P.; GÖRGEM, S.A. **A luta pela terra no Brasil**. São Paulo: Scritta, 1993.

STIVAL, D. **O processo educativo dos agricultores sem terra na trajetória da luta pela terra.** Dissertação de mestrado em Educação. Porto Alegre: Universidade Federal do Rio Grande do Sul, 1987, 234 f. [Disponível em https://wp.ufpel.edu.br/ndh/files/2019/06/processo-educativo-agricultores-sem-terra-trajet%-C3%B3ria-luta-pela-terra.pdf –Acesso em 24/10/2019].

SZORTIKA, C.B. Entrevista concedida a David Stival em 13/11/2019 [Gravada em MP3 player].

TARDIF, M.; RAYMOND, D. Saberes, tempo e aprendizagem no trabalho do magistério. **Educação e Sociedade**, Campinas, v. 21, n. 73, p. 209-244, 2000.

THIOLLENT, M. **Metodologia da pesquisa-ação**. 18. ed. São Paulo: Cortez, 2011.

VALADÃO, A.C.; MOREIRA, S.S. Reflexões sobre a compreensão de agroecologia pelo Movimento dos Trabalhadores Rurais Sem Terra. **Cadernos de Agroecologia**, v. 4, n. 1, dez./2009 [Disponível em http://revistas.aba-agroecologia.org.br/index.php/cad/article/view/4446 – Acesso em 24/10/2019].

VÁZQUEZ, A.S. **Filosofa da práxis**. São Paulo: Expressão Popular, 2007.

Veja o que disse o ministro Fernando Haddad no lançamento do PDE, 2007 [Disponível em <http://portal.mec.gov.br/index. php?catid=223&id=8063:veja-o-quedisse-o-ministro-fernando--haddad-no-lancamento dopde&option=com_content&view= article].

VENDRAMINI, C.R. **Ocupar, resistir e produzir MST:** uma proposta pedagógica. Dissertação de mestrado em Educação. São Carlos: UFSCar, 1992.

VICENT, G. LAHIRE, B.; THIN, D. Sobre a história e a teoria da forma escolar. **Educação em Revista,** Belo Horizonte, n. 33, p. 7-47, jun./2001 [Disponível em http://educa.fcc.org.br/pdf/ edur/n33/n33a02.pdf – Acesso em 10/08/2020].

VICTÓRIA. A. Entrevista concedida a David Stival em 15/08/2019 [Gravada em MP3 player].

VODZIK, O. Entrevista concedida a David Stival em 28/06/2020 [Gravada em MP3 player].

YIN, R.K. **Estudo de caso**: planejamento e métodos. 2. ed. Porto Alegre: Bookman, 2001.

ZANCANELLA, Y. A formação do professor para a educação do campo: experiências pedagógicas e o saber produzido nas práticas do Movimento dos Trabalhadores Rurais Sem Terra. **Revista Faz Ciência**, Francisco Beltrão, v. 10. n. 12, p. 103-126, jul.--dez../2009.

ZANETTI, L. Entrevista concedida a David Stival em 08/01/2020 [Gravada em MP3 player].

ZITKOSKI, J.J. A pedagogia freireana e suas bases filosóficas. In: SILVEIRA, F.T.; GHIGGI, G.; PITANO, S.C. (orgs.). **Leituras de Paulo Freire**: contribuições para o debate pedagógico contemporâneo. Pelotas: Seiva, 2007. p. 229-248.

ZITKOSKI, J.J. Educação Popular e Movimentos Sociais na América Latina: perspectivas no atual contexto. In: ZITKOSKI, J.J.; MORIGI, V. (orgs.). **Educação Popular e Práticas Emancipatórias**: desafios contemporâneos. Porto Alegre: Corag, 2011, p. 11-23.

ZONTA, E.M.; TREVISAN, F.; HILLESSHEIM, P. **Pedagogia da Alternância e agricultura familiar** – Poesias. Frederico Westphalen: URI, 2010.

Conecte-se conosco:

f facebook.com/editoravozes

◎ @editoravozes

🐦 @editora_vozes

▶ youtube.com/editoravozes

🕾 +55 24 99267-9864

www.vozes.com.br

Conheça nossas lojas:

www.livrariavozes.com.br

Belo Horizonte – Brasília – Campinas – Cuiabá – Curitiba
Fortaleza – Juiz de Fora – Petrópolis – Recife – São Paulo

  Vozes de Bolso

EDITORA VOZES LTDA.
Rua Frei Luís, 100 – Centro – Cep 25689-900 – Petrópolis, RJ
Tel.: (24) 2233-9000 – E-mail: vendas@vozes.com.br